POWER OF THE CHAMPION Ⅱ

THE NANHAI SAMPLE OF HIGH QUALITY DEVELOPMENT OF PRIVATE ECONOMY

冠军力量②

民营经济高质量发展的南海样本

林焕辉　赵进　李慧君／主编

南方日报出版社
NANFANG DAILY PRESS
中国·广州

图书在版编目（CIP）数据

冠军力量. 2， 民营经济高质量发展的南海样本 /林焕辉，赵进，李慧君主编. — 广州 ：南方日报出版社，2020.8

ISBN 978-7-5491-2203-5

Ⅰ. ①冠… Ⅱ. ①林… ②赵… ③李… Ⅲ. ①民营经济—经济发展—成就—南海区 Ⅳ. ①F127.654

中国版本图书馆 CIP 数据核字(2020)第 124749 号

GUANJUN LILIANG 2

冠军力量 2 ：民营经济高质量发展的南海样本

主　　编：林焕辉　赵　进　李慧君
出版发行：南方日报出版社
地　　址：广州市广州大道中 289 号
出 版 人：周山丹
责任编辑：刘志一　巫殷昕　陈　静
封面设计：肖晓文
责任技编：王　兰
责任校对：裴晓倩　肖　颖　魏智宏
经　　销：全国新华书店
印　　刷：广东信源彩色印务有限公司
开　　本：787mm×1092mm　1/16
印　　张：25.5
字　　数：360 千字
版　　次：2020 年 8 月第 1 版
印　　次：2020 年 8 月第 1 次印刷
定　　价：78.00 元

投稿热线：（020）87360640　　读者热线：（020）87363865

本书编委会

策　划：何又华　关润淡　林焕辉

统　筹：何敏仪　丁健荣　冯纫芝

主　编：林焕辉　赵　进　李慧君

主　创：龙建刚　袁纪琦　盛正挺　蓝志凌　李　欣　王　谦　夏小荔　高绮桦
黄逸豪　陈禧彤　孙景锋　卢浩能　肖　霞　林东云　戴嘉信　蒙慧波
郑锦杰　李　怡　李泽林　吴周聪

出　品：南方日报珠三角新闻部
佛山市南海区工商业联合会
佛山市南海区总商会

序一

“隐形冠军”：缺你不可　非你莫属

○闫昊波

习近平总书记曾深刻指出，制造业是立国之本、强国之基。纵观世界近300年工业化历程，制造业始终处于经济发展的核心地位，从根本上决定着一个国家或地区的综合实力和国际竞争力。当前，佛山正坚定不移推动制造业高质量发展，全力争当全省地级市高质量发展领头羊。南海是华南地区重要的制造业基地，全区规模以上工业增加值占全市27.7%，拥有12个工业产值超200亿元的制造业集群。因此，佛山制造业要实现高质量发展，南海责无旁贷、责任重大。

然而，一个必须面对的现实是，南海区10万多家民营企业中，工业企业有6万多家，其中规模以上的3175家，占比不足5%，也就是说全区95%以上的企业都是中小企业。在中小企业占绝对比例的情况下，南海推动经济高质量发展，靠什么、凭什么？这是我们一直在思考和求解的问题。在推动制造业和民营经济发展的实践中，我们发现，经过改革开放40多年的发展，南海已经涌现出了这么一批企业：它们虽然规模不是很大，但在全国乃至全球细分市场占据领先地位，特别是在产业链的关键环节站上了高端，走在了前列。这批企业与国际上的“隐形冠军”已经十分接近，只是还没有“隐形冠军”这个名头。把这批“隐形冠军”企业挖掘出来，进一步培育壮大，我们推动制造业高质量发展、推动民营经济高质量发展就有了一个具体而有力的抓手，不仅有利于引导广大中小企业走上高质量发展道路，有利于带动制造业整体水平向高端跃升，也有利于当前形势下民营企业的稳健发展。

从2017年起，南海就开始寻找、挖掘制造业全国“隐形冠军”企业，经过两批寻访和挖掘行动，目前共认定了109家南海制造业全国“隐形冠军”企业。它们始于草根，深耕制造，凭借专注、创新、开放的共同特质，成就了各自不同的“冠军点”。在过去两年经济下行压力持续加大的形势下，南海制造业全国“隐形冠军”中近80%企业实现营收相对持平或稳步增长。无论在业绩增长、税收贡献还是在自主创新、科技成果转化上，“隐形冠军”企业都取得了长足进步，并成为南海高质量发展的关键担当。2020年6月3日，佛山市培育制造业“隐形冠军”暨高新技术企业规模化推进会在南海召开，市委、市政府对南海工作予以充分肯定，鼓励其他各区学习借鉴南海做法，动员全市掀起新一轮培育制造业“隐形冠军”、推动高新技术企业规模化的工作热潮。

制造业是南海的“根”，民营经济是南海的“本”，南海必须毫不动摇地推进制造业高质量发展，让“根”更扎实，让“本”更稳健。“隐形冠军”企业是南海制造业的杰出代表，是南海推动制造业高质量发展不可或缺的力量。南海既需要像一汽大众这样大而强的骨干型企业，也需要一大批“小而优”“精而强”的“隐形冠军”企业。南海之所以成为南海，就是因为有这样一批“隐形冠军”企业在支撑着制造业高质量发展；南海之所以成为南海，就是因为有这样一片沃土，能够使一批中小企业成长为制造业全国“隐形冠军”企业。接下来，南海将在佛山市委、市政府的坚强领导下，以更大力度支持中小企业走“专精特新”发展之路，努力打造具有市场话语权、全国影响力的制造业“隐形冠军”集群。同时，将用心用情继续服务好南海“隐形冠军”企业发展，大力弘扬冠军企业精神，在全区营造创新创业、敢闯敢干的浓厚氛围。

习近平总书记强调：“中小企业也能办大事！”我真诚地希望，南海的制造业“隐形冠军”企业继续弘扬专注、创新、开放的精神，抢抓发展机遇，不断做优做强，以更加昂扬奋进的姿态，走向全国、走向世界，加快成为“缺你不可、非你莫属”的全球“隐形冠军”，支撑全区、全市高质量发展乘风破浪，行稳致远！

（作者系佛山市委常委、南海区委书记）

序二

南海为佛山打造制造业“隐形冠军”集群做出示范

○龙建刚

叫南海的地方总是辽阔而浩荡。

2020年6月3日，佛山市委、市政府在南海召开一个规模大、规格高的现场会，市委书记鲁毅高度肯定南海区培育制造业“隐形冠军”、推动高新技术企业规模化取得的成效，特别是率先在细分领域挖掘、培育“隐形冠军”企业达109家，引领制造业转型升级、提质增效，走在了全市前列，值得各区学习。鲁毅发出动员令：佛山要打造具有市场话语权、全国影响力的制造业“隐形冠军”集群。

这个会议是一个重要的历史标志：南海挖掘、评选“隐形冠军”的经验不仅得到了认可，而且成为影响佛山经济发展的战略抉择。

南海走到今天，最可贵的经验是努力和接力。

2017年，南海推选出第一批制造业全国“隐形冠军”，时任佛山市委常委、南海区委书记黄志豪说：“如果说改革开放之初南海是‘搞活变富’的时代，那么，南海的未来就是盛产‘隐形冠军’的时代。”

2020年5月19日，南海区委、区政府为第二批南海制造业全国“隐形冠军”企业授牌。至此，南海制造业全国“隐形冠军”企业已达到109家。从珠海调任佛山市委常委、南海区委书记不久的闫昊波说，到南海工作后一直在思考一个问题：南海靠什么、南海凭什么？得出的结论是：南海发展到今天，靠的是坚持制造业发展不动摇，这是南海发展的根；南海发展到今天，就是坚持促进民营经济发展不动摇，这是南海发展的本。坚持这个根本，就抓住了南海经济发展的要害。

下一步南海要做什么？闫昊波也有了答案：坚持制造业高质量发展，在促进民营经济方面要出实招、出新的举措，把这个“根”做得更扎实、把这个“本”做得更稳健。逻辑很清楚：制造业兴则南海兴，制造业强则南海强。闫昊波说：南海既需要像一汽大众这样大而强的骨干型企业，也更需要一大批“小而美”的“隐形冠军”企业，这是支撑南海高质量发展的基础。

南海第一批“隐形冠军”企业访问团去了德国取经学习，闫昊波表态说第二批将去日本交流考察。德国和日本是世界“隐形冠军”最多的国家，更是南海学习对标的地方。

在闫昊波说这番话的当天，正在顺德调研的鲁毅提出一个要求：南海、顺德两兄弟相互学习，南海要学习顺德村级工业园改造的做法、顺德要学习南海培育“隐形冠军”的好经验。顺德与南海随后展开了互访。这样的互动局面，正是我们所期待的。南海、顺德不是对手，而是离彼此最近的老师。

作为佛山的两个大区，也是中国百强区排名冠亚军的两个区，南海、顺德如果都产生一大批制造业“隐形冠军”，一定是熠熠生辉的“佛山现象”。佛山账本上其他的都有了，唯独“隐形冠军”数量还付诸阙如，现在到了填补历史空白的时候。

南海是一方值得大书特书的水土。从古到今，南海上演了太多的传奇。提起南海，人们常常会想起南中国那片深远而辽阔的蔚蓝。事实上，作为一片名震中国的经济热土，南海富有海纳百川、有容乃大的壮丽景象。尽管这里没有涛声，但高歌猛进的南海旋律却传递着比涛声更巨大的震撼。

2020 年 3 月 4 日，全球几十家报纸采用了新华社播发的一张照片：全产业链条开足马力支援疫情防控，佛山必得福公司员工在包装成品无纺布。图片说明这样写到：新冠肺炎疫情发生以来，广东省佛山市康德福公司克服各种困难，不断购进机器设备和增加用工，加大医用防护服和医用口罩的供给。

康德福是必得福的子公司，必得福则是南海一家典型的“隐形冠军”，坐落在九江沙头。1994 年这家企业创办时，最初只有 5 个工人，做的是塑料。1995 年一个偶然的机遇让他们选择改做无纺布。2003 年暴发非典，必得福的产品被列为主要的抗疫物资，从而引起国家层面的注意和重视。

2020 年初新冠肺炎疫情暴发，国家第一时间就想到南海。大年三十那天，国家工信部下达紧急任务：佛山要在三天之内提供 2000 套防护服。佛山把这个十万火急的大事交给必得福来办。那个时候，必得福已经停产，工人们也早已回家过年。接下这个重任，必得福立即通知珠三角地区的员工火速赶回公司，开始 24 小时不间断生产防护用品，如期交付了 2000 套防护服。

随着疫情的发展，口罩、防护服需求出现爆发式增长，几乎所有的生产企业都缺乏工人。看到南海发布的招工公告，九江、西樵等地几百位本地熟练女工热烈响应，重新上岗赶制防护服支援武汉。这些被媒体称为南海“最美制衣大妈”的女工，其实更像是经验丰富的退役老兵，一旦战斗打响，她们随时可以重返前线投入战斗。

必得福立下的赫赫战功，受到国家工信部的高度表扬。更为可贵的是，这样的“必得福”在南海不是一家，而是一批。为中国抗疫立下汗马功劳的南海企业，其规模都不是很大，但爆发的能量惊人。关键时刻，南海企业扛得住、打得赢。它们有一个共同的名字——“隐形冠军”。

疾风知劲草，岁寒知松柏。一场突如其来的疫情，我们惊讶地发现：雨天到来的时候，南海可以为国家撑起一把雨伞。

南海是功夫大师叶问的家乡。电影《一代宗师》有这么一句台词：叶先生，今日我把名声送给你，往后的路，你是一步一擂台。希望你像我一样，拼一口气，点一盏灯。要知道念念不忘，必有回响。有灯就有人。

南海不仅是一个地理概念，更是一个文化概念。南海是一座名人辈出的梦工厂，他们在影响历史的同时，也塑造了南海人的气质和血性。有为的土地，聚集着有为的人们，而有为的人们更加激发出一座有为的城市。南海为什么成为盛产“隐形冠军”的沃土，答案就在这里。

南海虎威，浩浩荡荡。我们有足够的理由相信：拥抱南海，春暖花开。

（作者系资深媒体人、知名时事评论员）

前言

“冠军南海”的创新力量

浩瀚宇宙“北斗”卫星在太空翱翔，佛山华智新材料有限公司（下称“华智新材料”）研发的大功率半导体器件散热及封装解决方案正在为其保驾护航。

全国300多家三甲医院内，广东欧谱曼迪科技有限公司（下称“欧谱曼迪”）研发的荧光导航内镜正在精确定位肿瘤边界，该技术已达世界领先水平。

视线再转到一条看似普通的裤子上，只要拽着两边的拉链轻轻一拉，一秒不到，裤子就分为两半脱落，这一来自开易拉链有限公司（下称“KEE拉链”）的新型专利拉链，至今仍保持着一项吉尼斯世界纪录。

从“北斗”卫星到日常生活用品，一大批南海的优秀企业，正在凭借细分领域的极致竞争力，蜕变为全球品牌的缔造者。

2019年开始，佛山市南海区总商会联合南方日报珠三角新闻部对128家报名企业进行深入走访调研，发掘出40家第二批南海制造业全国隐形冠军企业。它们，是南海最活跃的创新力量，是南海迈向“制造强区”的担当者，是世界认识南海的主力军。

在迈向高质量发展的征程中，“隐形冠军”，将成为南海的标识。以创新为引领，南海的“冠军军团”已经集结，站上全球舞台，重振南海虎威。

技术先行
年轻的隐形冠军群体崛起

在华智新材料的会议室内，摆放着许多金黄色的小芯片，它们是大型电子装备的核心，通过为模块内的发射芯片提供散热、支撑和保护作用，提高芯片的长期可靠性。

这家2014年开始投资设厂的企业，是大功率半导体器件散热及封装解决方案的提供商。短短几年间，华智新材料凭借国内首创的异质材料精密热键合技术与独特的高导热材料配方，解决了“北斗”卫星、相控阵雷达、5G通信基站等重大项目中的大功率芯片散热难题，填补了国内技术空白。

根据德国管理学家赫尔曼·西蒙的理论，“隐形冠军”企业的主要特征是市场领先地位，而这一般需经过长时间培育和成长。但凭借潜心自主研发，南海一批企业靠技术创新跑出了“加速度”，在细分领域跻身国内国际前列，成为年轻的“隐形冠军”。

就在华智新材料设厂的前一年，在南海，清华大学毕业生唐前锋与三位同学一起创立了欧谱曼迪，为我国在高端内窥镜市场打破进口垄断打下了坚实基础。

在医疗器械进入市场的要求几近严苛的背景下，他们研发的全国首创多谱内镜系统，成为国产高端内窥镜系统的领头羊，被广泛运用在北大人民医院、301医院等全国超过300家大型三甲医院。

掌握着洗衣凝珠关键的封装技术，2017年生产车间才建成投产的广东优凯科技有限公司，仅仅用了两年时间，就成为联合利华、上海家化等知名品牌的供货商，其洗衣凝珠产品在日化行业的销售中占全国市场50%以上。

从核心芯片技术，到大健康领域，南海年轻的“冠军军团”瞄准新市场，不仅在短时间内拥有了国内细分领域绝对话语权，同时打开了一直被垄断的国外市场。

早在2015年，佛山市顺康达医疗科技有限公司已筹划智能健康养老产业，目前旗下的拐杖类产品已达80多种，远销海外50多个国家和地区，成为行业内名副其实的“拐杖大王”。

作为国内首家研发出牙科种植机的企业，佛山市宇森医疗器械有限公司经过多年的积累创新，不仅打破了以往日本产品对中东、南亚等区域市场的长期垄断，还获得了全球最大的牙齿印模材料生产商意大利金玛克公司的认可，将共同研发国际最新标准的牙齿印模材料搅拌机。

攻坚核心技术，以创新谋发展，是这些年轻的“隐形冠军”企业的发展秘诀，也是它们快速崛起甚至弯道超车的制胜之道。

精益求精
为中国制造树立南海标准

在南海，一批新的“隐形冠军”企业诞生，除了科技的加持，更有匠心的坚守。

6000多年前，西樵山下，史前人类在简陋的条件下，把石材造成石器，锻造出最原始的工匠精神。千百年来，薪火传承，延续至今。

婴儿纸尿片或女性卫生巾上都有薄薄的小纸条，25年来，为了让每一张小纸条都能够被更顺畅、更迅速地撕下来，佛山市新飞卫生材料有限公司对离型纸涂料配方的研发细微到零点零一、零二的投放比例。

为保证拉链的咬合效果，KEE拉链从模具开始把控，高达千分之一毫米的精度比头发丝更细，小小的拉链生产横跨机械制造、纺织等多个领域。

在竞争激烈的陶瓷行业，广东新润成陶瓷有限公司用了7年时间磨炼一个全新的现代仿古砖品牌，并建立了比国家标准和欧洲标准更为严格的企业内控标准，每一块砖的出炉都需要经过380道工序……“我们企业20多年的发展印证了一个道理，就是用心做好每一块砖，让产品为我们说话。”新润成总经理关伟洪简单的一句话，诠释的正是“隐形冠军”们的“质造”匠心。

对极致工艺的追求，推动“南海制造”成为国内外市场“质量”的代名词；但“南海制造”要从“制造大区”走向“制造强区”，就必须以标准引领行业的发展，带动行业技术水平的整体提升。

作为中国陶瓷行业少有的国家标准制定企业，宏陶陶瓷已经牵头起草了5项国家标准。2019年，宏陶陶瓷刚捧回一个新的称号——“企业标准领跑者”。同获此称号的还有家电行业的海尔、美的、格力，服装行业的波司登、雅戈尔、爱慕等知名企业。

同在南海，菱王电梯重载快速货梯的制造许可资质已经达到18吨，正引领全行业发展；深耕风机行业24年，九洲普惠主持并参与制定了多项国家标准，成为中国电动机国家标准的重要起草单位之一；中鹏热能最畅销的产品“高铁时代”节能辊道窑，将温升大幅降低到10—15摄氏度，为行业标准提升树立标杆……

勇闯全球
以品质拓展世界版图

如果说中国“隐形冠军”企业发展的1.0阶段依赖成本优势，2.0阶段依赖进口替代，“那么3.0阶段的企业开始表现出与德国“隐形冠军”企业相同的特征，比如说深耕真正的利基市场，在创新和研发方面有长期打算以及有全球化的视野”。国内最早对“隐形冠军”现象进行研究的学者、暨南大学管理学院博士邓地观察到，“事实上，南海的‘隐形冠军’企业已经有这些特征”。

从模具起步，“半路出家”切入汽车维修行业的蕾特汽配专攻北美市场，成立仅14年就完成了华丽转身，一跃成为全国汽车散热器出口总额排名第一的企业。

“与大多数企业受市场环境影响较大不同，蕾特汽配在北美的市场一直很稳定。10多年来，企业从未丢失过一个客户，且客户量每年都保持增长。”蕾特汽配总经理李永能说。

在赫尔曼·西蒙的研究中，全球市场化是“隐形冠军”战略的第二支点。而从南海走向世界，一批批“隐形冠军”企业以全球视野，积极拓展市场。他们用好的品质，改变“刁钻”客户的刻板印象；用不断迭代的新产品，打开新市场的大门。

配料、自动涂布、连续辊压分切、全自动叠片、大电流充放电……一系列工序后，一批批用于汽车应急启动电源的超高倍率聚合物锂电池从佛山市实达科技有限公司（下称“实达科技”）的生产车间生产出来。经过严格全检测试后，这些电池产品将销往全球50多个国家。

“这两年企业快速发展，产值实现了翻番。产品的品质和客户的口碑令我们的品牌知名度和美誉度不断提升。”实达科技技术部经理王红梅说，近几年来国际前三名公司均选择实达科技作为第一供应商。

扛着“南海制造”的大旗，南海的“冠军军团”不断扩大规模，拥抱产业新蓝海，从“隐形”走向“显形”，由此让世界认识南海。

作为博世等世界500强在国内的第一大供应商，日东工具根据市场需要，2020年拟投入8000万元进行工程建造和设备购置，进行产品革新；为更好拓展全球市场，优凯科技在里水建立占地20亩的国际一流生产基地，并在全球21个国家和地区申请专利；中元创新早在2018年就着手布局了两条全自动化生产线，成为行业内唯一一家使用机器人生产线的制造企业，其天线产品畅销60多个国家和地区……

从当初的“洗脚上田”，到如今的勇闯全球，南海企业迈开高质量发展的步伐，一路披荆斩棘，通过更优的产品、更好的服务，向世界发出呐喊，打造闪亮的制造“名片”。

目录

第一章　新锐的力量

——寻访第二批南海制造业全国隐形冠军企业

一　创新力量　引领突围

二 深耕装备　行业先锋

三 坚守传统　制造匠心

第二章 榜样的力量

——回访第一批南海制造业全国隐形冠军代表企业

第五章 先行的力量
——解读高质量发展的“南海样本”

第一章　新锐的力量

——寻访第二批南海制造业全国隐形冠军企业

- 创新力量　引领突围
- 深耕装备　行业先锋
- 坚守传统　制造匠心
- 开放进发　走向全球

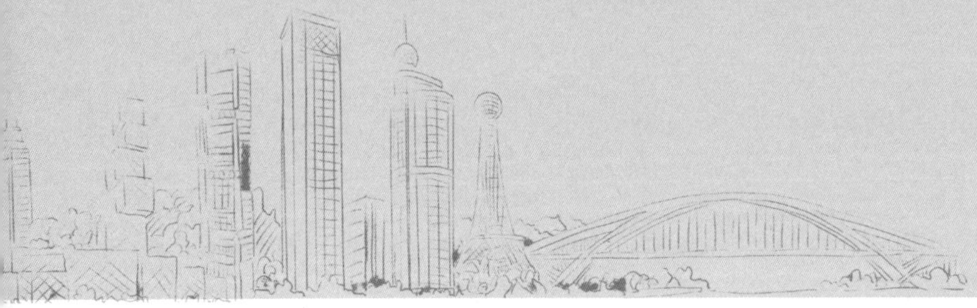

一

创新力量　引领突围

邦宁新材：彩色防滑路面“增色”万千城市

从广佛地铁千灯湖站走出来，沿着城市绿道步行不到10分钟，即可抵达位于佛山市南海区的广东金融高新区。每个工作日，大批“广佛候鸟”从地铁站四散而去，随后迅速涌向四周林立的高楼。

就在白领走过的路上，一条条印有各式各样图案的彩色道路格外显眼；路旁的绿化带还设立着英文“FINANCIAL”（金融）字样景观，增添了城市的活力。鲜为人知的是，这样的作品出自南海企业——广东邦宁新材料科技有限公司（下称“邦宁新材”）之手。

作为国内彩色防滑路面行业的发起人，邦宁新材董事长谭宏伟在佛山南海成立了国内彩色路面行业第一家企业，由他自主研发的彩色防滑骨料赶超欧美先进水平，彩色路面专用黏合剂优于国际标准。数据显示，2018年，邦宁新材的彩色防滑骨料产品在国内市场覆盖率达31%，排名第一，在全省市场占有率更是高达59%。

国内首创
3年研发攻关填补国际空白

对于普通市民来说，彩色防滑骨料是一个比较专业的名词。但由这种材料制作而成的彩色防滑路面，早已在国内多数城市的高速公路、城市绿道上亮相。

作为邦宁新材的拳头产品，2018年，彩色防滑骨料在国内市场覆盖率达31%，排名全国第一。不仅国内大多数城市的第一条彩色道路均由该企业建设，而且其产品还广泛进入日本、韩国、俄罗斯、瑞士、印尼及马来西亚等国际市场。

将时针拨回到2003年，当时的谭宏伟，在英国伦敦洽谈合约，当看到当地一条缤纷多彩的道路时，他被彩色道路的灵动美而吸引，并回国与同伴创办了国内第一家彩色路面企业。

一开始，谭宏伟将英国生产的路面黏合剂引入国内，该类产品由于防滑、减速效果突出，在市场上大受欢迎，并被大面积应用于高速公路的特殊路段。但与此同时，进口产品价格昂贵、适应性低，难以满足国内市场需求成了摆在谭宏伟面前的难题。

“进口材料在国内还是会‘水土不服’，同时不仅要针对不同气候、环境综合考虑产品的参数，在路试阶段还需根据出现的具体情况进行调整。”面对这种情况，谭宏伟决心要自主研发一款性能更佳的彩色路面产品。

彼时，国外生产的骨料均为染色石粒，经车和人多次碾压后，染色层往往会褪色。针对此，谭宏伟决定用高温煅烧法做出通体一色的彩色防滑骨料。

在研发阶段，仅在选材这个环节，研发团队就花了 1 年的时间。谭宏伟回忆，为了找到性价比最高的原材料，他跑遍了大江南北，带回来的原材料堆满了整个实验室。

烧好的陶泥要破碎成形状不规则的颗粒才能起到防滑作用，但如何把握力度，避免一敲击就碎成粉末的情况？为突破这个难题，谭宏伟和同伴斥资两三千万元买来 3 条生产线，带领团队蹲在车间做实验。

经历 3 年的研发攻关，谭宏伟带领团队成功组装出辊压造粒生产线，填补了国际行业空白。该生产线制作的骨料不仅形状达标，还具有硬度高、耐磨、永不褪色等优点，性能超越了欧美国家行业水平。“目前，该生产线已被引入全国所有的彩色路面企业。”谭宏伟说。

以创新领跑
多项环保指标高于国际标准

从成立行业首家企业，到多年来领跑整个行业，邦宁新材的秘诀总结起来就是 6 个字：坚守、创新、环保。

光是彩色路面材料的研发和产业化，邦宁新材就花费了 6 年时间。

为开发彩色路面产品，谭宏伟变卖了名下所有的房产，只身一人在异乡设厂。在长期的坚持下，企业终于在 2009 年进入盈利期。“当你彻底爱上某个行业时，就会努力把产品、服务和技术做到极致。”谭宏伟说。

作为佛山市“专精特新”企业、南海品牌企业，截至 2020 年，邦宁新材共拥

在位于佛山南海的广东金融高新区，由邦宁新材制作的彩色道路串联起整个城市慢行系统

有9项发明专利、2个外观设计专利、1个软件著作权、6个商标；企业每年的科研经费投入占年销售额的比重超5%。

不仅如此，由谭宏伟自主研发的无溶剂双组份聚氨酯路面黏合剂，也在国内同行中率先通过了欧盟RoHS环保认证。“这个认证要求很高，1千克产品含有的重金属不能超过1000毫克，而我们的产品只含有5毫克，远远优于国际标准。”他说。

另一项监测标准也再次印证了邦宁新材产品的环保优越性：对于有毒挥发物的监测，欧盟的监测限级每千克为1000毫克，邦宁新材的产品监测值仅为55毫克。

产品有了创新、环保加持，邦宁新材的品牌影响力也在逐步扩大。“我们是国内最早切入彩色路面领域的企业，凭借多年来的创新，占据了较高的市场占有率。”谭宏伟说，仅在四川，海绵装甲产品的市场占有率就超过70%。

如今，湖南衡山风景区的登山大道、张家界玻璃桥的露天停车场、禅城祖庙商圈慢行道、新疆塔城风光带等旅游景点的道路，都有邦宁新材的身影。在邦宁新材的带动下，国内涌现出200多家与彩色防滑路面行业有关的公司及厂家。

研发不止步
发明专利覆盖行业主要产品类别

即便已取得不错的发展成绩，邦宁新材依然没有停下研发创新的脚步。

“目前，我们共有9个发明专利，还有一批实用新型专利，这些专利覆盖了全行业的主要产品类别，且有多项指标远高于行业标准。但我们不能墨守成规，每年都要推出新产品。”谭宏伟说，自2017年起，企业每年均要求研发部门至少提交1项发明专利申请。

彩色路面防滑产品的创新，也为邦宁新材打开了更大的市场空间。以路面盲人道铺设为例，过去传统的方式是由一块块砖拼砌而成，一旦城市道路施工就会破坏盲道的整体结构。而运用彩色路面防滑产品，只需通过一次性浇筑即可成形，且规格、颜色、造型均可自由定制。

产品创新不仅带来了防滑、耐磨等功能，更为城市环境营造、服务便捷化提供了附加值。在中国台湾，从台北到高雄的高速公路上，所有服务区都运用了邦宁新材的防滑路面产品，如红色路面区域用于大巴、大货车等大型车辆停放，小型车停在黄色路面区域，绿色则是通道部分。清晰明了的划分不仅能让司机获得明确的指示，也让服务区的管理更加便捷、高效。

作为2018年举行的佛山50千米徒步南海段的起点，千灯湖片区的滨水绿道慢行系统以及千灯湖慢行系统，都采用了邦宁新材的彩色路面防滑产品。除了制作彩色路面，沿路还结合当地特色设置了鲜花造型等景观，让人们在行走过程中有了更丰富的视觉体验。

目前，以佛山南海为总部，邦宁新材逐步在山东淄博、湖北黄石、东莞塘厦、阳江高新区等地建起了生产基地。企业的发展也在逐渐驶入快车道。除了加快内部技术人才培养体系建设，邦宁新材还在近年来引入了多位金融专业人才。“现在，我们正着手梳理公司内部事务，并计划未来在香港上市，借力资本的力量加快企业发展。”谭宏伟说。

调研手记

耐得住寂寞　创新终将点亮匠心

可以说，邦宁新材是中国彩色路面行业“第一个吃螃蟹的人”。这样的勇气和胆识不仅让邦宁新材成为细分领域的领跑者，也带动了整个行业的快速发展。

当然，敢于做“第一个吃螃蟹的人”需要的不仅是勇气，更需要长期的坚守与持续的创新投入。为了支持企业发展，谭宏伟变卖了名下所有的房产，公司开了6年才进入盈利期；长达3年的设备投资、研发攻关，才填补国内空白。

勇敢迈出第一步不容易，长期领跑更不容易。在邦宁新材身上，笔者看到了不轻言放弃、攻坚克难、突破创新的重要品质。当年敢于做第一家彩色路面企业的果敢，并没有随着时间的流逝而淡化，而是一直贯穿在企业发展的全历程。

如今，邦宁新材拥有的9项发明专利已覆盖了全行业的主要产品类别，多项指标优于国际标准，在南方市场几乎没有可与其竞争的对手。即便如此，邦宁新材仍严格要求自己，不断推出新产品，保持企业的竞争力，时刻以领跑者的姿态继续拼搏。

耐得住寂寞，创新终将点亮匠心。这是邦宁新材发展壮大的贴切写照。

智科电子：“技术流”撑起全国市占率第一

在广东智科电子股份有限公司（下称“智科电子”）桂城瀚天科技城的生产车间里，工人们正在对控制器的电路板进行组装，经检测合格后，这些控制器将会被安装在热泵、空调等产品上。

从2002年开始起步研发热泵控制器，智科电子生产的空调控制器和热泵智能控制器等产品广泛应用在包括泳池设备、烘干设备、地暖等领域。2018年，智科电子实现了销售额将近7000万元，在全国的市场占有率达82%，在省内热泵控制器行业排第一位。

“我们希望成为最专业的智能设备解决方案提供商。”智科电子董事长李百尧说，未来，智科电子将重点在技术、创新等方面加强投入，包括变频技术的应用、“互联网+人”控制即智能家居，还有物联网+能源管理等领域。

业内技术积累最多的企业

2019年年底，智科电子收获了不少荣誉：2019年12月26日发布的2019年度佛山市“专利新秀榜”TOP20榜单中，智科电子荣获2019年度佛山市十大专利新秀；而在该榜单公布的一个月前，在2019中国暖通与舒适家居产业发展论坛暨中国空调热泵行业品牌盛典上，智科电子荣获了2019年度暖通变频智能控制器领军品牌。

这些荣誉的背后是智科电子深耕智能控制器的技术积累。作为一家集智能控制器、变频控制器、LED电源等节能环保产品研发、制造、销售及服务于一体的高新技术专业厂家，智科电子从生产空调控制器起家，逐步拓展到包括智能控制器的设计、研发、生产、销售及售后服务的完整链条。

作为智科电子的创始人，李百尧最早在空调行业从事过滤器的开发。随着空调行业的转变，开始细分出热泵、热水、热泵采暖、制冷制热等相关的领域。这些领域的核心部件压缩机，与空调压缩机的原理是一样的，但是应用则有所不同。

“空调是制冷制热，而热泵技术的应用领域主要热水、烘干、采暖等。”李百尧解释说，热泵等于是压缩机的一个制热技术，但是比传统的加热方式更节能、环保。他说，传统的电加热理想的状态就是1∶1，而热泵技术的能效能够达到1∶4，即用1瓦的电能够产生4瓦的热。

鉴于其能耗低、效果优等特点，如今热泵技术已经广泛应用于酒店、学校、医院、别墅等场地的采暖，特别是近几年北方的集中供暖要求取消烧煤改为热泵供暖，大大刺激了市场的需求。另外，由于比电烘干更节能，热泵在烘干、泳池设备、卫浴等要用到热水的领域应用也越来越广泛。

在这当中，智科电子主要做热泵产品当中的控制器。“我们目前在行业当中占比是最高的，也是技术积累最多的。”李百尧说，做控制器的企业很多，但是做控制器同时又熟悉热泵的运行原理的企业并不多。

注重研发以技术赢得市场竞争

从空调压缩机到热泵控制器，要突破行业难点、痛点，研发是必不可少的。为此，智科电子先后以热泵控制技术申请了多项核心专利和软件著作权。以科技和品质为核心，先后与国内外众多知名空气能制造商建立长期的合作伙伴关系。

一组数字或者更能直观地反映智科电子在研发上的投入：在约200人的团队当中，智科电子的技术研发人员有40人，占比约20%，本科以上占比为24.49%。截至2019年年底，智科电子拥有自主知识产权92项，获得发明专利1项、实用新型专利41项、外观专利1件、软件著作权49项。这样的成绩与智科电子大力投入研发的举措密不可分。“我们的研发经费，占公司销售额的6%—7%。”李百尧说，智科电子2018年主营销售收入约为7000万元，其中研发费用占销售额的6.72%。

不仅是研发经费的投入高，智科电子还拥有一批在智能电器、高效率开发电源领域有丰富经验和精湛技术的高科技人才，其中核心成员10多年来一直从事与热泵控制有关的自动化控制技术的研发，对热泵控制变频技术、远程控制技术等有比较深入的研究。

在资金与人才的支持下，智科电子先后承担、完成了科技部创新基金项目“热

智科电子深耕热泵智能控制器市场

泵机组智能控制器”。该项目提升了热泵行业机组数字化、智能化水平，良好的系统设计和配置，提升了机组产品15%的节能效果，推动了行业智能化水平。同时，智科电子参加NB/T10094—2018《能量调节器》行业标准修订和GB/T10536.1—20XX《电自动控制器》等国家标准的修订。

为了切实保证企业技术创新体系的组织建设和不断完善，并为实施企业发展战略提供重要支撑和决策依据，智科电子还成立了广东智科电子股份有限公司企业技术中心。

在李百尧看来，组建中心并不断完善各项制度和推出激励机制，形成良好的创新竞争环境，推动内部各项目井然有序的研发与执行落实，不断创造出更多更加实用市场的新产品，有利于适应市场的竞争，为企业带来更多的利润。

挺进物联网智能控制应用市场

尽管热泵产品的广泛应用带动了智能控制器的应用，但随着近几年下游热泵市场的大规模推进，包括北京地区及附近地区改造接近尾声，而北京周边省市的煤改电政策尚未明朗，目前热泵行业整体也面临着增长乏力的局面。

受此影响，智科电子在2019年的营业收入较同期也出现了一定幅度的波动。

“目前公司在不断深挖热泵控制领域的垂直市场，如农业烘干、污泥烘干等细分市场，加快产品变频升级速度，同时拓宽产品的应用方向，如智能家居和理疗领域。”李百尧说，未来，智科电子将会重点在技术、创新等方面加强，具体包括变频技术的应用、“互联网＋人”控制即智能家居，还有物联网＋能源管理等领域。

“很多行业看起来是传统行业，但是在加入了创新技术后，就可以实现华丽转型。比如日本的智能马桶备受追捧，还有日本的电饭锅为什么能卖到1万元一个，这些都是传统产业导入了新的技术应用。”李百尧说，智科电子未来将在变频技术、物联网等领域发力，目前在做的很多控制器都是用APP和远程监控就能实现检测和控制。

事实上，智科电子早就开始了该领域的技术储备。早在2013年，智科电子主导家用商用热泵机组智能控制器，获得科技部、佛山市南海区中小企业创新基金立项支持，2016年6月科技部创新基金项目热泵机组智能控制器通过广东省创新基金管理中心领导及专家组验收。此外，智科电子的热泵热水器智能WiFi云控制器项目获2015年度佛山市南海区科技进步奖。2017年9月被认定为广东省空气能智能控制工程技术研究中心。

同时，企业与汕头大学和广东工业大学合作，借助院校力量，进行物联技术研究，推动了WiFi、GPRS等接入模块在热泵智能控制器的普及和应用，大大拓展了热泵产品的远程控制方式，增加了客户用手机APP与热泵产品的互动，改善了用户体验。

● 调研手记

深耕与专注让企业立于不败之地

在普通消费者眼中，热泵智能控制器并不是一个大众熟悉的产品。但实际上热泵领域是从制冷这个领域细分出来的，其核心技术和空调一样，只是应用的范围更大。智科电子创始人李百尧最早做空调控制板，所以智科电子开始创业时，也做过空调的过滤器，后面慢慢开始专注于热泵领域的控制器。

从这一点来看，李百尧并没有离开过他所熟悉的领域，一直专注于自动化控制技术的研究。相比其他人和企业，他似乎更早看到从空调细分出来的热泵领域市场，并为之深耕。

谈及为何智科电子能在热泵智能控制器市场独领风骚，李百尧用了一个比喻：就好比懂英语的人很多，会做外贸的人也不少，但是英语与外贸都很好的人就会更有竞争力。

正是瞄准这一细分领域并多年深耕，如今智科电子的产品已经广泛涉及泳池设备、热泵热水机、中央（商用）空调等产品的控制器。而正是这样的专注与深耕，成为智科电子在市场上的制胜法宝。

碧沃丰：
十年磨一剑 跨界养出千种“菌”

2019年11月16日，江苏省昆山市首批“美丽河湖”“最佳河湖治理样板”名单出炉。碧沃丰生物科技（广东）股份有限公司（下称“碧沃丰”）负责的绿地景观河水生态修复项目及雨花塘（景王浜东段）河道生态修复项目成功入选“最佳河湖治理样板”。

让昆山市景王浜东段水质实现大幅好转的，是碧沃丰研发的一种微生物治理技

碧沃丰参与治理后的江苏省昆山市花桥镇金城内河

术，这项技术通过在自然界寻找具有降解污染物质功能的微生物，并将污染物质转化为无毒无害的气体，从而实现生态修复的目的。

经过10年的发展，碧沃丰从仅有2项发明专利的创业公司，发展为拥有5项国家发明专利、24项实用新型专利、行业内最大的治污菌种库的集团企业。

从传统制造挺进高新技术

鲜为人知的是，碧沃丰创始人张斌创办的第一家企业，是从事铜金属加工的传统制造企业。

转折点发生在2005年。2005年1月18日，国家环保总局宣布了全国30个严重违反环境法律法规的建设项目名单，并责令这些项目立即停建，掀起了一场环保风暴。

在这样的背景下，张斌敏锐地预见到，粗放型的增长模式将被淘汰，传统企业的转型升级是大势所趋。于是，他下定决心成立一家环保领域的高新技术企业。

为找到好的创业方向，张斌前往日本、德国、美国等多地调研。“我发现用微生物降解有机物这个技术属于环保领域比较前沿的一个方向，当时该技术在国内还是空白。”张斌说。为抢占微生物治理发展先机，回国后不久，他就组织了中国海洋大学教授等参与课题研究，并在高校组建起研发团队。

从2005年至2009年，研发团队都聚焦于微生物治污技术研发上。然而，研发过程是漫长而煎熬的。“初创型公司风险比较大。一年、两年过去了，还是没有成果，一些博士生和研究人员看不到希望，就离开了。”张斌回忆道。

在前期研发阶段，张斌前后投入了超过5000万元。直至2008年，他的初创团队才获得两项国家发明专利。2009年，碧沃丰正式注册成立，并在2012年入驻南海。

尽管早在2009年，环保问题已经备受关注，但整体水处理业务还处在起步阶段，碧沃丰并未受到市场青睐。为支撑公司前期运营，张斌不得不拿出铜金属加工公司获得的利润，向碧沃丰“输血”。

碧沃丰另一位创始人、现任总裁范德朋回忆：“在公司创立初期，大家都相信环保是一个很有前景、利国利民的行业。但要运营一家环保企业，投入大、研发周期长、产出慢，于是很多人就放弃了。”

尽管如此，范德朋和张斌却依然坚持扎根这一领域。用张斌的话说，领先一步是先锋，领先三步是先烈，按照正常的商业规律，碧沃丰已经“先烈”很多回了。“就像垂死的病人，把针拔了，就真死了。我想让碧沃丰活，就一定不会拔掉这一根针。”张斌说。

从传统行业成功转型为新兴行业，不仅需要具备“壮士断腕”的勇气，还需要“不到黄河心不死”的坚定。

积累超6000个案例居行业前列

尽管在创立初期，碧沃丰并未获得市场青睐，但其技术研发的步伐却未停止。

“微生物治理产品的研发其实也可以看作一个力气活。”范德朋介绍，碧沃丰的菌种均来自大自然，要找到具备相应能效的菌种，研发人员往往要置身于艰苦甚至危险的环境中，如步入深山老林寻找可降解含木质素的树叶或菌类的菌种，去几千里之外的盐湖寻找耐盐菌种，前往火山区域寻找耐高温的菌种等。

从大自然挖掘出菌种后，菌种的保存也是一大难题。为此，在2008年，碧沃丰研发出微胶囊封装技术，解决了菌类保存问题。“通过微胶囊封装技术，菌种保存时间延长至两年左右。”范德朋说。

前期的研发让碧沃丰积累了过硬的底层技术，这为之后的商业版图扩张奠定了基础。

2015年，随着国家对环保问题的重视程度不断提高，凭借深厚的环保技术积累，碧沃丰的业务开始爆发式增长。

然而，随着涉及范围的扩大，新的问题也随之出现。微生物治理不仅需要面对前端基础技术研究，同时也需注重应用端进行研发。

“我们卖给客户的是‘种子’，并不是成品。把菌种投入河道后，需要经过一段时间才能发挥作用。”范德朋说，“微生物治理应用技术的摸索过程是非常枯燥的。从实验室的内部实验，到现场的小试、中试，得经过很多环节。技术人员需要根据现场情况，不断改进方案。”

经过10多年发展，碧沃丰已经积累6000多个案例，并拥有1000多个菌种，成为生物治理领域的佼佼者。

2019年，碧沃丰销售收入达1.27亿元，同比增长58%。“这些案例是我们最大的财富。通过这些基础数据，我们的产品可以向各个领域进行推广，所以才有了现在爆发式的增长。”范德朋说。

创新实施“城市合伙人”计划

位于南海区翰天科技城的碧沃丰公司的展厅内，陈列着各式各样“沉睡”的治污菌种。这些菌种将被送至患有各种“疑难杂症”的水域，通过与水的溶解，分解有害物质，解决水域内的污染问题。

“这些治污菌种如同药品，碧沃丰就像一个医院。每年都有很多客户直接找上门来，让我们给污染水域‘治病’。”张斌表示，虽然碧沃丰总部基地一直在南海区，但其销售版图却遍及全国各地。

2019年9月，碧沃丰签约了长春市净月区主要水体生态长效生态服务项目。碧沃丰营销中心总经理李智勇称，该项目资金达5500万元，为碧沃丰撬动了2亿元的销售额。

很难想象，像这样一个项目所带来的经济效应，将要比碧沃丰前几年加起来的利润还多。

丰厚收益的背后，是碧沃丰在营销策略上的“弯道超车”。张斌表示，前期因为市场容量不大，因此公司采用的是分散式经销模式，为节约时间和资金成本，主要通过在互联网平台上投放广告吸引客户。

张斌将碧沃丰前期的营销模式称为“被动式销售模式”，分散式经营难以形成合力，推广效果不够明显。“那时候只能等着客户找上门，经过口口相传，建立起客户群。”

于是，自2017年开始，碧沃丰开始转变经销模式，探索“城市合伙人”经营模式。

“‘城市合伙人’是指以成本价将成品卖给一个城市的所有经销商中最有能力和资源、渠道最丰富的团队，然后共同合作一个项目，最终按协议分红。”李智勇说。

近年来，随着污染治理需求释放，中国环保产业发展加快，企业数量急剧增加。中国环境保护产业协会发布的《中国环保产业发展状况报告（2018）》显示，2020年我国环保产业营业收入总额有望超过2万亿元，环保产业增速远远高于国民经济增速。

面对行业风口，碧沃丰已经整装待发。吉林、北京、上海、山西、山东、江苏等多个地区，均有碧沃丰的“城市合伙人”驻扎，与他们携手，碧沃丰正准备迎接新一轮业绩增长。

调研手记

潜心技术研发　未来行稳致远

与其他环保企业不同的是，碧沃丰是一家拥有传统制造业基因的企业。正因为前期在传统制造业领域的积累，碧沃丰更懂得传统制造业在环保治理上的痛点、难点，也能更有针对性地解决问题。

尽管碧沃丰捷足先登，抢先迈入微生物环境治理领域，但并没有急于宣传，而是潜心技术研发，将技术的地基打牢。这种“稳扎稳打”的方式让碧沃丰走得更稳，也走得更远。

“十年磨一剑”的功底让碧沃丰拥有了行业内最丰富的案例库，以及最多的菌种库。这意味着，碧沃丰的市场触角可以延伸得更广。而“城市合伙人”的营销模式则促成了碧沃丰新一轮市场扩张。

从目前环保行业的发展状况来看，很多环保企业的发展主要依靠国家政策去推动，自主性有所欠缺，属于被动式发展。与之相反的是，碧沃丰不管面对怎样的政策背景，都坚持走好自主创新的路子。

具有技术优势的企业，在行业中将占据优势。碧沃丰既能在传统行业红利爆发时期“壮士断腕”，在发展上赢得先机；又能潜心研发，掌握技术“硬实力”，并不断完善营销模式，因此成了行业领军者。

欧谱曼迪：国产高端内窥镜扬名海外

2019年11月21日，在德国MEDICA医疗器械展会上，广东欧谱曼迪科技有限公司（下称“欧谱曼迪”）的荧光内窥镜导航系统走向国际舞台。在此次展会中，欧谱曼迪的产品收获了来自40多个国家的意向客户。

欧谱曼迪荧光导航内镜通过先进光学成像技术，可以实时跟踪淋巴系统、观察组织血流灌注和精确定位肿瘤边界，助力微创外科手术更为精准。

成立仅6年时间，这家由4名清华大学毕业生创办的企业，技术已达到世界领先水平，产品已运用于300多家三甲医院。

2019年3月，由国家卫健委组织的第五届优秀国产医疗设备评选中，欧谱曼迪的内窥镜系统以总分第一名入选，成为国产高端内窥镜系统的领头羊。与此同时，欧谱曼迪还入选了第二届粤港澳大湾区生物科技创新企业50强“先锋企业”。

清华校友组团创业
进军医疗器械领域

2011年的一场毕业周年聚会，让4名清华大学校友再次相聚。交谈过后，已经在各自领域颇有成就的4人决定携手创业，进军医疗器械领域。

4人选择在南海进行联合创业，欧谱曼迪创始人之一唐前锋起到了关键性的作用。唐前锋是南海桂城街道平洲人，他曾担任美国英众科技中国区总经理以及美国数邦科技大中华区制作总监。

在这次聚会上，唐前锋和校友安昕、赵志颖、张浠相谈甚欢。曾经的室友、同窗，都已成为各自领域小有成就的公司高管。

谈及创业的想法，4人一拍即合。最终，4人决定将光学与医疗相结合，扎根

欧谱曼迪的生产车间

医疗器械领域。“在确定研究方向之前，我们参观了一家三甲肿瘤专科医院。我们发现，医院的内窥镜设备都是从德国、美国进口，价格昂贵，但是技术在我们看来没有什么难度。”欧谱曼迪首席技术官张浠表示，这次参观让他们颇有感触，使得他们决定从国产内窥镜设备切入，立足高端医疗器械产品的进口替代，进行创业。

同时，2012年，南海区发布《佛山市南海区高层次人才奖励和培养资助暂行办法》，通过释放政策红利，引入一批高层次人才。唐前锋和其他创始人最终决定将南海作为创业起点。

2013年，唐前锋等人注册成立广东欧谱曼迪科技有限公司，总部落户于金谷光电社区。

与此同时，欧谱曼迪大力招聘专业技术骨干组建研发团队。长期从事尖端光学系统工程的安昕作为研发团队的带头人，将研发出来的产品在医院进行试用，通过医生的反馈，不断调整产品研究方案。如今，欧谱曼迪的研发人员占整个公司40%以上。

填补国内技术空白
闯出世界领先水平

荧光腹腔镜广泛用于微创外科手术，可以在手术过程中给医生提供实时图像，辅助医生更好地进行手术。然而，具有不同经验的医生面对同样的成像，做出来的手术效果却有所差异。

“就如同没有导航之前靠看地图来开车，老司机和新手司机到达同一个目的地的效率是不一样的。”唐前锋说。

如何能在不伤及血管的情况下最大程度地根除肿瘤，保证手术的绝对安全性？肿瘤组织尤其是转移淋巴结跟正常组织同颜色、同质地、同硬度，怎样成功区别不误伤？这些都是医生在进行微创手术时需要切实考虑的问题。而荧光内窥镜导航系统，则能帮助医生解决这些实际问题。

在欧谱曼迪创业初期，国内内窥镜系统超过95%被国外垄断。2015年，欧谱曼迪研发出全国首创的多谱内镜系统。多谱内镜系统可以清晰地显示隐藏在浅表的血管，对癌症早筛有极大助力，但应用并不广泛，仅限于胃肠、耳鼻喉，在其他部位的应用效果并不显著。2016年，欧谱曼迪拿到了公司的第一张产品注册证。

因为技术还未达到预期效果，几年间，欧谱曼迪一直没有将产品推出市场，而是潜心研发。

欧谱曼迪敏锐地把握住荧光内窥镜系统刚由国外引进到中国这个机会，认为是高端内窥镜重新洗牌的好机会。在2017年11月，由欧谱曼迪研发的高清荧光内镜成像系统“领航者”在亚太地区妇科肿瘤治疗高峰论坛上发布。该系统由欧谱曼迪与佛山市第一人民医院共同合作完成，能有效筛查前哨淋巴结，提高肿瘤治疗的效果。

在宫颈癌、子宫内膜癌等妇科恶性肿瘤治疗期间，需要对有肿瘤细胞转移的淋巴进行切除。佛山市第一人民医院妇产科主任王刚表示，大范围的淋巴组织切除会产生副作用，欧谱曼迪研发的高清荧光内镜系统“领航者”通过ICG荧光成像技术，可实时获取血管、胆管、肝等组织的荧光图像，大大减少淋巴切除范围，提高治疗效果。

此外，欧谱曼迪CEO安昕介绍，“领航者”在图像质量上进行了优化，相比进口的内窥镜荧光成像系统，它有更好的彩色成像效果，且性价比高于进口，可以在各类型的医院普及。

2019年，欧谱曼迪研发出荧光系列第二代产品——4K荧光导航内镜系统，产品通过先进光学成像和信号处理技术，在手术中标记目标组织，随时切换高清白光、荧光及伪彩图像等模式，满足医生对成像色彩的多样化需求。据唐前锋介绍，该产品在白光图像和荧光系统上已经达到世界领先水平。

300多家三甲医院应用
市场占有率全国第一

在成立初期，科研投入，加上公司的日常运转开支，欧谱曼迪对创业资金需求很大。2012年，第二届南海“蓝海人才团队”启动评选工作，南海人才部门鼓励欧谱曼迪团队积极申报。2013年，欧谱曼迪又成功申报佛山市首届科技创新团队，获得政府从政策到资金上的大力扶持，这为该公司提供了一笔启动资金。

医疗器械产品投入市场前，必须先经过检测机构检测，证明技术等各方面对人体安全有效。此外医院还要进行伦理验证，经过多个程序后，只有拿到产品注册证，才算是拿到医疗器材进入市场的通行证。

这种情况下，在拿到产品注册证后，为迅速将产品推向市场，欧谱曼迪联合全国各地代理商，向各地医院投放产品，在部分医院让医生进行免费试用，得到了医生很好的反馈，打破了一些医生迷信国外产品的观念，迅速形成市场口碑，打开了知名度。

唐前锋表示，在佛山市各级政府协调下，欧谱曼迪的产品先后在平洲医院、南海医院等开展“离体实验”，后来又与中山大学附属肿瘤医院合作，不断扩大实验医院和合作专家的范围。

从2016年至今，欧谱曼迪成功拿到多个产品注册证，这些产品被广泛运用在北大人民医院、301医院、上海长征医院、中山大学附属第一医院、南方医院等全国超过300家大型三甲医院，为我国在高端内窥镜市场打破进口垄断打下了坚实基础。

目前，欧谱曼迪已经获得了达晨、清控银杏等多家投资机构的青睐和注资，现已完成两轮融资，2019年公司的销售额达3000万元，2020年预计达6000万元。

调研手记

创新为王 国产设备插上腾飞翅膀

在高端医疗器械领域，欧、美、日等国家和地区仍然占据一定优势。从欧谱曼迪的发展经验来看，国产医疗设备要实现对进口替代，要立足于脚踏实地的研发，实现技术上的创新突破，研发出超越进口产品的技术。

在创立初期，欧谱曼迪没有着急将产品推向市场，而是不断完善技术队伍，打好技术基础，形成核心技术能力，为企业将来的发展作准备。

创新是企业培养核心竞争力的前提，也是突破国外垄断的关键。很多国产医疗器械没办法与国外设备抗衡，主要在于没有核心技术。“一些企业将国外的设备拆了外壳拿去卖，换汤不换药。没有掌握核心技术，就不能应对市场变化。”欧谱曼迪首席技术官张浠说。

与此同时，相比大公司，欧谱曼迪作为一家创业公司，具有体量小、机制灵活的优势，更有精力专注于一个细分领域，打磨好一个产品，这有助于创业公司在细分领域上实现“弯道超车”。另外，因为较小的体量，在面对市场需求时，更容易根据市场需求展开创新尝试，而欧谱曼迪恰恰抓住了作为创业公司的几大优势，实现了在荧光导航内镜系统上的技术突围。

华智新材料：硬核技术为“北斗”卫星护“芯”

每周三下午，佛山华智新材料有限公司（下称“华智新材料”）总经理马文珍都要组织一次会议，召集公司技术人员与长电科技的工程师们就某个应用于5G通信基站的产品开一次电话会议，探讨芯片的散热解决方案。

华智新材料是一家大功率半导体器件散热及封装解决方案的提供商，凭借国内首创的异质材料精密热键合技术与独特的高导热材料配方，华智新材料生产的芯片散热衬底拥有优异的导热性能和高可靠性，解决了“北斗”卫星、相控阵雷达、5G通信基站等重大项目中的大功率芯片散热难题，填补了国内技术空白。

同时，华智新材料的产品也被应用于解决大功率半导体激光器、云计算数据中心、新能源汽车、高铁、高压输电、风力发电等领域核心芯片的散热问题。

马文珍表示，在当前日趋激烈的国际竞争形势下，国内的许多大功率半导体器件研发生产企业都在把国产化程度提到一个新的高度，华智新材料正是通过长期不懈的自主研发，为“中国芯”保驾护航。

后发优势
散热衬底性能比传统高50%

在华智新材料的会议室内，摆放着一颗颗金黄色的小片，这些小片虽不起眼，却对大型电子装备起着至关重要的作用。

马文珍介绍，以5G通信基站为例，华智新材料的散热衬底应用于通信基站的功放模块中，为模块内的发射芯片提供散热、支撑和保护作用，以提高芯片的长期可靠性。

散热衬底的一大特点就是兼具高导热率和低应力，大功率半导体芯片工作时结

华智新材料的生产车间

温将快速上升到200℃左右，如果没有散热衬底迅速将热量导出，会立刻因自身结温过高而烧毁；而一旦散热衬底的应力较大，高温下会使芯片长期可靠性大大下降，影响器件性能。

相比国内传统的散热材料，华智新材料的产品散热能力提高了近50%，可以使芯片结温降低60℃，大大高出客户对通信基站发射芯片结温参数的指标要求。

客户之所以选择与华智新材料合作，就在于华智新材料实现了高端大功率半导体芯片核心散热衬底的国产化，并且在价格上保持了竞争力。

马文珍介绍，芯片产业在中国起步较晚，作为配套产业链其中一环的芯片散热衬底，国内基础薄弱。随着华为等国内龙头企业技术研发水平的不断发展，具备芯片关键散热衬底国产化能力的华智新材料受到众多半导体领域客户的青睐。

华智新材料吸引客户的不仅仅是导热性能优异的芯片散热衬底，还有快速的批量化生产能力。

凭借华智新材料国内首创的异质材料精密热键合技术带来成本优势，散热衬底的生产供应周期被大大缩短，良品率由传统工艺的60%提高到现在的98%，成本也比国外同类产品下降40%左右。

“相比国外同行，我们还具有后发优势。”马文珍说，国外同行企业由于起步较早，在生产线上重新导入新技术需要投入巨大成本，加上基本没有竞争对手，缺乏更新换代的动力，大多数还在使用20世纪90年代的技术。

另外，通信基站作为现代社会重要的基础设施，会被安装在各种各样的自然环境中，比如横跨炎热的三亚地区和寒冷的东北地区，为保护脆弱的芯片，散热衬底就要通过最严苛的可靠性测试。

在通信基站的可靠性测试中，华智新材料散热衬底接受5000次温度冲击也没有出现问题，体现出了强大的可靠性。“一般的民用设备例如手机，能接受1000次温度冲击就算是合格了。”马文珍说。

匠心铸魂
一个工艺参数试验200多次

从2017年开始，华智新材料保持着销售额每年翻一番的高速增长。“按照我们预期，未来四五年依然会保持每年100%左右的增长。”马文珍说。

然而，在企业初创阶段，华智新材料经历了3年不断投入资金研发，却没有任何产出的艰难时期。

华智新材料在2013年注册成立后，于2014年开始投资设厂，在2014年至2016年期间投入了数千万元进行研发，一边对异质材料精密热键合技术进行技术攻关，一边配合客户反复进行可靠性测试，争取获得供应资格。

从异质材料精密热键合技术的研发历程中，不难看出华智新材料团队创业之艰难。

为了攻破异质材料精密热键合这个技术难题，华智新材料组建了一个10多人的研发攻坚小组，尝试了多种工艺路线，反复迭代工艺参数，设计并定制了专有的加工设备，不断地改进设备操作系统，最终新产品研发成功。

投入研发的所有资金，均来自几位创始人的自筹资金。“当时国内芯片散热衬底领域一片空白，国内外巨大的市场被完全垄断，我们看好这个市场。”马文珍说。

研发异质材料精密热键合技术期间，整个研发团队长期加班加点，经受无数挫折。

曾经为了试验一个工艺参数，华智新材料研发团队进行了长达1年的攻关，经过了200多次实验，不断总结经验和摸索规律，最后发现设想的研发路径是错误的。最终，经过无数次的失败和摸索，研发团队实现了技术突破。

在马文珍看来，做科研就像做选择题，当把所有错误选项都尝试了，离正确选项也就不远了。

之所以能够耐住寂寞投身科研，与马文珍早年经历有关。在西安交通大学微电子学系求学期间，老师就经常鼓励他，无论毕业后在哪个领域做工作，都要做到全世界TOP3（前三），让所从事的领域不再受制于外国的技术封锁；而在和日本多家公司的交流学习过程中，日本企业的工匠精神以及高精尖技术给他留下深刻印象，华智新材料也一直在践行工匠精神。

2015年下半年，华智新材料进入最困难的时期，研发资金快耗尽了，但还是没有接到任何订单，客户仍在不断进行技术验证。直到2016年春节前一周，因为通过了大量的可靠性测试，华智新材料终于获得了客户一张300万元的订单，企业发展开始腾飞。

紧贴市场
从做好制造商到做好服务商

随着国内芯片产业的快速发展，散热衬底的需求在迅速扩大，华智新材料计划在南海力合科技园投资4000万元扩建一家5000多平方米的洁净工厂。该厂投产后预计能够实现年产1000万颗封装散热组件的产能，产值达数亿元。

生产散热衬底的同时，华智新材料也正在探索为客户提供一整套的封装方案，从散热衬底生产到封装组件，实现散热系统的垂直整合，为客户提供更为全面的产品服务，以达到生产效率更高和生产成本更低的目标，提高自身市场竞争力。

结合大功率半导体的行业特点，华智新材料在扮演好制造商角色的同时，向服务商逐渐转变。除为客户提供产品之外，华智新材料也安排了专职研发人员与客户的设计师、研发人员组建联合项目组，贴近客户共同研发，及时响应客户需求。

“芯片散热材料的市场形势变化很快，我们必须与客户走得足够近，不停地根据市场最新需求去研发创新，才能立于不败之地。”马文珍说。

为适应快速发展的业务，华智新材料的人才团队也在不断扩大。目前，华智新材料拥有8人的核心研发团队，均是“80后”的985高校硕士和博士。未来5年，研发团队规模计划每年翻一番，并计划在广州设立研发中心。

“当时落户南海也是考虑到交通比较便利，且南海地方政府服务意识好，商业环境比我们考察过的很多城市都要好。”马文珍说，南海靠近广州且交通便利，很多985高校的人才愿意过来发展，同时企业也正在对外融资，可以为核心研发人员开出有竞争力的薪资，并提供股权激励。

研发方面，华智新材料正计划在季华实验室设立联合研发中心，利用其强大的设备平台开展后端材料分析、技术研发等，并与入驻的芯片团队进行合作，提供散热设计、封装设计等专业配套服务。

此外，华智新材料引荐了硅谷的一支芯片研发团队入驻季华实验室。“华智新材料正为南海本土的精加工、模具等企业提供需求牵引，力求各方尽快形成协同效应，这样落户佛山的芯片团队在研发成果转化上就能得到及时响应。”马文珍说。

调研手记

以破釜沉舟的气魄做实业

随着国际竞争态势的日趋激烈，中国企业在发展上遇到越来越多的挑战与阻碍，坚持自主创新，提升国产化程度，是中国企业实现自强的必经之路。

当被问及当时为何选择把自己的大量资金投入科研，而不是其他回报更快的投资渠道时，马文珍讲出了不让中国再被技术“卡脖子”的初心，也正是这种破釜沉舟做实业的气魄，让华智新材料团队守得云开见月明，实现了每年翻一番的快速发展。

进行科研攻坚，是一个寂寞且艰苦的过程，在一次成功前，可能要经历无数次失败，这需要科研工作者具有坚强的内心，以及对自身所追求事业的坚定信仰和信心。华智新材料正是今日高速发展的中国制造业的缩影，正是一群群有信仰、有信心的科研人挺直了中国制造的脊梁。

优凯科技：三腔洗衣凝珠全国市占率超50%

在南海区里水镇新材料国际创新产业园，广东优凯科技有限公司（下称“优凯科技”）生产车间里的机器正快速运转：浓缩的洗衣液、柔顺剂和消毒液通过三腔独立封装后成为一颗珠子。这些洗衣凝珠加工出来后迅速被打包在袋子或者盒子里，几天后，它们将被送往各大企业并最终出现在超市的销售货架上。

成立于2016年底的优凯科技是名副其实的“高精尖”企业，尽管工厂生产车间2017年才建成投产，但在短短两年多时间里，优凯科技已经成为联合利华、上海家化、榄菊、杜芬等知名品牌供货商，与德国巴斯夫、美国杜邦等国外知名达成战略合作，成为国内三腔洗衣凝珠生产技术的领军企业。

如今，优凯科技生产的洗衣凝珠产品在日化行业的销售中占全国市场50%以上。随着企业的增资扩产，优凯科技力争在2021年产销超10亿元，成为佛山“独角兽”企业。

产能产值2年内呈几何级增长

2019年11月底，在里水镇2019年“三新”产业平台发布暨十大重点产业项目集中动工仪式上，优凯科技与里水镇签署项目投资协议，内容是在里水镇投资10亿元增资扩产，力争在2021年产销超10亿元，成为佛山“独角兽”企业。

“在4条全自动化生产线的基础上，2019年已经投入1500万元新增3条生产线，年产能2.5万吨（超20亿颗），预计2020年可以突破2.5亿元。”优凯科技董事长黄平说。

优凯科技快速发展的背后是洗衣凝珠广阔的应用市场。与一般的洗衣粉相比，洗衣凝珠更环保，洗衣粉大部分是合成化学品来达到去污效果，洗完之后排放所需的降解周期也很长，对环境会造成一定的影响。

中国洗涤用品工业协会此前的报告显示，如果所有中国消费者都使用浓缩洗涤剂，则可在生产和运输过程中，减少174.72万吨二氧化碳排放，节约85.67亿度电能；在使用过程中，减少242.11万吨洗涤废水排放。这相当于43.68万辆家用轿车1年的二氧化碳排放量、310.24万个家庭的用电量和1.2万个家庭的用水量。

不难看出，洗衣凝珠在产品性能和环保节能方面都有着传统洗涤产品无法比拟的优势。随着洗衣凝珠在全球的推广应用，优凯科技的盈利迎来爆发式增长。

攻破核心技术抢占全国一半市场

瞄准这颗小小的洗衣凝珠，优凯科技早已开始了技术的储备。

“洗衣凝珠看起来很普通，但是技术含量非常高，包括生物酶技术、水溶膜封装技术和生物基表活技术等。”黄平说，在超市和网上商城，消费者看到最多的凝珠产品有单腔封装和三腔封装，三腔封装的凝珠无论是在技术、品质还是功能上都要优于单腔封装的凝珠。

黄平解释说，三腔洗衣凝珠是把三种原料分开储存，遇水之后才开始破裂进入洗涤环节，因为洗涤时间短，原料之间不会产生较强的中和作用，因此洗涤效果更好。

为了得到更强大的技术支持，他们引进了中山大学曾晖博士团队与中山大学化工学院共同建立了国家级的实践基地，共建产学研合作平台。

“我们是2017年开始投产的，但其实整个研发已经有6年时间了。”作为优凯科技柔性引进人才，曾晖是中山大学广东新材料产业基地联合研究中心主任，同时他也曾担任里水镇科技镇长。

“其实三腔洗衣凝珠包含了3种目前国际上最先进的技术，分别是生物酶技术、水溶膜封装技术和生物基表活技术。”曾晖说，在这过程中，封装是非常关键的一个环节，也是技术含量很高的一个环节。

他解释说，因为凝珠遇水就会分解，在批量生产过程中，只要有一颗珠子发生渗漏，那么整个批次的产品都要作废。为了切入该领域，优凯科技找到国内机械制造企业，并根据优凯科技的要求进行共同开发，最终自主研发出三腔封装生产线。目前，我国常规超市中超过50%的三腔洗衣凝珠产品均由优凯科技生产。

经过几年时间的研发与攻坚，优凯科技突破了美国对中国封装设备技术和凝珠

优凯科技的洗衣凝珠生产线

配方的技术封锁，自主建立了国内第一条三腔凝珠封装线和相应配方技术。

为了保持企业的创新技术与继续领先，优凯科技不断加大技术的研发投入，每年科研经费投入占年销售额10%。截至2019年年底，优凯科技拥有国内知识专利13项，其中实用新型专利4项、外观设计专利8项。此外，为了更好地拓展全球市场，优凯科技还在全球21个国家和地区申请了专利。

向全球洗涤用品业发出佛山信号

事实上，不仅是国内消费者领域，从全球领域来看，绿色环保的洗衣凝珠也正在被大力推广。与普通洗涤剂相比，浓缩洗涤剂提高了单位体积的洗涤剂有效成分含量。《中国洗涤用品行业发展“十三五”规划》中提出，到2020年，浓缩（高效）洗衣粉占洗衣粉总量的比重达到20%，浓缩（高效）液体洗涤剂占液体洗涤剂总量的比重达到20%。而放眼全球市场，洗涤剂产品绿色化发展的重要措施就是浓缩化。目前，液体洗涤剂浓缩化率美国达98.8%，欧洲近80%，日本达98.9%，韩国达66%。

2019年9月10日，中国洗涤用品行业洗涤剂浓缩化绿色发展峰会在北京人民大会堂新闻发布厅举行，优凯科技作为三腔凝珠开发生产企业受邀出席并做报告。这再次向外界发出积极信号：我国将大力推动浓缩洗涤剂在生活中的应用和普及，完善洗涤用品的标准，倡导绿色消费。

中国洗协在此次峰会上联合包括纳爱斯、立白、蓝月亮、浪奇、联合利华、宝洁、优凯科技、巴斯夫等14家浓缩产品、原料知名生产企业共同发起《中国洗涤用品行业绿色发展倡议书》，要求全行业“践行绿色理念，研发浓缩产品；推进生态文明，共享绿色成果；倡导绿色消费，拥抱美好生活”。

消费者的追捧加上政府大力倡导绿色消费，优凯科技迅速打开市场。如今，优凯科技的客户已经包含联合利华、恒安集团、和黄白猫和上海家化等国内外企业。“如果生产线引入顺利和及时，未来全球将会有30%的三腔洗衣凝珠产品在佛山制造，并走向全球。”曾晖说。

这样的预判并非毫无根据。2019年，优凯科技投入了1500万元建设3条三腔全自动生产线，全年凝珠产量达到3亿颗。“如果2020年7条生产线全部投入使用，就可以生产大概10亿颗珠子，按照一颗凝珠市价1.5元来计算，产值将可以达到15亿元。”曾晖说。目前，优凯科技已经在里水镇增资扩产，即将建立占地20亩的国际一流生产基地，预计在2021年产值达到10亿元，并开展IPO上市辅导。

飞速发展的背后同样离不开资金、研发和当地政府的支持。目前优凯科技已经完成A轮和B轮融资，正在引入C轮投资。同时，优凯科技还与中山大学、广东工业大学、武汉大学等国内知名院校有长期合作关系，以获得技术支撑和视野拓展。

不仅如此，合作企业的推动同样在不断加快优凯科技的发展步伐。“比如我们和联合利华的合作，双方进行共同的研发，他们从内到外的要求都是高标准甚至是苛刻的，这促使企业必须跑步跟上他们的步伐。”黄平说。

黄平表示，未来几年，优凯科技将依托在洗衣凝珠行业的技术、人才、客户和营销服务网络等方面的优势与经验积累，逐步扩大洗衣凝珠产业的经营规模。同时还会不断推进全球化布局，逐步提高公司产品的市场占有率，力争成为全球洗衣凝珠产业的主要供应商之一。

调研手记

核心技术是赢得市场的法宝

很难想象，日常超市当中超过50%的三腔洗衣凝珠产品都是由优凯科技生产，这当中就包括联合利华旗下的多个品牌。优凯科技为何备受各大品牌的青睐？掌握核心技术是最关键因素。

在优凯科技“杀入”三腔洗衣凝珠市场之前，国内乃至全球能生产三腔洗衣凝珠的只有宝洁公司。这背后的潜台词则是三腔洗衣凝珠的关键技术难以突破，但这也同时传递出信号：洗衣凝珠有着庞大的市场空间。

正因如此，优凯科技要进入洗衣凝珠的市场蓝海，必须突破关键技术。为此，优凯科技与中山大学共建产学研合作平台，通过借力高校力量突破关键技术。优凯科技近两年来的爆发式增长也从侧面显示出核心技术带来的市场突破。

也正如此，笔者认为，优凯科技在抢占市场的同时，需要继续保持技术的领先优势应对更多的技术追赶者，并从一家科创公司成长为一家综合实力领先的优秀企业。

睿智环保：小粉末“变身”涂出环保新天地

南海里水，广东睿智环保科技有限责任公司（下称“睿智环保”）内摆着一张桌子，桌面是深深浅浅的木头纹路，摸上去有木头的温暖质感。“这是我们的木纹粉末涂料带来的效果。”睿智环保副总经理杨安笑着介绍。

2007年，睿智环保以木纹粉末涂料、木纹纸的研发起家，几年间便成为中国木纹粉末涂料市场销量冠军，其木纹转印粉在细分市场占据超60%的份额，结合全铝家具的爆发期，引领着木纹粉末涂料市场的发展壮大。

从木纹粉末涂料出发，睿智环保业务不断扩展，2017年位居全国粉末涂料行业前4强，旗下10家分公司及子公司年产粉末涂料超5万吨……如今，在国家大力提倡新型环保材料发展的机遇下，睿智环保计划进一步扩大生产规模。同时，企业还在快步向资本市场挺进。

创下业内多个第一

在粉末涂料行业内，睿智环保创下了多个第一。

2017年，公司成为行业内首家登上央视《匠心》栏目展播企业；公司生产和销售的粉末涂料产品受中国人民财产保险股份有限公司佛山市分公司承保“产品质量保证保险”，截至2019年11月，公司仍是行业唯一一家被保险公司予以承保的企业；2018年，睿智环保获得广东省“科技进步二等奖”，同样是粉末涂料行业唯一一家公司。

一说起粉末涂料，很多人都会觉得陌生，但产品环保节能的特性，已使其广泛应用于门窗、建筑、汽车、家具等多个领域。

“油性漆生产过程中，各种有机溶剂的使用比较多，VOCs（挥发性有机物）的产生量比较大。”杨安介绍，由于粉末涂料不使用有机溶剂，从产品的生产源头上就减少了 VOCs 的排放；在涂装过程中，粉末涂料不会像溶剂一样挥发，也最大限度地减少了 VOCs 造成的污染。

在睿智环保的工厂内，工作人员现场演示了喷涂的步骤：拿出一张木纹纸和一片铝材片，贴在一起，放进小型的压机内。1 分钟不到，打开压机，纸上的木纹已经通过高温清晰转印到铝片之上。随后用喷枪喷涂，粉末通过静电的作用均匀吸附在铝片之上，再等待 20 分钟的高温固化，原本光亮的铝片看起来就像一片木材。

而在喷涂的过程中，未吸附上铝片的粉末掉下来，经喷涂机上的管道进入回收箱以备下次使用，整个喷涂过程也并未散发出刺鼻的气味。

在粉末涂料行业内，睿智环保创下了多个第一

除了获得行业内的多个第一，在睿智环保的会议室中，还摆着多张高含金量的认证证书。例如汽车金属部件用热固性粉末涂料研发和制造的质量内控标准得到了汽车行业质量管理体系认证，这也意味着睿智环保拿到了进入汽车行业的“门票”；而另一张超耐候产品 Qualicoat 获得欧盟户外 10 年耐候标准认证，则为睿智环保打开了进入欧洲市场的大门。

精准定位成行业标杆

多个第一和认证背后，是行业地位的快速攀升和稳固。

根据中国涂料采购网公布的“2016 年中国粉末涂料十强企业”排名，睿智环保位居第 8 位。2017 年，中国涂料采购网公布“2017 年 1—7 月中国粉末涂料百强销量排行榜”排名中，在细分的木纹粉末涂料领域，睿智环保稳居第 1 位。

“公司刚成立时规模小，行业对木纹粉末涂料并不算重视，也由此给了我们机会。”杨安回忆。在起步初期，因为缺少配套，睿智环保甚至连木纹纸都要自行生产，但如今的木纹粉末涂料却受到了行业内的欢迎，睿智环保也成了被竞相模仿的对象。

木纹粉末涂料能获得快速发展，一方面，环保法规的出台是“加速器”；另一方面，造型独特、加工方便且环保的全铝家具迎来爆发式增长，也为粉末涂料市场打开了大门。

一举做成行业标杆有时代的机遇，更有睿智环保自身的努力。与外资粉末涂料走技术路线有所错位，睿智环保精准地将公司定位为针对客户需求进行实用性产品的研发。

“比如，将木纹粉末涂料应用于全铝家具之上，我们通过研发使得木纹粉末摸上去有木纹的温暖感。”杨安举了个例子。

在研发方面，睿智环保从未停下脚步。粉末涂料是通过物理混合加工进行生产，因此不同原材料的比例拿捏非常重要。为了达到客户需要的效果，睿智环保会通过大量的实验配比来保证产品的稳定性和质量。从不做广告的睿智环保，也凭过硬的实力赢得美的集团、坚美铝材、凤铝铝材等知名企业认可。

正因此，睿智环保一直保持着高速增长。杨安介绍说，2018 年整个粉末涂料行业增长为 8%，而睿智环保的增长达到了 30%。

随着产能不断扩大、市场需求增长，睿智环保决定建设新的工厂以及新的公司总部。在里水 2019 年“三新”产业平台发布暨十大重点产业项目集中动工仪式上，睿智环保签约了 50 多亩土地，计划建设建筑面积 10 万平方米的总部企业基地，建成后预计年缴税将超 3000 万元。“未来产能要支持 8—10 亿元的销售额。”睿智环保董事长王文军说。

快步挺进资本市场

如今，睿智环保有一个“小目标”——上市。“这也将迎来公司发展的一个新阶段。”杨安说，2016年公司就召开了睿智股份上市重组工作启动会议，2019年底，公司进入A股上市辅导期。

从位于南海里水的工厂起步，短短10余年间，睿智环保迅速发展壮大，旗下10家分公司及子公司遍布湖北、江西、四川、山东等地，新的广东总部正在建设当中。同时，睿智环保拥有80多条先进的粉末涂料和转印纸生产线，具有粉末涂料超5万吨、转印纸超8000万米的年产能，业务遍布全国及东南亚各地。

睿智环保长长的客户名单上，广汽、大众、比亚迪、华为、宜家等知名品牌企业均在列。

节能且环保，使得粉末涂料迎来大市场，也是睿智环保进一步布局的信心所在。睿智环保提供的数据显示，2016年我国粉末涂料下游应用中，建材、家电和家具占据了整个粉末涂料的60.9%；建材行业超过家电行业，为粉末涂料应用比例最大的行业，占据26.0%的市场份额。

“睿智环保目前着重于功能性产品的研发，我们会更加重视粉末涂料表面感观效果，更好地提升涂料的防腐功能等。”杨安介绍，如今铝制材料进一步在各领域得到应用，例如，在家装中作为家具使用，在庙宇里替代木头使用，在高铁站、机场等更有广泛使用空间，甚至可应用在建筑的模块化材料中，由此也为粉末涂料市场带来了增长空间。

权威机构预测，我国粉末涂料的需求将日益增长，消费升级所带来的产品替代空间巨大，预计到2020年我国粉末涂料将增长到215万吨左右。“简单来说，从汽车、家电到IT行业，只要有上颜色的地方，就有粉末涂料应用的空间。”杨安说。

由此，睿智环保也开始携手各平台推动行业的发展和进步。2017年5月，睿智环保联合中国电器科学研究院、华南理工大学、广州擎天材料科技有限公司、广东省涂料行业协会共同开展“粉末涂料用聚酯树脂产品绿色设计平台建设”项目研究，并于当年申报工业和信息化部绿色制造系统集成项目。

● 调研手记

掘金“冷门”领域 造就行业冠军

从细分市场切入，不仅可以做细分领域的“隐形冠军”，更能进一步成为行业的领军者。至少，睿智环保正在这一条路上努力。

2007 年成立时，睿智环保想要进入粉末涂料市场，但一个小公司要在红海中站稳脚跟却并非易事，于是睿智环保将眼光瞄准了木纹粉末涂料这一细分市场。

在当时，因为木纹粉末涂料的生产过程很是烦琐，所以很少企业会专攻这一领域。但睿智环保却大胆做出这一抉择，王文军曾在接受媒体采访时表示：“别人不愿意做的事情，我专门去做，并坚持跟客户保持紧密的合作。”

彼时，由于木纹粉末涂料不被市场重视，睿智环保还得自己生产木纹纸进行配套。但这一坚持很快就有收获。在国家大力推行新型环保材料以及全铝家具流行双重利好叠加下，木纹粉末涂料市场迎来大爆发，深耕于此的睿智环保一跃成为行业标杆，积累下第一桶金，开始快速拓展至其他粉末涂料领域。

如今再回看睿智环保，它旗下已有 10 家分公司及子公司，产品范围涉及门窗、建筑、汽车、家具等多个领域，2017 年在“中国粉末涂料十强企业”中排名第四，也是排名第一的国内品牌，可谓国内行业领军者。不难看出，只要看准机遇努力耕耘，被忽视的细分市场亦可掘金。

安林电子：为全国半数小家电配好“信号灯”

电源接通了、水开了、饭熟了、计时启动了……各种小家电上的指示灯就像一个个信号灯，架起了我们与电器之间的沟通桥梁。它们看起来不起眼，也不是电器的核心功能，但却非常重要。这些我们每天都要瞟上几眼的“信号灯”中，不少就是佛山市安林电子有限公司（下称“安林电子”）生产的LED发光管。

自2008年开设工厂以来，安林电子一直专注于LED的研发与生产，年产LED发光管60亿只，产值3.2亿元，是苏泊尔、美的、小熊等家电制造企业的主要供应商，供应量占客户采购总数的70%—80%。

“在国内，50%的家庭所使用的电器上都有我们生产的LED发光管。”安林电子董事长熊增光说，凭借99%以上的良品率，该公司在全国小家电控制板市场中夺下了50%的市场份额，是国内首屈一指的小家电LED发光管生产制造商。

精益生产
产品不良率仅为十万分之一

从工厂建立之初，安林电子生产的产品就是LED发光管，但不久，行业内却迎来了新风口，合作伙伴、同行、朋友纷纷劝说熊增光转做贴片LED，但熊增光一直坚持LED发光管的生产研发。

小家电上的“信号灯”虽然个头小，但要想做得好其实并不简单。

以LED发光管内的金属丝为例。小家电接通电源后，电流就点亮电器上的LED发光管，同时，电流也会让LED发光管内连接正负极的金属丝的温度升高。当温度达到其断开温度时，金属丝就会断开，LED发光管就宣告报废了。因此，这个99.99%金属丝的材质直接关系着LED发光管的品质和寿命。

据熊增光介绍，业内98%的LED厂家都用合金线连接正负极，产品不良率在1‰至1.5‰之间；安林电子则采用含金量为99.99%的金丝，产品不良率仅为十万分之一。也就是说，选材的不同，让安林电子的产品不良率较同行偏低。

2014年，熊增光的坚持迎来了曙光。安林电子LED发光管的高品质在老客户之间形成了良好口碑，口口相传之下，该公司发展出了一批又一批新客户。

在精挑细选优质材料的同时，安林电子还不断提高生产工艺。安林电子每年的研发投入不少于700万元，目前仅在LED生产设备上的投入已达2.6亿元，并且还在不断加码。

设备上的先进，让安林电子的生产工艺更加精湛、超前，生产的LED发光管能满足不同电器的各种要求，在行业中树立起了很难被替代的地位。“我们不仅要满足客户现在的需求，而且要走在客户前面，提前想到客户的需求，然后提前满足客户的需求。”熊增光说。

“最开始时，我们自己一家一家跑业务，现在是客户主动找上门。”熊增光说。目前，安林电子已经拥有400多个客户。每天，2000万只LED发光管“走”下安林电子的生产线，“钻”进电饭煲、电磁炉、电风扇等各类小家电中，进入千家万户。

超负荷实验
成就家电巨头最大供应商

灯下细观安林电子生产的LED发光管，胶体下纯度达99.99%的金丝闪闪发光。

使用质量更优的原材料，成本不就更高了吗？

安林电子的回答是少出、不出次品废品，才是最大的降成本。该公司用严格的全流程检测和超负荷实验确保产品的高品质。

步入安林电子的实验室，一排排LED发光管在线路板上闪烁着不同颜色的光，旁边，相对应的仪器正在监测、记录着这些LED发光管的变化。这是超负荷实验的现场。

负责实验的8名品质技术人员每天都会对新产品和正在批量生产的产品进行各种各样的实验，如老化实验、破坏性实验等。其中，不少实验都是超出客户要求或行业标准的。

“比如，客户要求用 100℃做，我们就用 140℃做。就是要看看我们产品的质量到底能到什么程度，拿到客户那里至少能用多久。”熊增光说。

不仅对产品，安林电子还会对产品整个供应链进行全流程质量测试。实验室内，一台台供应链上游的仪器、材料仪器、客户用的仪器被有序地连接在一起，24 小时不停歇地进行实验。

安林电子对其原材料供应商设下了“行业顶级、交货及时、品质优良、服务到位”4 个门槛，每一批到货的原材料都会被放进实验室仪器中检测，不达标者全部退还。

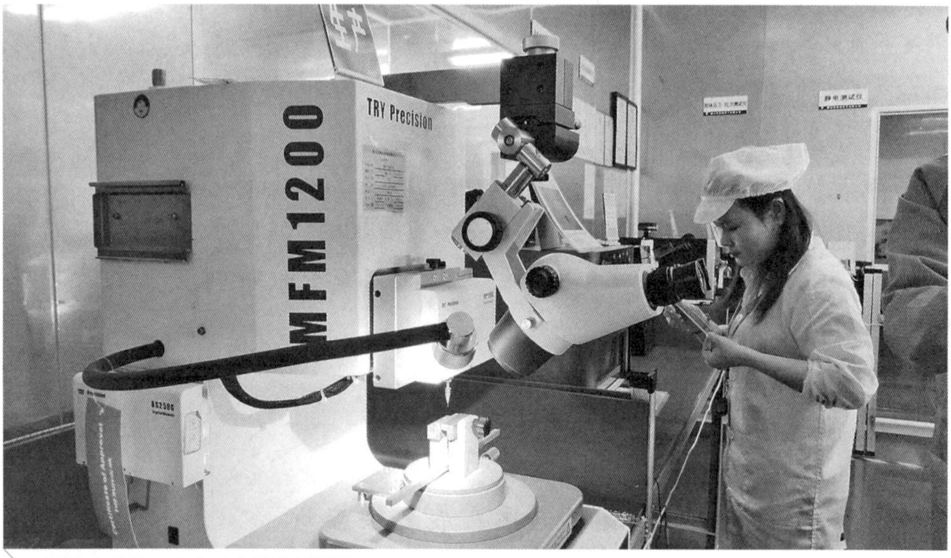

安林电子员工正在对产品进行测试

事实上，安林电子起初在供应链检测上也是一片空白。有一次，产品出错，追溯到第三方仍查因无果后，熊增光马上购进设备填补了这片空白。直到今天，安林电子一直在坚持这项测试。

安林电子在容易出问题的环节上投入了不少先进设备，要求设备供应商按照其生产理念进行配套的开发设计，以保证产品工艺的稳定性。“如果某个环节有问题，我们所有的生产都要截停，包括仓库原材料，全部都会被当作废品处理掉。”熊增光说，“我们要确保原材料没问题，次品废品减少了，整体的品质自然就提高了。”

一开始就把事情做对做好，从而减少在改错上花费的成本，这是安林电子既能保证品质又能控制成本的秘诀之一。

“别人生产 LED 可能就是 6 个步骤，我们现在会花 7 个步骤、8 个步骤。”熊增光说，安林电子必须把“功夫做扎实”。

2017年，安林电子进驻丹灶联东U谷，按下了高速发展的按钮。其中的契机很简单，安林电子以高品质一次性通过了知名家电品牌对供应商的审核考验，成了这个家电巨头最大的LED发光管供应商。

践行品质革命
敢与客户签零投诉“军令状”

小家电上的LED发光管是向终端客户传递工作状态的“信号灯”。这个“信号灯”的品质直接影响终端客户的使用体验，因此对小家电生产商非常重要。而实际上，LED发光管是一种极容易出现质量问题的产品。

安林电子生产车间外悬挂的宣言，直接表明了该公司的品质目标：生产良品率≥99%，品保允收率（客户检验合格率）≥99%，客户投诉≤3件/月。

安林电子不仅帮助找上门合作的客户分析、解决问题，甚至敢于与客户签署质量保证书。“现在客户让我们签出了问题的赔偿协议，出一个事故罚5000元，我们愿意签。我们不担心这个协议，保证零投诉，因为我要更大的市场。”熊增光说。

只有品质越好，市场才会越大，这是安林电子一直以来的信念。目前，安林电子已经与多家客户签署了零投诉“军令状”。

正是这份底气，使得安林电子进入了快速增长期。按熊增光的计划，2020年，安林电子的LED发光管产能将达到100亿只，销售额增长率将达到100%以上。

由于现有的200条自动化生产线还不足以支撑上述增长产量，早在2019年10月，安林电子就开始为2020年的扩产布局，加购设备。此外，随着产能的扩充，安林电子也计划加开新的厂房，并且拟向政府申请土地，建设自己的工业园。

调研手记

品质是企业立足市场的“定海神针”

在多数人的认知中，LED发光管工艺简单、可复制程度高，同行间的相互模仿、抢夺市场无可避免。但是，为何安林电子仍能拿下国内市场的半壁江山？关键就在于品质。

事实上，并不是没有同行模仿安林电子，但是至今还没有一家企业能超越安林电子，尽管他们找到了一样的供应商。“一直被模仿，从未被超越”的背后，是浅显易懂的道理：质量不够硬的产品最终会失去消费者，从而丢失整个市场。而品质上佳的产品则能为生产者攒下口碑，推动生产者的良性发展。

安林电子深知这一点，因此对产品品质实行了高标准、精细化的管理，对产品的把控监督渗透到每个生产环节中，可以说是细致入微。

安林电子的生产车间是一个无尘车间，各个入口处均有人体静电消除装置，地面铺着绿色的绝缘塑胶，一排排LED发光管经过重重自动化工艺，被送到身穿白大褂、头戴白帽子的员工手中进行拆分。在成品出货前，这些LED发光管将经历3道工序，做到100%全检。每一个细节，都是对产品品质的保证。

值得一提的是，安林电子与供应商、客户的合作模式也是一种良性循环。“我们以最短的时间付款给供应商，来换取原材料的优惠价格和优良品质。同样，我们给客户提供最优的产品和最低的价格，但客户要保证货款及时到位。”熊增光说，“价格有优势、质量稳定、性价比高，肯定就很容易拿下市场了。”

非特新：铸造业的“隐形品控员”

涂浆、烘干、烧结……一片片淡黄色的工业海绵，在多道工艺下，从柔软变得硬实，“晋升”为泡沫陶瓷过滤器。在接受逐件质检后，这些由佛山市非特新材料有限公司（下称“非特新”）生产的泡沫陶瓷过滤器将被送往国内外各大铸造生产基地。

泡沫陶瓷过滤器是一种用于过滤金属溶液的辅料，具有极好的强度和耐高温冲击力，可以承受1400℃—1750℃的高温。它的使用可以显著提高铸件质量、降低废品率，近年来被广泛使用于汽车零部件等铸件的生产中。

自2005年成立以来，非特新一直专注研发、生产泡沫陶瓷过滤器和精密陶瓷型芯，凭借对技术创新的专业与专注，迅速占领行业市场。从传统铸造、精密铸造到高端航空航天领域，从丰田汽配到高端运动设备，再到大型客机的零部件生产工艺，都有非特新的身影。

潜心研发“非主流”产品
用10秒改变铸件质量

滚烫的钢水倾泻而下，通过泡沫陶瓷过滤器滤去夹杂物后，进入铸形。这是铸造厂内常见的一幕。“泡沫陶瓷过滤器的寿命只有10秒，钢水一过去，它的使命就完成了。”非特新总经理彭刚说。夹杂物是导致铸件缺陷的最主要因素，不仅影响铸件表面光洁度，还影响产品的安全性能。泡沫陶瓷过滤器对如汽车零部件等铸件的作用和意义是不言而喻的，堪称铸造业内的“隐形品控员”。

在非特新成立之初，中国的汽车工业刚起步，汽车零部件的铸造工艺中泡沫陶瓷过滤器还是“非主流”产品，少数几家使用该产品的企业只能完全依赖进口。如

非特新的工人在对泡沫陶瓷过滤器进行逐件质检

何将泡沫陶瓷过滤器产品“国产化”，让彭刚陷入了沉思。

这其中包括了两个难题——没有现成的设备和原料。因此，非特新除了需要自主研发专有技术，还要寻找并培养合适的生产设备和原材料供应商等。

在找不到现有的配套资源的情况下，非特新技术团队只能自主研发生产线。为此，彭刚带着研发团队，对泡沫陶瓷过滤器的生产工艺进行了一系列的创新，不仅花费大量时间研发生产设备，还根据国内原材料的特性，对工艺进行了优化，实现技术和设备的创新，并且形成自主研发的规模性发展。

但这只解决了第一个阶段难题。由于部分原材料供应尚未实现标准化，对产品质量的稳定性提出了极大的考验。只要出现一个废品，铸造厂后端的全自动生产线可能瞬间被截停，其所造成的损失往往是泡沫陶瓷过滤器本身价值的几十倍甚至上百倍。

如何让不标准的原材料标准化？彭刚以包饺子为例。今天买的面粉质量和昨天买的不一样，如何保证饺子皮口感一致？那就以口感为标准，把不同袋的面粉混合配比，形成稳定的基料。

功夫不负有心人，经过不断的调配优化，非特新终于把废品率控制在了五万分之一。“5 万个里面只允许发现 1 个（废品），这就是非特新所掌握的技术难点。”

彭刚说。

随着汽车工业在国内的发展壮大，国内的汽车制造行业逐渐意识到品质的重要性，纷纷向高端制造转变，非特新亦迎来了更广阔的市场。尽管如此，非特新却从未停下技术创新的步伐。每年，非特新在研发上投入的经费占销售额的比重超过5%，每年研发的项目不少于5个，转化率达95%以上。

15年用心浇注
以专业成就国内市场第一

在非特新的产品介绍册上，印着一行字——专业·专注·浇注。这不仅是非特新的口号，还是其稳立行业潮头的3个关键词。

2007年，非特新的另一核心产品陶瓷型芯开始投产，其精密的设计、专业的品质让一众精铸铸造企业叹为观止。

作为形成铸件空腔的转接体模具，陶瓷型芯通常用于制作复杂或不易成形的铸件型腔。这样的应用场景，使得客户对陶瓷型芯的尺寸精度要求极高，在一次性成形不借助机械加工的条件下，陶瓷型芯的尺寸公差要求控制到零点几毫米，制作难度可想而知。

凭借着定制化门槛和技术优势，非特新常在客户的要求下，介入铸件的设计阶段，评估设计中使用陶瓷型芯的可能性。

2018年，非特新应客户要求，研发出汽配用涡轮周边通油配件专用陶瓷型芯，破解了传统增压器周边通油配件无法一体成形的难题，达到通油配件一体铸造的目的，使配件的精密度和力学性能满足更高的生产要求。

2019年，非特新在陶瓷型芯的销售额上实现了100%的增长率。

发展至今天，非特新已经走过了15个年头。非特新的市场不断扩大，产品不断更新，但不变的，是对产品创新的专业以及对铸造行业的专注，而这正是非特新拿下市场的“双板斧”。

凭借于此，非特新不仅与丰田公司达成合作，还成了某高端运动品牌的指定供应商，并与国内大型运动器材制造商均有密切合作。“在国内的民用陶芯领域，如高端运动设备市场、五金市场、泵阀市场，我们基本没有竞争对手。”彭刚表示。

据统计，非特新自主研发的高温型氧化锆泡沫陶瓷过滤器国内市场占有率第一，陶瓷型芯稳居国内民用陶芯领域市场占有率第一。产品还被出口至日本、美洲、欧洲、东南亚、澳大利亚和非洲等多个国家和地区，并在美国、泰国等主要铸造产区占有一席之地。

向高端化靠拢
让“南海制造”一飞冲天

在2019年4月底的美国铸造展上，非特新带去了自己的新产品——航空航天专用高温过滤材料和叶轮陶芯，昭示了非特新开拓高端化市场的决心。

作为泡沫陶瓷过滤器和精密陶瓷型芯的专家，从2016年开始，非特新就与成都某航空发动机制造有限公司达成合作，在民用产品生产方面，由非特新向其提供陶瓷型芯。

但非特新的眼光绝不仅限于此，它还想从军用领域分一杯羹。2019年12月5日，C919大型客机105架机顺利完成首次空中远距离转场飞行。这让非特新肯定了未来的发展方向。“已经有国内企业在飞机起落架研发上有意向与我司长期合作。”彭刚透露，未来，非特新将会更多往航空航天零部件方面努力，甚至是进入军用领域。

而非特新开拓航空铸件市场的布局早已开始。“我们是美国大型铸造企业的合格供应商，这家公司是给某航空设备做零部件的，我们花了5年时间进入他们的体系。”彭刚介绍，非特新专门开发的CF610系列高端泡沫陶瓷过滤器已经被国外的航空企业精铸企业使用多年。

随着军民合作的推进，国内众多铸造企业也逐渐介入航空和燃气轮机需求的高端铸件领域。在彭刚看来，国产材料的制造商未来在如航空航天这类高端化产业的市场空间非常巨大。他表示，虽然过滤器、陶芯产品在整个市场中的容量不大，但也是生产中关键的一环，“比如航空发动机、高温合金母材、冶金铸造，它们都需要这些”。

除了航空铸件，非特新还把目光投向了泡沫陶瓷的拓展应用，未来将会拓展其在污水和空气净化、分离介质、催化剂载体、燃烧器、吸音环保、无土栽培等领域的应用，在细分行业内挖掘更多发展新动能。

调研手记

自主创新让企业“先走一步”

“我们一直扎根在铸造行业，跟着行业一起成长，这让我们在市场上占领了一定位置。”彭刚一语道出了非特新成为市场佼佼者的关键。

与行业共成长，意味着，企业必须紧贴，甚至领先于行业的发展速度。究竟如何才能在行业中“先走一步”？关键在于企业的自主创新能力。

国内各行各业的龙头，如华为、阿里巴巴，一个以自研芯片打破中国手机产业“缺芯少魂”的局面，一个以第三方支付平台支付宝APP开创移动支付时代。但无论是哪一个，都离不开企业的自主创新。

正如华为公司董事长梁华在2019年7月的《2018可持续发展报告》发布会上所提到的：“把技术创新作为立身之本，基础研究、工程技术的长期投入和积累，使华为在面对外部压力之时仍然能够稳步向前。”只有自主创新，才能让企业在市场中越走越远，在行业中领先于众，让企业之路越走越宽。

一龙科技：两小时让无纺布柔软如棉

对绿箭口香糖，大家一定不陌生。在超市里，无论离得有多远，标志性的绿瓶子还是能让人一眼认出。那抹与众不同的绿，就是由广东一龙新材料科技有限公司（下称“一龙科技”）为其量身定做的。

一龙科技是一家专业研发和生产色母粒的企业，其核心产品功能性色母粒，是一种新型高分子材料专用着色剂，由“颜料、载体、助剂或添加剂”三种基本要素组成，作为添加剂，广泛应用于医卫用品、食品包装、日化用品包装等行业的塑料制品和化纤制品。

除了广州箭牌，伊利纯甄、蒙牛安慕希、美赞臣、威露士、蓝月亮……这些时常出现在我们身边的食品、生活用品，其多彩包装的背后，均有一龙科技为其增添亮色的身影。

产品全面功能性强
柔化效率比同行快10倍

在一龙科技的生产车间内，长条状的色母经过机器的切割化身成小麦般的粒料，落入传送带下方的收集框中。这是一龙科技自主研发的超柔无烟雾、低散发的新型柔软母粒。

在2012年以前，色母粒只用于为塑料制品配色；2013年，一龙科技把功能性色母粒带到了塑料制品生产者的视野里。“除了配色，功能性色母粒还兼具了改变塑料制品性能的作用。”一龙科技总经理王龙说。

柔软母粒是功能性色母粒的一种，它可以让硬邦邦的塑料变得柔软如棉，广泛应用于医卫用品的生产制作中，如纸尿裤，就需要在生产中使用到这种色母粒。

一龙科技的核心产品——功能性色母粒

众所周知，纸尿裤是一种亲肤用品，制作材料必须足够柔软。但市场上的纸尿裤出于防潮的考虑，基本以无纺布为生产原材料，其主要的成分是 PP（聚丙烯），成品较硬，因此需要柔软母粒对其进行柔化。

“在 PP 中加入极少量的柔软母粒，就能让无纺布变得像棉花一样柔软。”王龙介绍。一般来说，无纺布的柔化主要依靠柔软剂，柔软剂在纤维分子中向外迁移来达到改善无纺布表面手感的目的，而柔软母粒则为该生产环节提供了新思路：通过母粒所含的特殊助剂，使柔软成分均匀分散于纤维分子中，以实现更优的无纺布柔化效果。

由于含有独特的催化剂，柔软母粒还能将无纺布的柔化效率提高 10 倍以上。“同行做一块布要 24—72 小时才能柔化到峰值，但我们只需要 2 小时。”王龙说。

柔软母粒的推出，不仅革新了无纺布的生产工艺，使用之便利、作用之高效，也让一龙科技收获了一众生产商的青睐。“我们的产品比较全面，注塑、吹瓶、吹膜、无纺布、化纤等工艺都有对应的功能性色母粒产品。”王龙表示。

凭借着产品的全面性、功能性和技术性，短短 7 年间，一龙科技就成功占据了国内功能性医卫用行业25%的市场份额。王龙说："可以说，国内功能性医卫用行业80%的企业都是我们的客户。"

26年潜心研发
为客户降低一半成本

不同的色母粒除了颜色，似乎大同小异，但其实内在各有乾坤。以伊利纯甄酸奶的盖子为例，同行竞争者多使用钛白粉或白色色母来模仿外观设计。但事实上，这个瓶盖所具备的遮光效果，是两者无法达到的。

"同行只能模仿色母粒的配色，但对色母粒的性能、材料分子的粒径大小却无从得知。"王龙说。不同的产品各有特殊性，因此对产品载体带有不透光、防静电、抗氧化、阻隔性等性能要求，否则将影响产品在生产或保存过程中的质量。而伊利纯甄的盖子，正是在生产中加入了含有高效遮光剂的色母粒，才能让瓶盖在手机灯的照射下，依然密不透光。目前市面上的纯甄酸奶，其瓶盖均出自一龙科技。

功能性与差异化，是一龙科技领先于同行的关键，其背后是企业孜孜不倦地"苦练内功"。

此前，绿箭口香糖瓶子的制作原材料是HDPE（高密度聚乙烯），生产出来的瓶子净重15.4克，塑料使用量十分大。

当时的王龙及其研发团队出于为客户降成本的想法，把原材料换成PP，并对色母粒的配方进行了重新设计。他在色母粒中加入了无机填充剂，通过改变无机物的排列方式来维持瓶子的硬度。王龙解释，单纯使用HDPE就像用沙子砌墙，需要把大量塑料分子堆砌起来，才能叠高变硬；现在"PP+色母粒"就像用砖砌墙，一块块往上垒，量少硬度足。

但研发的路上满是荆棘。"因为无机物排列不均匀，所以方式瓶子成型后，口径大小不一。"王龙说。问题的出现让研发陷入了僵境，王龙及团队只能不断分析无机物的粒径和排列方式，调整色母粒的配方。

经过3年的努力，瓶子的净重终于降到了8.8克，并且，塑料的含量仅4.5克，其余均为无机填充物。

塑料用量的减少，意味着在同等条件下获得更大的产能，单个瓶子的成本也从原来的0.43元/个降至0.19元/个，降幅超过50%。

"我从1994年就开始研究生产色母粒了，对这个行业十分熟悉。我们的研发人员也在业内沉浸了多年，配方的研发经验十分丰富。"王龙介绍。为了保持企业在技术上的竞争优势，一龙科技与广东工业大学材料系建立了产学研关系，每月，企业研发团队都会抽出3天时间，与该系研究高分子材料的博士生及教授进行技术性交流、学习。

每年，一龙科技研发的项目不少于5个，转化率约为3个/年。目前已经研发出的功能性色母粒配方多达1500个。“我们将继续往减少塑料使用量、改变塑料性能的方向进行研发。接下来也会筹建新厂房，组建专业团队，为产品研发服务。”王龙说。

试产每一批原材料
以超强稳定性屹立市场

优秀的产品离不开好品质的支撑。每天早上，一龙科技的工程中心内一片繁忙。实验人员将刚送到的原材料放到检测设备中，进行粒径的检测，稍后，这些原材料将被投放到色母粒的生产设备中，进行试产。“我们的每一批原材料，都必须经过试产才会投入量产。”王龙说，这是为了保证产品的稳定性。

由于功能性色母粒是一种添加剂，1吨色母粒可以生产数十吨的塑料制品，所以如果色母粒质量不够稳定，造成如制品口径大小不一、颜色迁移、粉体或气味析出等问题，影响的将是数十吨制品的成品效果。

为此，一龙科技不仅打造了两个食品级色母粒生产车间，并且从原材料到生产工艺两方面着手，针对稳定性制定了严苛的管理和检测流程。

除了对原材料进行试产，在一龙科技的车间内，还配备了所有模拟客户工艺的机械设备，包括吹瓶机、吹膜机、无纺布机等，通过模仿不同类型客户产品的生产工艺，从1公斤、10公斤、50公斤、100公斤到1吨，分5个阶段进行客户产品的量产测试，以确保不同功能性色母粒生产工艺的稳定性。

得益于此，一龙科技生产的功能性色母粒，以其无可匹敌的稳定性占据了市场的潮头，并且由于定制式生产，让产品与客户生产需求的匹配度极高，吸引了一众国内巨头企业的青睐。

为了让产品稳定性更上一层楼，2019年，一龙科技投入200万元购置了一批崭新的检测设备，用于更加精准地检测每一批来料和每一批出货的产品，为产品稳定性装上保险杠。

“产品的稳定性是我们领先于同行的关键。”王龙表示，“也是企业在市场中屹立不倒的根本。”

调研手记

差异化是市场竞争破局利器

“其他人只是把面粉做成面条，但我还要做成荞麦面、人参面等各种面，我们给产品掺上了许多功能。”谈起与同行的竞争，王龙如此比喻，一语道出了市场竞争破局的利器——产品差异化。

当前，中国经济迈向高质量发展新阶段，市场竞争逐步转向质量提升和差异化竞争。以方太、华帝、格兰仕等厨电大牌为例，它们虽然纷纷入局蒸箱类产品，但却一同走上了差异化路线，以差异化谋市场。如方太以古法蒸菜为灵感，技术注重对温度、时间、蒸汽量等的精确控制；华帝着重解决传统蒸箱蒸汽不均匀的问题；格兰仕则通过搭建智慧家居平台，为用户提供更多元的服务……

因此，若企业想在大浪淘沙的市场中站稳脚跟，就必须把研发功夫做扎实，以产品差异化提升市场竞争力。一龙科技用 7 年的快速发展史验证了这一点。

二

深耕装备　行业先锋

南华仪器：“黑马”终成领跑者

在2019年的中国A股上，有这样一匹“黑马”。

1月4日，2019年元旦节后第一个交易日，其收盘价为14.85元；12月4日，其股价达到40.89元，累计涨幅达到175.35%。相应地，这只股票总市值达到33.37亿元，相比年初增加了21.25亿元。

这匹“黑马”，就是佛山市南华仪器股份有限公司（下称“南华仪器”）。凭借采用红外测量技术的NHA－509汽车排放气体测试仪和NHAT－610柴油车排气分析仪，这家公司成为新国标实施后检测仪器的主要供应商，业绩随之成倍增长，2019年前三季度实现营业收入4.15亿元，同比增长293.84%，归母净利润1.53亿元，同比增长725.98%。

营收业绩翻番，这家券商和投资界眼中的“行业龙头”依然未停止前进的脚步。公司董事长、高级工程师杨耀光透露，公司已经开始对下一代技术的研发。总经理梁伟明亦透露，南华仪器将继续以机动车检测设备与系统产品为主要业务，大力发展环境监测设备与系统产品，培育新的业务增长点。

业绩翻番
借力新国标成国内市场主要供应商

在南华仪器位于南海桂城的制造车间内，一排排“黑盒子”整齐地排列在桌子上，工人们身着工作服，正小心谨慎地向“盒子”中放置各种零部件。

它就是名叫NHA－509的汽车排放气体测试仪。“盒子”内置的传感器，可以通过发射红外线，检测汽车尾气内悬浮颗粒物、一氧化碳、二氧化碳、氮氧化物、碳氢化物等有害物质的含量，被机动车检测站、汽车维修站、汽车制造厂、汽车销

南华仪器总部大楼

售服务企业（4S店）等机构广泛使用。

如何测出混杂在一起的污染物？人们想到了利用红外线。这是因为上述污染物质，都能够吸收特定波长范围的红外线，因此，根据尾气的红外线的能量变化，即能反推出各种有害成分的含量。

根据上一版《汽车排放气体测试仪检定规程》（JJG 688－2007），我国汽车排放气体分析仪的测量范围及示值允许误差分为00级、0级、Ⅰ级、Ⅱ级四个等级。

近年来，随着"国六"排放标准的全面实施，新国标规定，汽车排放气体分析仪的测量范围及示值允许误差，必须达到00级标准，并增加对氮氧化物含量的检测。

相比传统的电化学技术，红外线法的测量更加精确，并在响应时间、寿命方面都优于电化学法，也因此更加符合越发严格的环保标准。按国家相关部门要求，2019年5月1日起，原有及新建机动车检测站必须增加或配备具备氮氧化物测试功能的柴油车排气分析仪；2020年5月起，所有机动车检测站必须使用红外法（IR）、紫外法（UV）或化学发光法（CLD）的汽车排放气体测试仪。

这为南华仪器创造了更多市场机遇。据杨耀光介绍，目前，在国内检测仪领域做到如此规模的，只有几家企业，而这几家企业中，南华仪器拥有更多的专利数量，并掌握了更多的核心技术。

依靠自主掌握核心技术带来的成本及批量生产优势，新国标实施后，南华仪器顺理成章成为国内市场该类产品的主要供应商，也收获了不菲的业绩：2019年前三季度，公司实现营业收入4.15亿元，同比增长293.84%，归母净利润1.53亿元，同比增长725.98%。

提前布局
为国家新标准提供必要技术选择

押中新标准风口背后，是南华仪器多年的技术积累，更是杨耀光和技术团队的战略眼光。

杨耀光观察发现，每一代国家标准，制定实行后大约过个5年，就到了修改更新的周期。而国外技术发展的前沿动态、发达国家最新的环保政策，也让杨耀光意识到，国家标准的提升只是时间早晚的问题。另外，作为国家标准起草的参与者，南华仪器也能够及时了解国家的相关需求。

而对氮氧化物检测仪器的布局，则展现了杨耀光对环保领域的深耕和前瞻眼光。

“我们综合国内外信息，认为国家有可能在未来增加对氮氧化物的检测，所以我们就开始进行前期技术准备。”杨耀光说。

七八年前开始，南华仪器就押注了下一代分析仪的研发，而随着时间推移，南华仪器技术的进步，也使得产品逐步达到新标准的要求。

“根据广东省技术监督局的测试报告，我们的产品在2014年就达到了一流水平。”杨耀光说，“新标准的实施并非是一蹴而就的，而是有一个酝酿的过程。在这个过程中，作为企业，我们需要替国家着想，为国家制定新标准提供必要的技术选择，为新标准的推行提供必要的技术手段。”

现在，杨耀光又带领团队开展了对下一代技术的布局与研发。“技术总是在进步的。我们现在正在默默研发下一代测量技术，当然，正如七八年前那样。”杨耀光笑着说。

注重研发
掌握业内众多核心技术

即使进行了提前布局，南华仪器在研发 NHAT－610 分析仪过程中也并非总是一帆风顺。

“主要是采用不分光红外技术（NDIR）来检测汽车排放气体的成分及含量，这个技术难点需要进行突破。”梁伟明说。杨耀光带领公司的研发团队进行了反复的技术论证并做了大量的产品测试，最后也很好地攻克了这一难点。

接连攻克技术难点，对南华仪器来说并不意外。

20 世纪 90 年代，杨耀光曾在原佛山电线厂及原佛山分析仪器厂任职，积累了丰富的技术知识和研发经验。90 年代后期佛山的工业产业日渐繁荣，周边的基础工业逐渐完善，国内的市场也产生相应的需求，依托杨耀光和团队掌握的汽车检测在这方面的核心技术与制造能力，南华仪器选择了汽车检测产品作为创业赛道。

如今，经过多年的培养和投入，南华仪器已形成一支创新能力强、行业经验丰富、专业互补的近百人的研发团队，研发团队的背景涵盖精密光学、精密机械、电子、计算机软件、自动化以及人工智能等领域，核心技术人员均为从事机动车排放物及安全检测研究多年的行业专家。

同时，南华仪器还加大了在试制、试验、检测等环节的研发投入。财报披露，2019 年上半年，公司的研发费用就达到 1835.66 万元，同比增加 166.95%，占营收比重高达 8.7%。

透光度计检测平台（又称烟度传感器）专利技术、气体分析光学平台（又称气体传感器）专利技术、全自动前照灯检测仪专利技术、汽车底盘测功机电控系统控制技术、汽车检测系统计算机集成控制技术……依托强大的研发创新能力和优秀的软件开发应用能力，南华仪器已经掌握了所有产品的主要核心技术，截至 2019 年年中，公司及子公司华贝软件拥有已获授权的专利 79 项，包括 14 项发明专利、55 项实用新型专利和 10 项外观设计专利，拥有计算机软件著作权 86 项。

梁伟明透露，南华仪器将继续以机动车检测设备与系统产品为主要业务，大力发展环境监测设备与系统产品，培育新的业务增长点。

调研手记

技术“押宝”成功更考验创新功底

“技术总是在进步的。我们现在正在默默研发下一代测量技术，当然，正如七八年前那样，我是不会告诉别人我具体在研究什么的。”说这句话的时候，杨耀光眼中带着笑意，神情中却是掩饰不住的骄傲。

杨耀光的骄傲并非无理由。2019 年以来，随着新国标的实施，提前多年就开始布局新一代产品的南华仪器迎来了业绩的暴涨，前三季度归母净利润竟然达到上年同期的 8 倍有余。

事实上，近年来，很多南海企业针对原创技术，下大力气展开了相关研究，也取得了一定成绩，但相比之下，提前布局新一代技术，却更加考验企业的创新功底。毕竟，研发过程中的不可确定性，探索路上“独行侠”的孤独，投入迟迟收不到回报的焦虑，对企业来说都意味着巨大的挑战和考验。然而，“押注”一旦成功，得到的回报则必定数倍于此前的付出，领先的技术红利更是足以让企业在营销与定价上占据主动权。

其实，提前布局前沿技术，说难也不难。总结行业的发展沿革，梳理用户的需求变迁，观察世界先进经验……只要用心去做，了解前沿需求并非不可能。对任何有雄心成为市场第一的南海企业来说，南华仪器的故事都值得参考借鉴。

联动科技：
攻克产品“把关”技术　填补国内空白

在佛山市联动科技股份有限公司（下称“联动科技”）内，半导体集成电路的测试设备已经完成紧张的调试，即将发往国内外的各大封装测试厂中。

联动科技成立于1998年，是一家专注于研发、生产和销售半导体后道封装、测试设备的国家高新技术企业。该公司拥有广东省半导体集成电路封装测试设备工程技术研究开发中心，其主要研发生产的半导体器件测试设备、工业激光打印设备以及机器视像检测设备三大系列产品性能均达到国际同类产品先进水平，已出口到美国、日本、欧洲等地。该公司是国内在半导体后道封装测试领域唯一可以同时提供三大系列产品设备的制造商。

近年来，伴随着人工智能、大数据及物联网等新一代信息技术的发展，全球半导体产业迎来了一轮景气周期，市场竞争越发激烈。要想分得一杯羹，企业必须不断创新，而创新也一直是联动科技的制胜法宝。

协调生产
运用信息化制定最佳生产方案

“这些半导体后道封装测试设备其实最早是从美国和日本引进国内的，多年来我们努力将这些设备国产化，填补了国内中高端半导体测试设备的空白。”联动科技董事会秘书邱少媚介绍，目前该公司每年生产的产品中，有30%—40%出口到国际半导体器件制造的跨国企业。

为了更好地服务客户，联动科技在设备生产前会全方位了解客户的生产需求，从而根据实际制定生产方案。

以机器视像检测系统的生产为例，目前世界各国不少企业都借助视觉系统进行

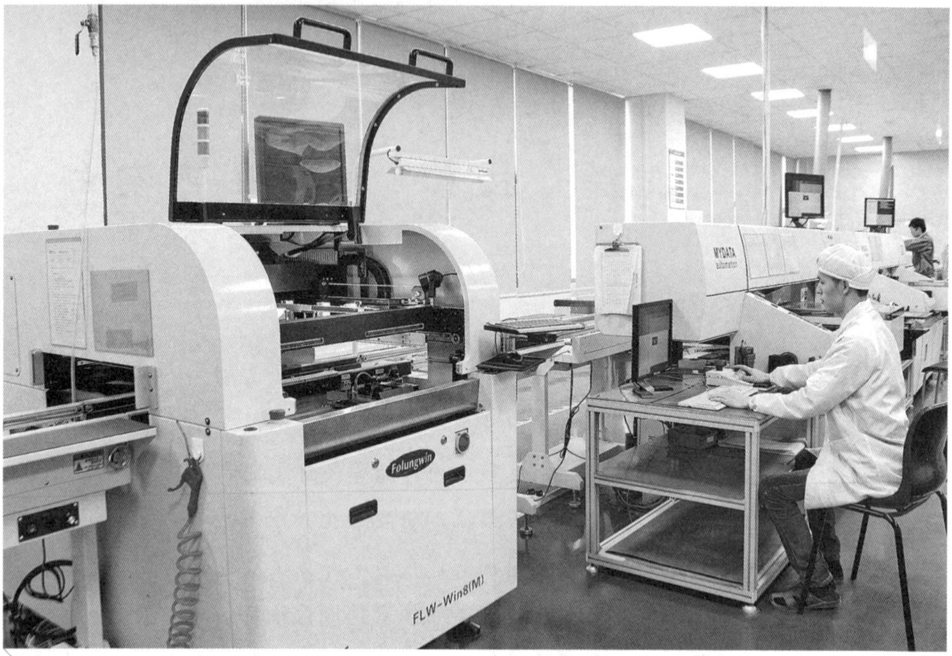

联动科技研发制造的半导体器件封装测试设备，均达到国际同类产品的先进水平

控制追踪检测，从而优化产品生产质量，降低生产成本，提高生产效率。

“我们根据半导体行业的特有生产环境研发了行业内专业级的视觉检测系统，可以为客户量身定制机器视觉系统，至今已经为许多大型半导体制造企业提供最匹配、最具竞争力的机器视觉解决方案。”邱少媚说。

由于设备生产要求高，如何将几万种零部件分别组装到设备上，联动科技通过信息化管理系统来解决供应链的准时性问题、供应商的协同问题。联动科技董事长行政助理周文彬介绍，该公司采用 PLM（产品生命周期管理系统）系统，保证研发设计的设计方案所需要的物料能有效传递给生产 EPR 系统，即使设计变更，也能保证准确传递物料信息。

随后生产系统会将研发设计的方案分解制定成每个车间的配方文件，并通过工艺工程部细化到每个岗位要具体负责哪些工作，以及所需物料的领用、安装和作业方法。“用科技的手段协调生产，不仅能优化生产流程，还能更好地保证设备质量，提高设备稳定性。”周文彬说。

助力造芯
做好产品“把关者”的把关

随着半导体制程工艺不断提升，测试和验证也变得更加重要。联动科技专注于研发和生产半导体器件测试设备，是国内该领域的知名供应商。

目前，该公司已研发出高速分立器件测试机，是行业内首次在半导体分立器件测试机系统架构上实现了完全电流模式构成的四象限结构。这一结构将使得输出更加安全可靠，测试更为快捷精准。

“测试设备的研发生产之所以重要，一方面是因为技术的发展让半导体芯片晶体管密度越来越高，芯片设计及开发面临前所未有的挑战；另一方面是随着芯片开发周期的缩短，对于流片的成功率要求非常高，任何一次失败，对企业而言都是无法承受的。因此，在芯片设计及开发过程中，需要进行充分的验证和测试。可以说，测试设备就像产品的‘把关者’。”邱少媚说。

邱少媚以手机生产为例解释说：“手机主板中的集成电路生产工艺繁多复杂，其中任何一道工艺出错都可能导致生产的集成电路不合格而降低良品率。”

集成电路测试设备不仅可用于判断被测芯片或器件的合格性，同时还可提供关于设计、制造过程的薄弱环节信息，有助于提高芯片制造水平，从源头提高芯片的性能和可靠性。

事实上，芯片设计有多难，测试设备的研发就有多难。“一般来说，我们在芯片设计的时候就开始介入测试，比如芯片的功率多少、电压多少，测试机是否也能达到这样的要求，我们需要通过评估、研发再生产。”邱少媚说。

“测试机机身是一种定制化、可扩展的设备，内部可以插入不同的测试板卡。我们会设计出一系列的测试板卡，每一种测试板卡可以满足对某些功能的测试。封测厂在做芯片测试的时候，需要根据芯片的功能特性选择不同的测试板卡进行搭配。”周文彬说。

每一种芯片都需要编写一套特有的测试程序。因此，测试机的定制性主要体现在测试板卡的定制和测试程序的定制上。当一款芯片更新换代时，测试机的机身不需要更换，内部的测试板卡则会根据接下来要测试的芯片做调整，测试程序也需要更新。

“就像买电脑，你买了硬件和系统，但使用起来还需要安装不同的软件。卖测试机不仅是卖设备和系统，还需要进行应用软件再开发，随时更新测试流程、方法等内容。”周文彬说。

乘势而上
投大量研发经费　不断提高创新水平

作为工业激光打标设备老牌制造商，联动科技已成功研发上百种半导体工业激光打标机型，并推出了具有较高性价比的高速振静电机系统和LDF激光器，采用定制化路线，适应市场不同客户的需要，设备已在国内半导体器件封装企业中具有较高的市场占有率。

“我们开发生产的激光打标机打标速度很快，1毫米字高的数字或字符最快打标速度可以达到每分钟1500个，最小打标器件仅为0.2毫米×0.1毫米。”周文彬说。

近年来，伴随着人工智能、大数据及物联网等新一代信息技术的发展，全球半导体产业迎来了一轮景气周期。当前，国内半导体产业正快速发展，国内厂家测试设备销售额可能达几十亿元，在国内半导体测试设备市场的占有率不到5%，国产化空间巨大。

“过去国内的芯片设计厂家大多使用国外设备，近年来国内测试设备发展迅速，厂家才开始慢慢接受了国产化设备。由于我们较为了解国内生产的情况，因此在研发的过程中也能及时“对症下药”，做出更适合国内生产使用的产品。”周文彬说。

要想在激烈的市场竞争中分得一杯羹，企业必须不断创新。据介绍，联动科技设有现代测试技术基础实验室、产品研发中心、产品应用服务团队等多个专业技术研发部门，以满足不同客户对产品解决方案的多层次需求。截至2020年，该公司研发和技术人员约占公司员工的60%。

“未来5年，我们计划投入更多的研发费用，科研投入比例预计提升至销售收入的约20%。”邱少媚说。

联动科技已通过国家高新技术企业及广东省软件企业认定，并拥有省级工程技术研究开发中心，承担过科技部和广东省级创新基金项目等。近年来，企业的研发中心承担各级科技项目20多项，目前获得发明专利3项、实用新型专利13项、软件著作权33项。

调研手记

以创新赢得世界尊重

曾几何时，国产设备与性能低下几乎可以画等号。过去，全球半导体测试机市场份额主要被美国和日本所占据，中国类似的产品没有地位。然而在今天，中国厂商在测试机领域不断突破，逐渐打开国内外市场。

数据显示，2017 年中国测试设备市场销售额达 75 亿元，占全球 35% 的份额，位居第一，而国内半导体测试设备市场的市占率不到 5%，国产化空间巨大。

在测试机国产化的“弯道”上，联动科技充分利用差异化竞争以及扎根本土市场的优势，捷足先登打开测试机研发的局面。如今，联动科技已经成为国内半导体器件测试设备、工业激光打印设备以及机器视像检测设备的知名供应商。

20 多年来，联动科技正在努力从奋力追赶者向行业创新者发展。该公司董事会秘书邱少媚认为，学习、摸索、吸收、创新是企业的制胜法宝，而其中核心在于创新。在测试机领域，该公司已经研发出高速分立器件测试机，是行业内首次在半导体分立器件测试机系统架构上实现了完全电流模式构成的四象限结构。

无论是多么复杂的生产需求，多么困难的研发过程，联动科技总能研发出一款适合该产品使用的测试机。这不仅大幅度提高了产品的良品率，还为中国制造走向世界赢得尊重。

华数机器人：打造工业机器人第一品牌

2019年底，佛山华数机器人有限公司（下称“华数机器人”）获评“2019年度国家知识产权优势示范企业”。

作为集产品研发、制造、应用于一身的国产机器人领军品牌，华数机器人已掌握机器人4大核心零部件关键技术，拥有6大系列40多种机器人整机产品，在家电、笔电、手机、五金、环保等行业，在装配、机加、打磨等工艺环节得到大批量应用，尤其在笔电、炊具等五金件打磨应用处于细分行业龙头地位。

落户佛山4年多时间，华数机器人便研制出国内首个双旋机器人并取得发明专利，并建成了佛山首个机器人培训中心，培育了超过3000名实操人才，为佛山高端装备制造业发展赋能。“华数机器人致力于用先进工业机器人装备中国智能制造，对标全球最高最好最优，打造工业机器人第一品牌。”佛山华数机器人有限公司常务副总经理杨林说。

自主研发
每年发布5—8款新型机器人

历时两个月，国内首创双旋结构的BR6系列双旋机器人在狮山镇诞生，该产品拿下了中国设计领域的“奥斯卡”——2017中国好设计银奖。

2019年4月，华数BR双旋机器人获第五届恰佩克技术创新奖。

这款屡获大奖的“明星”产品只用了两个月便完成研发。BR6系列双旋机器人的第一发明人杨林介绍，BR6系列双旋机器人的精度和同等传统结构机器人的精度一样高，即使是要求范围较小的3C电子行业也能应对，适用于空间狭窄、速度要求高、精度要求高的场景。

华数在笔电、炊具等五金件打磨应用处于细分行业龙头地位

“该产品直面行业痛点，新增了内旋转功能，首创双旋结构，打破了传统机器人的运动方式。其中其内旋模式使得运动惯量大幅度降低，综合使用可比同等传统结构机器人速度提升30%以上。”杨林说，在结构上，独特的设计可令HSR－BR6轻松实现钻工中心等狭小空间工位间连线或搬运，仅占小于0.06平方米的底座面积，节省空间，同时本体轻量化设计使得自重很小，可将更多的能量用于负载。

目前该系列的机器人已大规模应用于车床上下料、3D视觉应用、汽车后视镜等众多领域的多种工位。

“创新是我们发展的灵魂。”杨林说。华数机器人每年投入的自主研发经费大，约为总销售额的8%，研发速度快，每年都会有5到8款的新型机器人发布，研发需求来源于市场需求，如JM系列打磨专用机器人等，满足不同行业的需求。

基于华数已有的技术基础，佛山华数机器人自2015年10月投产后，得到迅速发展。杨林用一组数据佐证：落户第二年产量增长率达239%，第三年达到176%。

远程定制
将实现千里下单定制机器人服务

基于双旋机器人，华数机器人还推出了更“智能化”的机器人，即基于多元感知的智能人机共融机器人。该产品可以通过对声音、视觉等多元信息的感知，融合动力学刚柔控制、智能语音交互、主动环境感知等前沿技术，真正实现人与机器、环境之间的共融交互。

“智能语言交互能够让人与机器直接对话，让机器人的控制变得简单自然。另外，这款机器人还采用了协作模式和警戒模式监测人体区间，确保运行的安全性。”杨林说。

用先进工业机器人装备中国智能制造，是华数机器人的发展方向之一。其中，在控制软件方面，华数机器人结合自己的离线编程软件推出了数字双胞胎3C打磨工作站。这是一款通过长期对打磨机器人在工作受力过程中产生的数据采集分析与运用而开发的一套程序，可实时监控机器人的状态。

在工业互联网方面，华数机器人已有布局，包括在机器人本体上预留互联网接口。与此同时，华数机器人与北京航天云网合作开展面向智能决策云服务平台的合作，基于大数据分析模型、深度学习，已实现部分人工智能技术，帮助企业像管理员工一样管理机器人，比如评估机器人健康状态，提供关键部件智能保养与失效预警功能；或通过多样本对比模型，在机器人运行时进行能效优化。

“未来，通过开放智能平台部分接口，无论你在北京还是新疆，都可以通过互联网远程下单，对机器人进行定制服务。”杨林说。

此外，华数机器人还推出了更智能、更安全可靠的协作机器人。通过实时监测无框电机的电流，机器人具备了防碰撞检测的动力学辨识功能，提高了机器人关节模组的安全性及人机协作的可靠性。

据了解，该协作机器人不仅可以节省结构空间，简化传动结构，其内部结构紧凑，还实现了机器人一站式解决方案，优化机器人整机结构。另外，机器人具备拖动示教的协作功能，可快速编程应对各种柔性化作业，从而实现简易操作。

借势创新
与佛企合作打造自动化生产线

通过机器人的应用，华数机器人帮助了不少佛山制造企业实现省人、降本、增效的目标。

2017年以来，针对小熊电器有限公司的特殊需求，华数机器人与其联合打造出切碎机自动化生产线。该生产线全长46米，由多种系列共13台华数机器人参与，投产后生产所需人数由原手工生产的25人减少到智能化生产的8人，由人工23秒节拍提升到智能化生产12秒。

佛山华数机器人有限公司市场策划总监周伟娜介绍，这条生产线具有高柔性，能够更好地适应产品更新换代，只要一更换机器人就能实现新产品的生产。

“我们想做细分行业的定制化，基于已经且必须掌握的核心技术，再跟高端装备制造业一起探索高产的秘诀，实现共同发展。”杨林表示，华数不可能掌握所有产业的痛点需求，但会借势跟合作伙伴、经销商一起做，利用他们深耕行业数十载对工业的深刻理解，用佛山华数的软件实现工艺升级的理想，帮助合作方获取核心竞争力。

高质量发展离不开人才。2016年，佛山智能装备技术研究院、佛山华数机器人有限公司与佛山市华材职业技术学校、佛山市南海区信息技术学校携手共建佛山市华数智造公共实训中心。

佛山市华数智造公共实训中心负责老师王浩羽介绍，华数实训基地重视人才培养，让学生认识国产机器人，增强对国产产品的信心，全部采用国产的华数机器人。截至2020年，实训中心已经为社会输送了数千名机器人操控人才。

此外，华数机器人十分重视知识产权的保护，推动行业集体维权，营造尊重知识产权的良好氛围。目前，佛山华数机器人通过自主研发，攻克了工业机器人控制、驱动、设计、应用、自动化、工程化等方面的多项核心关键技术，形成自主产权140余项，其中发明专利占60%以上，填补了多项国内空白。

调研手记

核心功能部件国产化恰逢其时

如果将佛山这座城市比喻为一个“人”，那么华数机器人就为城市、企业带来了“手”和“大脑”。

华数机器人从事国产机器人研发，研发的机械臂在多个产业领域应用，拥有自主知识产权300多项，还培养了几千名产业工人，为佛山转型升级提供了高端人才。正是如华数机器人等业内外各种帮手的汇聚，促进了佛山制造向智能制造进发。

当前，在市场需求爆发的情况下，机器人市场也趋于理性，越来越多用户通过严谨的技术比较，结合自身的需求选择最合适的产品。也正因为如此，国产品牌得到了更多的机会，特别是拥有核心技术，具备独立研发核心零部件能力的机器人厂家，其竞争优势也越发明显。

华数机器人坚持以发展国产机器人产业为己任，以核心功能部件国产化为宗旨。“一定要把国产机器人的市场占比提上去，这是对国产的一种情怀。”佛山华数机器人常务副总经理杨林说。他希望把国产机器人销量做到跟进口机器人同一个量级。

大的政策方向将助力杨林实现他的目标。在粤港澳大湾区中，广佛两市正聚焦先进装备制造等产业，共同打造若干个万亿级产业集群。其中，佛山提出建设面向全球的国家制造业创新中心，针对机器人产业发展提出建设“百千万工程”，并力争到2025年培育形成智能制造装备及机器人等4个超3000亿元产业集群。

九洲普惠：深耕24年成就风机行业领导地位

在很多场景里，风机都是个真正的“隐形”产品。小至洗手间的排气扇，大至医院、机场、地下停车场里的大型通风设备，风机几乎隐身于现代生活的大部分场景。位于南海区狮山镇的佛山市南海九洲普惠风机有限公司，正是这类产品的生产者之一。

1996年，九洲普惠从一家仅有十几人的小厂起步，24年深耕风机行业，如今离心风机市场占有率位居全国第三，仅次于两家大型国有企业。广州BRT公交站台、长隆野生动物园、深圳欢乐谷、深圳华侨城等项目里，都有九洲普惠风机的身影。

而九洲普惠另一组数据同样精彩：全公司工龄在10年以上的员工占比达到了50%。一家民营风机厂，如何一步步做到与国企同台竞争？一家传统制造型企业，为什么没有遭遇招工难？走进九洲普惠，我们一起揭开它的成长路径和成功经验。

坚守品质 小镇民企成为全国第三

1996年，九洲普惠的前身“广东德庆九洲风机厂”在肇庆市德庆县成立。当时，那是一家仅有十几个人的“小镇”企业。

2002年，为更贴近材料供应商，降低物流成本，九洲风机从德庆搬到了南海狮山，2002年正式更名为“佛山市南海九洲普惠风机有限公司”。至此，九洲普惠开始步入稳步成长期。

“搬到佛山后，我们一直保持着比较快速且稳定的增长速度，2002—2007年期间，我们年均增长都在20%—30%。”九洲普惠总经理徐永森说。

九洲普惠生产车间

“这也得益于我们一开始选择民用风机作为市场切入点。”九洲普惠企管总监肖洪斌介绍，与工业风机相比，民用风机技术门槛相对较低，也更容易实现标准化和规模化生产。

但面对全国大大小小数千家的竞争同行，10 多年前的九洲普惠规模虽小，却从未放弃对高品质、高技术产品的追求。“我们每年的研发投入在 2000 万元以上，这在行业内处于较高的水平。”肖洪斌说。

2002 年，企业进入稳步增长期后，九洲普惠开始切入门槛更高的工业风机，依靠创新投入，九洲普惠的工业风机产品也获得了许多大型客户的青睐，顶津康师傅食品有限公司、中国电影集团公司、中央储备粮淮北直属库等项目都采用了他们的产品。

肖洪斌认为，正是因为对产品研发的坚持投入，才迎来了如今能与国企并肩竞争的九洲普惠。

在创新研发的驱动下，九洲普惠离心风机产品全国市场占有率已达全国第三。同时，九洲普惠已成为中国电动机国家标准的重要起草单位之一，主持与参与制定了 3 项国家标准。近几年，九洲普惠已有 10 项发明专利、47 项实用新型专利获得了授权。

坚持创新
产品市占率居全国前三

全国风机市场的竞争对手并不少，放眼全国，九洲普惠的同行就有上万家。但目前，“九洲普惠”工业与民用类产品市场占有率已经占到了全国前三的位置。

起家于小镇上的民营企业，是怎样通过提升产品品质，获取市场信任的？

“市场上风机产品的外观其实差别不大，但是风机涉及流体力学、电力、动力等多种范畴，内部的型线、结构等对风机整体品质影响很大。”徐永森介绍。

为了更直观、更精确地做好产品设计和检测，九洲普惠近年与中国科学院长春应用化学研究所、清华大学、西安交通大学、华中科技大学以及沈阳鼓风机研究所等科研院所、高校合作，投入了近千万元用于研发打造实验系统和性能实验室。

其中，高能效低噪音风机工程技术中心，已被评为广东省级工程技术研发中心，九洲普惠风机性能测试室被认定为国家认可自测能效测试室。

得益于对实验系统和实验室的重视，目前九洲普惠的核心产品之一——高效静音叶轮机经科技鉴定达到国内领先水平。“我们通过不断地测试、调整，现在这款高效静音叶轮机，已让噪声下降4—6个分贝。”肖洪斌说。

目前，这款产品获得了客户青睐，已使用于广州六福珠宝总部大厦、天津中环广场等大型建筑中。近3年，仅这款风机销售额以及知识产权转让费用等就达2亿元，利润超千万元。

正是依靠不停地反复实验，九洲普惠的产品在行业内保持较高的水平，产品稳定的性能也赢得了经销商与市场的认可。目前，全国范围内，九洲普惠的一级经销商就有近1000家，粗略估计，二、三级经销商数量达5000—6000家。

其中，源于九洲普惠产品实力过硬，有相当数量的经销商已与九洲普惠合作了20多年，几乎伴随了九洲普惠从小到大的全过程。

留住员工
“让员工在这里生活”

“我们对一线技能人才要求比较高，需要熟练工人操作。”徐永森介绍，九洲普惠的风机生产流程较长，风机的各类配件、零部件等都是在企业内部生产，若是没有熟练的一线技能工人，很难保证生产的品质。

回望中国制造企业，招工难、留人难、高流动性似乎成了多数企业特别是传统制造企业的“心头病”。尤其是年轻一代务工者对工作环境、居住氛围的要求愈来愈高，“产业工人”这一职业越发地边缘化。

但就是这样一家工作强度较大、作业并不轻松的传统制造企业，徐永森却完全不担心招不到工人、留不住工人。他介绍，九洲普惠的新员工离职率非常低。“基本能度过一个月的培训期的，员工就会很稳定了。”徐永森认为，要能留住新员工，第一步就是不能让新员工感觉自己“受到冷落”。

为此，九洲普惠不仅会要求带徒弟的师傅做到对徒弟的全面照顾，还要求行政部门、部门领导、公司高层等，全面跟进新员工在工作与生活中的需求。

“我们内部统计了一下，10 年以上的技能员工达到了 50%。”肖洪斌说，“像我这样为公司连续服务了 10 多年的，其实在我们公司也就是中等水平。”

谈及原因，徐永森却认为九洲普惠没有什么秘籍：“首先是保证一线员工能有不错的收入，另外我认为最重要的，就是让员工不仅在这里工作，还在这里生活。”

据了解，仅是为解决员工的“住”，2018 年，九洲普惠新增投入了 4000 万元，用于宿舍大楼的建设。除了普通的宿舍，九洲普惠还为企业内的夫妻职工提供独立的家庭房，甚至给有子女、老人的家庭提供公寓型宿舍房。

此外，企业还在周末组织员工子女上课外培训课，不定期举办夏令营等活动。肖洪斌说：“九洲普惠给的工资可能不是最高的，但我们员工可以在这里生活，子女在这里接受教育，不需要再忍受家庭分离。”

调研手记

用工文化好　不愁留人难

近年来，随着我国制造业水平不断提升，企业对于高级技工的渴求日益迫切。但在现实中，高级技工缺口却高达千万人。高级技工缺口大，一方面，是社会职教体系与用工需求不匹配；另一方面，也是因为大多数企业在内部培养熟练工的难度越来越大。

作为风机制造企业，九洲普惠的劳动强度不算低，劳动环境更不能与城市“白领职业”相媲美。但就是这样一家传统的制造业企业，就真的做到了不愁招工难，也不愁留人难。

除了物质上的保障，九洲普惠也几乎照顾到了员工生活的各方面。

九洲普惠成立了“九洲童心乐园”，在周末给职工子女提供课外培训，在暑假为厂区的孩子们组织夏令营。

“2019 年 3 月，我组织了一个‘发现狮山美’的活动，让小朋友们去狮山拍照，发现他们眼中的狮山，培养他们对狮山的感情。”肖洪斌说。

九洲普惠对员工的关心关怀，给这样硬朗的制造企业，带来了柔和的氛围。

结束调研的当天，有一幕画面让人印象深刻：调研组准备离开时，正值厂区的孩子放学归来，两个小男孩看到肖洪斌，喊了一声“叔叔好！”

大方且自然。

菱王电梯：
货梯销售综合指标稳居全国前三

2019年底，广州南沙国际物流中心的货梯招标采购项目结束，菱王电梯成功中标，中标金额超2000万元。凭借自主研发的产品、专业的解决方案，菱王电梯成功切入广州南沙国际物流中心项目，并成为其核心供应商之一。

这次中标的货梯，正是菱王电梯的“拳头产品”——重载快速载货电梯。成立18年来，菱王电梯不断加大研发投入，目前年投入占比在4%以上，使得菱王电梯在此类产品上“创新不停步”得到了保证。其中，载重量4吨、运行速度2米/秒的货梯，已于2019年6月通过了由住房和城乡建设部科技与产业化发展中心的科技成果评价，被认定为国际先进水平。

深入了解菱王电梯的成长路径，笔者发现，“创新不停步”的背后，是菱王电梯团队的“学习不停步”。他们日趋精益的人力资源管理之道，为传统制造企业破解“工匠精神”培养难、工人技能提升难等提供了重要指引。

创新不停步
货梯销售量稳居全国前三

“截至2019年10月，我们的货梯出货量比去年同期增长了26%，有效订单增长超过30%。”菱王电梯董事长梁永标介绍。

梁永标认为，这与菱王电梯专注于货梯的创新与研发分不开。相比市场广阔、标准化程度高的载人客梯，货梯更接近于非标定制类产品。每位客户对货梯的要求都不一样，倒逼着菱王电梯不断研发、不断创新。

“在载重量及相关性能指标方面，我们在国内重载快速货梯领域已经是领先地位了。”菱王电梯总工程师周国强说，“同行厂家货梯制造许可资质大多数载重是

菱王电梯试验塔

3—5 吨，我们重载快速货梯的制造许可资质已经达到 18 吨，正在引领全行业发展。”

周国强进一步介绍，从 3 吨、5 吨到 8 吨、12 吨、16 吨、18 吨，菱王货梯载重吨位的提升，靠的是多年经验的积累、技术的沉淀，而非一蹴而就。

但菱王电梯的核心技术，不仅仅是单一的“大载重”，还是“大载重 + 快速”。

“货梯产品有两个最重要的性能需要解决，一是载重，二是速度。只有两者相结合，才能提高货梯的运行效率，继而提高客户的生产或物流效率。”周国强表示，“但这两个性能是一对矛盾体。不过，我们现在通过不断研发，已经能做到将大载重和快速二者相结合。”

目前，菱王电梯载重量 4 吨的重载快速载货电梯，能够实现运行速度 2 米/秒。在同样的载重条件下，其他品牌的货梯运行速度，一般是 0.5 米/秒。2019 年 6 月，这个型号的重载快速载货电梯（LTH4000/2.0 型）通过了由住房和城乡建设部科技与产业化发展中心的科技成果评价，被认定为国际先进水平。

依靠18年来的“创新不停步”，菱王电梯已在国内货梯领域奠定了自身的江湖地位。近3年，其货梯销售量、销售额等综合指标位居全国货梯行业前三位。

共同成长
专注员工忠诚度　孕育大城工匠

菱王电梯能够在货梯的研发上不断突破“上限”，与其内部强调创新的“工匠精神”分不开。

“总体来说，菱王电梯是一个创新型企业。”周国强认为，这与梁永标专注于电梯这个产品有很大关系。

梁永标从22岁当学徒开始，一直在“造梯”。他戏称自己“除了做电梯，什么都不会”。这样专注的工匠精神显然影响了一批“菱王人”。到目前为止，菱王电梯已有3人次获得佛山市或南海区的“大城工匠”，此外还有1人获得“广东省五一劳动奖章”。

孕育工匠精神，离不开员工长期深耕本职，更离不开员工的忠诚度培养。菱王电梯怎么破解这一难题？

2011年，菱王电梯推出企业“忠诚奖”，给超过一定工作年限的员工颁发“金牌”或“银牌”。其中，5年以上的员工将获得50克“银牌”，10年以上员工获得10克“小金牌”，15年以上的员工将拥有15克的“大金牌”。

这个奖项，对长期服务于菱王电梯的员工而言，是精神与物质的双重鼓励。菱王电梯人力资源部经理高伟娜介绍，这些“牌”都是真金真银制作，并会刻上员工姓名。每年，菱王电梯都会在“菱王春晚”上，举行隆重的颁奖仪式。

到目前为止，在菱王电梯工作年限超过了5年的员工比例，已达60%，超过10年的有15%。但高伟娜强调，提高员工的忠诚度，不是一个制度、一个奖项就能解决的，需要一个全面的系统化工程。

为此，菱王电梯实施了“导师制”，即给员工制订学习计划，保证其在不同阶段实现不同的能力提升。此外，菱王电梯还取得佛山市人社局的认可，成为佛山第一家可以提供电梯维修安装岗位技能资格鉴定的企业，通过该鉴定的电梯维修安装工人，将获得国家资格认定证书，享受政府与行业认可。

高伟娜说，这些技能等级与员工收入，甚至市场价值都直接挂钩。菱王电梯希望通过这样的方式，让员工在“留得更久”的同时，真正实现和企业一起成长。

学习不停步
专业化构建学习型组织

2019 年 8 月，梁永标参加了由佛山市工商联和南方日报组织的品质革命专题调研。这次跨国的品质革命调研活动，并不是梁永标第一次出国考察。

在菱王电梯成立之初，梁永标就不断地造访世界 500 强企业，还经常带领高管团队、技术人员去长三角先进同行企业学习优秀经验。

菱王电梯在货梯上的创新不停步，背后是梁永标及整个团队的学习不停步。而这，需要一个专业的学习型组织做支撑。

菱王电梯较早意识到了专业化的重要性。“2007 年前后，菱王电梯成立了专门的人力资源部。”高伟娜说，当时菱王电梯还处于发展扩张阶段，需要足够且合适的人才支撑。目前，菱王电梯拥有一套较为完善的人力资源培训系统。仅是在人才梯队培养上，就有雄鹰计划、精英计划、飞鹰计划、雏鹰计划等。2018 年，菱王电梯还为整个管理层提供了卓越绩效管理课程。

2010 年，菱王电梯成立了菱王商学院，为企业员工提供培训课程。“一开始，菱王商学院主要依托外部培训机构，提供线上课程。”高伟娜说，“但我们很快发现，这些课程针对性和专业性跟不上我们企业的需要。”

2011 年下半年，菱王电梯开始成立内部培训师团队，为员工提供五大系列共 40 多门的内训课程。

为了激发员工学习的主动性，菱王电梯实施全员学分制：每名员工除了完成本职工作外，每年必须修满规定的学分，才能申请晋升和加薪。

近年来，为了更好地服务市场，菱王电梯除了提升企业内部员工学习能力外，还将培训范围扩大至经销商及其团队。

“我们每年会定期组织经销商专题培训，鼓励经销商来参加我们的技术和销售培训。”高伟娜说，这样可以让经销商更好地服务菱王电梯的客户与市场。

调研手记

技能提升挂钩收入　助人才成长

当前，中国制造企业对技能型人才的需求越发紧迫。但由于技能人才认定和企业用工真实需求尚未完全同步，不少技能型人才的价值没有得到体现，一定程度上制约了技能型人才继续进行自我投资。

作为一家强调创新的传统制造企业，菱王电梯对技能人才的成长有着执着的追求。为提高他们提升技能的积极性，菱王电梯将个人技能提升与其收入进行了挂钩。

2019 年，菱王电梯取得了佛山市人力资源和社会保障局认可，启动了企业技能人才自主评价项目，这是佛山市第一个“电梯维修安装岗”认定项目。通过这个项目，菱王电梯能够为该岗位的员工开展培训、考核、评价与认定，并由人社部门提供国家资格认定证书。

2019 年 8 月，人力资源和社会保障部印发《关于改革完善技能人才评价制度的意见》，提出将技能人才的评价权进一步下放给企业和社会。

菱王能够对技能人才进行自主评价，正是享受了以上政策红利。

高伟娜说：“通过这样的方式，有助于员工主动提升自身技能，实现自身价值，还能促进企业人才培育、产品品质提升，从而实现员工与企业双赢。”

鼎吉包装：“多快好省”解决瓷砖包装难题

气势磅礴的陶瓷大板、复古典雅的大理石瓷砖、晶莹剔透的水晶墙砖、洁白无瑕的卫浴面盆……这些由佛山生产的陶瓷产品，在全国乃至全球的陶瓷产业链中都占有重要一环。

殊不知，亮丽的陶瓷产品背后还站着一群低调的“支持者”。他们就是大大小小的陶瓷配套企业，从事制釉、陶机、包装等细分领域，没有他们的默默奉献，就没有佛山陶瓷如今的市场地位。

佛山市鼎吉包装技术有限公司（下称“鼎吉包装”）就是其中一家。这家企业专注于生产研发瓷砖拣选包装自动化设备，大大提高包装效率和质量，服务新明珠、欧神诺等多家佛山知名陶企，在包装自动化装备细分行业销售额以及市场占有率更是居全国前三名。

效率革命
助瓷砖制造企业包装自动化

走进一家位于佛山的大型瓷砖生产车间，只见长长的流水线上，一片片瓷砖整齐“躺”在传送带上。流水线的另一端存储着一叠瓦楞纸板，一组精巧的机械装置将瓷砖分选叠摞并取出单张纸板放在砖垛下。随后，托着砖垛的纸板滚滚向前，逐步被包角、封边、打包，忙个不停。一台机械手轻轻一提，数个砖包就被它牢牢“抓”在手里送上铁架。然后经过捆绑、翻转，最后满载砖包的托盘被叉车送去仓库。

短短1分钟，就有10余包瓷砖完成包装，将被发往全国各地的商店和建材市场。这就是鼎吉包装生产的瓷砖拣选包装自动化设备。这套设备由瓷砖自动识标

鼎吉包装开发的自动化瓷砖包装线

机、自动叠砖机、自动分选机、自动包装机、自动捆扎机和自动堆垛机等部件组成，不仅可以帮助瓷砖制造企业实现自动化包装，减轻繁重的包装工作量，还能大大节省人力成本、提升生产效益。

根据鼎吉包装董事会办公室经理杨学克算的一笔账，其推出的最新款第三代自动化包装产品，每分钟可包装14—15包瓷砖，原本需要11个人的包装工序现在只需要2人。

凭借着产品与柔性技术的复合优势，佛山新明珠陶瓷、欧神诺陶瓷、清远简一陶瓷、广东宏陶陶瓷、诺贝尔陶瓷等行业知名品牌都成为鼎吉包装的客户，鼎吉包装在包装自动化装备细分行业销售额以及市场占有率居全国前三，在国外尤其是东南亚市场的占有率更是在70%以上。

同时，鼎吉包装还主导制定行业标准《墙地砖自动分选包装线》，目前报批稿已经完成，正在向工信部申报批准发布实施，作为第二起草单位编制的行业标准

《陶瓷砖坛式自动包装机》也已颁布实施。该公司董事长、总工程师彭智勇担任国家标准化委员会专家委员，并参与各类标准专家审查会会议。

勇于创新
啤酒包装线带来的启示

其实，鼎吉包装的瓷砖拣选包装自动化设备的最初灵感来自啤酒包装线。“我们第一代产品最核心的结构和理念，来自一次我去啤酒饮料企业参观，看到其生产线后获得了灵感。”彭智勇说。

这段经历也凝练成为企业对创新的思考。“要做好创新，一方面要勇于尝试，不怕失败；另一方面，要善于观察周围的世界，观察各行各业的机械设备，从其他行业和其他地方获得灵感。”彭智勇说，“有可能你在做研发时，灵感就来自多年前你见过的某个设备。”

注重细节、善于学习、勇于创新，写入了鼎吉包装的企业基因，让这家企业成为业内发明专利最多的企业之一。

2009 年，鼎吉包装推出第一代产品，每分钟的包装速度可以达到 7—8 包；2012 年，鼎吉包装推出的第二代产品，速度提升至每分钟 11—12 包，还首创直连式包装线，取消第一代产品下线检测的转运环节，生产流水线与包装流水线无缝对接，进一步提高效率、降低成本。

2013 年，鼎吉包装又将智能视觉技术引入陶瓷分选包装领域，并与相关企业合作，开发瓷砖色号人工画线智能识别技术与装备和瓷砖尺寸检测识别技术与装备，实现了不同品质的陶瓷砖混线包装。

“在烧制过程中产生的色差是衡量瓷砖产品质量的重要指标。依靠智能辨别色号技术，我们可以识别产品的外表光洁度、颜色均衡度等指标，在同一条包装线上分装出一等品和二等品。”彭智勇说。

2018 年，鼎吉包装将注意力投向另一个细节——瓷砖包装的封角。通过独创的具有耳片对折功能的瓷砖包装纸箱成形机构，鼎吉包装的设备可在瓷砖打包封角时多“折”上一道，使得纸壳对瓷砖边角保护效果翻倍，更不容易碰坏瓷砖。目前，这一技术已经被授予国家发明专利，还获得国家知识产权局颁发的“中国专利优秀奖”，这一技术领先国内同行。

“创新是我们最大的特点。我们所有的产品都源自原创，虽然灵感可能来自其他行业，但是设计方面绝对不走抄袭的路。”彭智勇骄傲地说，“如果我们申请实用新型专利，申请量可以高得吓人，但是我们更关注发明专利。”

持续不断的创新让鼎吉包装成为瓷砖包装业内专利数量最多的企业之一。据统计，截至2020年，鼎吉包装被授予有效发明专利23项、实用新型专利40项。每年投入科研经费占销售比重在7%左右，还先后获得国家高新技术企业、广东省科学技术奖、广东省高新技术产品、广东省知识产权示范企业、佛山市知识产权等奖项或荣誉称号。

领跑密码
助力客户赢得“三拼”

近年来，市场饱和、销量下滑、环保要求加大等因素，让国内建筑陶瓷行业遭遇挑战，这恰恰是鼎吉产品升级换代的时机。

目前鼎吉包装的包装技术与产品已经发展到了第三代，其最大特点之一就是“多、快、好、省”。“多”就是多规格多品质共线包装能力；“快”就是产能高达13—14包/分钟；“好”就是工作稳定、故障率低，操作界面更加友好；“省”就是鼎吉旧线改造升级成本低，自动化程度更高，现场操作人员及辅组工序人员更少。

行业不景气，为何还要推出“多、快、好、省”的产品？鼎吉包装负责人分析，目前行业不景气的根本原因是产能严重过剩，需要通过“供给侧结构性改革”淘汰落后产能，而淘汰方式就是在存量市场中比拼企业的生存能力，拼质量、拼成本、拼柔性生产能力。“相信2020年行业总的宏观环境不会有大的改变，鼎吉包装推出‘多、快、好、省’的第三代产品，就是要帮助客户进行上述‘三拼’。”该负责人透露。

同时，鼎吉包装还考虑到企业越发精打细算的特点。假如企业采购3条全新的第三代包装线，每分钟的包装速度可以达到42—45包，数量几乎与4条第二代包装线一致，这样在设备更新时可少购买1条包装线，将包装车间的用工总数进一步削减2名，并节约宝贵的厂房空间和人员成本。

采购和维护费用的降低将切实改善企业效益。第三代包装线具备的多样化混搭功能，1条线可以同时包装不同品质的瓷砖，同时可以制造系列化成套设备，从最小的踢脚线瓷砖，到长达两三米的陶瓷大板，也给予企业更多弹性选择。

提供更出色的功能是鼎吉包装保持优势的战略使然。近年来，随着行业竞争加剧、仿品屡禁不绝，鼎吉包装必须保持技术领先，用更全面的功能和服务实现差异化竞争。

现在，第三代产品已经在市场上崭露头角。彭智勇透露，目前一套第三代产品已经在某大型陶瓷企业得到应用，效果受到客户的肯定，2020 年公司也将重点经营这款新品。

“今天，鼎吉包装还是一个装备制造企业，而在我心中，再过三五年，它可能成为智能制造技术或者服务体系的供应商。”彭智勇说。

调研手记

心中常怀创新　不愁没有创意

走进鼎吉包装，令人印象深刻的不只有满柜的专利证书、荣誉称号，还有该公司董事长彭智勇对创新秘密的坦然大方。他透露，第一代产品最核心的结构和理念，来自某次参观啤酒包装线后获得的灵感。

彭智勇为何不担心这一秘密被其他企业“偷师”？这是因为，这句话听起来简单，却不容易做到。能够从其他行业获得灵感，需要发现的眼光，需要触类旁通、举一反三的智慧，更需要保持对前沿技术不断的思考和探索。正所谓“心里有美，眼中才能看见美”，只有将“创新”两个字时常记在心头，其他行业的解决方案才能真正成为企业在创新时的灵感来源。

创新还必须依托靠谱的人才团队。走访中，彭智勇多次表达出对人才的重视与渴望，鼎吉包装下一步的发展也亟须创新人才的加入与充实。这一问题需要每一个关心南海企业高质量发展的人一起努力。

精达信：为全国近两成空调“护心”

在佛山市南海区里水镇和桂工业园内，佛山市精达信五金电器有限公司（下称“精达信”）的员工们正在忙碌地生产。他们制造出来的压缩机精密冲压件很快会被送往多家知名压缩机生产、制造企业。而后，出厂的空调压缩机又会成为格力、美的等知名品牌空调产品的“心脏”。

据了解，压缩机占空调总成本的34%，对空调等家电而言可谓是“心脏”。而精达信的压缩机精密冲压产品则是这个“心脏”的重要组成部分。

成立于2000年的精达信在近20年的发展中，一直深耕压缩机精密冲压件这个细分行业。

据统计，2019年全国市场空调压缩机的产量大约1.76亿台，而出自精达信的压缩机精密冲压件就有3120万台，占比近18%。精达信也成为压缩机精密冲压件行业中的领先者。

市场领先
全国市场占有率快速提升

“精达信主要从事模具设计制造、五金冲压、精密数控钣金等高精度产品及全方位服务。”精达信董事长高耀庭说：“‘工作求精，质量稳达，顾客至信，持续改进’是精达信质量方针，也是名字的来源。”

坚守16字的质量方针，精达信在成立仅9年的时间，就做到了全国市场占有率17.68%。

“一台压缩机涉及的精密冲压件有十几个，从模具的设计、制造以及加工，几乎所有精密冲压件在我们精达信都可以生产。”精达信总经理林汉卿说。

员工在操作自动化、半自动化生产线

林汉卿介绍说，2019 年全国市场空调压缩机产量约为 1.76 亿台，精达信的压缩机精密冲压件供应量为 3120 万台。在全国市场需求同比增长 5.37% 时，精达信的市场产销量同比增长达到了 47.17%。精达信在全国市场的占有率也从 2018 年的 12.66% 提升至 2019 年的 17.68%。

空调行业在持续的高速发展后，2019 年增速放缓，由此引发的空调压缩机市场增速也随之放缓。在这种的情况下，精达信却能保持 47.17% 的高速增长，有何秘诀？

“对精密冲压行业而言，冲压设备的速度将决定生产效率。我们实现了 70% 的自动化程度，0.5—1 人可操作一台设备，因此我们的生产效率比较高。”精达信董事长助理李荣锋说，“而另一方面则是因为我们能够在上游企业中获取一个比较可观的占有率。这就与我们的技术研发能力息息相关。”

据了解，精达信员工仅有 500 多人，在占地面积 2 万平方米的范围内，产销值却能连续几年保持高增长。精达信的产销值从 2017 年的 3.16 亿元，到 2018 年的 3.36 亿元，再到 2019 年约 4 亿元。

科研创新
自主研发改造设备及生产线80多台（套）

2019年6月，国家七部委联合发布了《绿色高效制冷行动方案》，促进绿色消费，推动高质量发展。其中，一项重要工作就是空调能效标准的提升。压缩机是决定空调整机技术水准的关键环节，压缩机的技术发展对整机产品升级有关键引领作用。因此，空调能效门槛的提升势必带动上游压缩机企业的产品结构调整，进而影响压缩机精密冲压件行业。

面对行业的不断升级和激烈竞争，精达信以科研创新来确保企业的核心竞争力。

“如今，空调压缩机在向小型化大排量以及高能效的方向发展，对压缩机内部的配件精度要求在不断提高。”林汉卿说，“压缩机内部是一个间隙很小的密闭空间，而且是一个有压力的容器，所以如果有任何细微的有机物和无机物的残留，都会造成压缩机卡死，随即引发机器停止运转。因此，压缩机内部的零部件也是非常精密的。”

高耀庭指出，随着空调压缩机不断小型化，对材料的材质、强度要求越来越高，对压缩机内部精密冲压件的精度要求也越来越高。既要实现节省能耗、节省资源，又要达到同样的能效，是摆在这个行业面前的“考题”。精达信则通过不断的技术改造和研发创新破解难题。

仅2018年，精达信在科研方面的投入就达到了1000万元，占销售收入比超过3%，其中直接用于材料与动力的投入就达650万元。精达信研发使用的设备由当年初的65台，到年底增加到108台，设备的价值超2000万元。2019年到2020年预计技术改造投入超过2000万元。

“一般市场上购买的设备属于通用机型。为了满足我们的生产需求，我们会按照自己的生产工艺要求，对它进行技术改造。”李荣锋说，“我们拥有行业内先进的自主研发改造的自动化设备以及生产线，共80多台（套）。包括一站式、二次元、三次元的自动化升压线以及冲压的自动线，以及全自动冲床、清洗键和自动焊接键等。”

在高耀庭看来，精达信之所以能处于行业领先水平，其优势就在技术和研发上。“我们前期投入较大，实现了所有模具的自主开发、自动化的设计。当客户开发新的机型时，我们不但能保持高生产效率，还能保证产品质量。”他说，“实现了客户的高满意度，才会有我们的市场占有率节节攀升。”

精达信还致力于掌握自主知识产权，提高“自主创新”能力。目前已获得国家版权局 8 项计算机软件著作权，经中国版权保护中心审核、颁发登记证书。

快速跃进
力争5年内成行业“头部企业”

高耀庭表示，精达信之所以能保持高速增长的重要原因是除了产品质量、技术创新、成本控制外，还有就是服务。“我说的服务并不是强调服务态度好，而是说真真正正在客户有需要的时候，我们能够顶上去，而这些必须要企业敢于投入，大家还要有一种工匠精神。对制造业来说，服务好就是要踏踏实实做每一件事，然后坚持 365 天。”

空调行业受淡、旺季影响大，销售的季节性明显。当年 9 月至次年 3 月往往是销售淡季。而旺季则是在 4 —8 月，这时常常会出现供不应求的状况。

压缩机行业在春节前后是生产最旺的时候。为增加产量，很多压缩机生产企业放假仅为 5—7 天。“我们作为供应商就要比他们放假时间更短，才能满足他们的交货准备。”林汉卿说，“这种时刻更能体现一个企业生产组织实力。此外，还要配合客户新品开发的要求、增资扩产的要求等等。”

“在客户需要生产的时候我们全力配合，不掉链子也是取得客户认同的一个重要原因。”李荣锋说，“另外，客户研发出新产品后，我们的技术研发、设备也要及时更新，以先进技术、设备去为客户配套、生产。”

高耀庭表示，预计未来的 5 年公司仍然会保持稳定的增长。“我们希望发展成行业的头部企业、成为标杆，全国的市场占有率方面，预计从 2019 年至 2024 年将实现近 20% 的增长水平。”

据了解，精达信未来 5 年的发展目标是，在空调制冷压缩机精密冲压件配套供应行业，保持维护行业主导地位，通过技术领先于生产力转化，持续扩大市场份额，持续提升企业知名度与精达信品牌影响力。同时，在管理创新与技术创新上不断增效，实现稳中求精、稳中求新，巩固、增强企业核心竞争力，助力市场开拓，保持行业领先，提升企业效益。

调研手记

“以变应变”谋未来

当下，市场需求在不断变化，新材料、新技术不断涌现，是在同行业之间相互模仿、以低价抢夺市场？还是以变应变寻找突破点？

精达信选择了通过技术的改造以及生产力的转化来持续扩大市场份额。同时，不断降低成本、提高品质，使得企业在全国产量放缓的情况下，实现了47.17%的高速增长。精达信的技术改造之路并不是一味追求高资金、大手笔的高大上改造，而是根据企业自身的实际，因地制宜实施改造。这种技术改造来自生产需要，来自生产工艺要求，来自客户的新需求。

精达信的“变”是在保证产品品质的前提下，是随市场而变、随着客户而变，在“变”中不断地研发新产品、提升新技术、去作新的投资，从而赢得了市场的占有率。

高耀庭指出，“头部企业”做大做强的过程将加剧马太效应。“激烈的竞争，淘汰的是行业内占有率小的企业，订单一定会向大的企业倾斜。我们无论从效率还是投入、成本及人才储备都将做好长足发展准备，将凭借企业的优势不断向前和向上发展。”

压缩机精密冲压件配套供应行业的特殊性，无法单个评价某一个零件的好。但是，当多个零件组合在一起了，那么它的技术优势就凸显了。如何赢得客户的认可、如何保持市场占有率？高耀庭说，做企业就是要不断给客户带来有竞争力的产品。

中鹏热能：为陶瓷智能窑炉装上“云大脑”

走进广东中鹏热能科技有限公司（下称“中鹏热能”）的展厅，一节节蓝白相间的陶瓷窑炉排列整齐，配以流线型的造型，让人产生这是高铁而不是窑炉的错觉。这正是中鹏热能最畅销的产品——“高铁时代”节能辊道窑。

相比传统窑炉，“高铁时代”在能耗、人机功效、环保、智能化等方面都有着显著优势，工人只需要在手持控制终端上轻点屏幕，就能看到窑炉的各项参数。凭借极具竞争力的性能，中鹏热能赢得了国内陶瓷窑炉行业中营业额居全国前三位的市场地位，蒙娜丽莎、简一陶瓷等国内陶瓷行业龙头企业都是其客户。

在中鹏热能董事长万鹏看来，这种新旧对比，正是体现着窑炉技术几千年来的传承。他希望，通过企业在技术方面的创新，让陶瓷窑炉产品能够适应时代发展需求，让新生代产业工人能够更轻松、更自豪地生产出优质的“中国造”。

以人为本
让窑炉工作环境“平易近人”

虽然陶瓷窑炉工作时内部温度高达上千摄氏度，但是把手放在“高铁时代”窑炉的“车厢”上，只感受到一股温热。

“凭借精巧的工业设计，‘高铁时代’有着漂亮的外观，但并没有止步于漂亮。”万鹏说。中国高铁凭借优美的造型和过硬的技术指标，成为中国的一张名片走向世界，“高铁时代”同样也希望成为中国窑炉设备走向世界的一张名片。

“高铁时代”使用C型全包覆式设计，一整套窑炉排放在一起长度甚至可以超过500米。正如高铁的外形使其在行驶中能够减少空气阻力，“高铁时代”的全包覆式设计使得产品温升指标大大领先于行业水平。

"高铁时代"节能辊道窑在能耗、人机功效、环保、智能化等方面有着显著优势

何为温升？就是窑炉设备运行的时候，设备监测点的温度比环境温度高出的温度。例如，温升35摄氏度，而此时室温是30摄氏度，那么该监测点温度就是65摄氏度。国家建材行业标准规定："零压点处外侧板温度与环境温度之差应不大于35摄氏度"。

中鹏热能省级企业技术中心副主任徐广华介绍，即使达到行业标准，陶瓷窑路运行时周边温度也高达70多摄氏度。"高铁时代"采用全包覆式设计后，将温升大幅降低到10—15摄氏度，大大领先于35摄氏度的行业标准。

"工人穿西装打领带操作我们的'高铁时代'都没有问题。"万鹏说，设备操作环境的提升，对于设备的能效提升是巨大的。改善工作环境后，工人更愿意在设备旁进行检修和维护，大大提升了设备的寿命和运作效率。

中鹏热能对设备工作环境的重视也体现在其他窑炉产品上。

国内陶瓷行业传统窑炉设备会将生产时产生的烟气直接打到干燥窑里面，主要是提升了系统的节能效果。然而，烟气里腐蚀性气体很多，经常会从干燥窑里面泄漏出来，不仅会腐蚀设备和周边环境的金属，也会对人体造成伤害。

为攻克这个痛点，早几年，中鹏热能就为干燥窑设计了一个烟气隔离装置，在干燥窑上增添了一个管道把泄漏出来的烟气收集起来，有效隔绝了有害气体。

设备“上云”
用AI算法代替老师傅

手里拿着便携遥控器ibox，陶瓷厂工人们就能随时随地获取“高铁时代”陶瓷窑炉的各项参数，并现场可以进行调试，对多条窑炉进行监控。这有赖于中鹏热能从2012年就开始推行的设备“上云”战略。

徐广华介绍，在以往，工人要想对窑炉进行调控，需要在另一位置独立的窑炉控制柜上进行操作。但是由于距离较远，当需要对窑炉进行调控时，需要一个人在现场检测窑炉现状，一个人在控制室调控，双方靠对讲机沟通，非常不便。

对窑炉进行实时实地操控只是中鹏热能设备“上云”的一个侧面，更深层次的是，中鹏热能通过增加各种形式的传感配件收集设备数据，以推进工业互联网的应用。

万鹏介绍，通过让陶瓷窑炉数据“上云”，研发人员持续采集烧成温度、烧成周期等设备数据，逐渐形成了设备数据库，打造企业自己的AI算法。云系统会将异常状况立刻向窑炉操作人员进行反馈。“相当于用AI来代替老师傅。”

除了推动自己的设备“上云”，中鹏热能还计划主动对接客户的ERP系统以进行更多的窑炉运行数据交互，实现陶瓷窑炉的智能化调控。“这样我们就可以从设备制造商向数据服务商转型，这也是我们发展到一定阶段的必经之路。”万鹏说。

在不断增强窑炉智能化程度的同时，中鹏热能还通过工业设计，减少设备的能耗。

在“高铁时代”窑炉里面，安装有换热器，换热器里面有许多管道，通过这些管道实现窑炉内部烟气和外界冷空气的传热，在冷却带把热量收集起来，获取被加热过的助燃风，有效地提高窑炉内部的燃烧效率，大大减少了窑炉的燃气用量，高温热风还能用作对砖坯进行干燥。

“凭借高稳、高温、高效的‘三高’节能技术，‘高铁时代’非常成功地实现了8%到15%的节能效果。”万鹏说。

开疆拓土
发力锂电池材料领域再出发

凭借着优异的性能，中鹏热能的陶瓷窑炉产品远销东南亚、欧洲、非洲及南美洲等地的20多个国家和地区，并一举成为国内陶瓷窑炉行业中营业额位列前三的企业。“因为质量好，我们每次投标成交的价格，在行业里基本上都是最高的。行业里有句话，如果想造好窑炉，就找中鹏热能。”万鹏同时强调，“我们把贵出的这部分钱又投放到窑炉研发上，让窑炉设备更加可靠好用，稳定易调，节能节人。”

深耕陶瓷窑炉领域之余，中鹏热能也利用自身深厚的技术基础，发展更多新兴领域的业务，寻找新的增长点。

从2012年开始，中鹏热能就在研发锂电池材料窑炉，并于2017年成立一家子公司开展相关业务。

万鹏介绍，近年来新能源汽车已经成为新的产业风口，很多国家也提出要在未来逐渐用新能源汽车取代化石燃料汽车，锂电池作为新能源汽车的核心零配件，将会产生巨大的市场需求，而中鹏热能的锂电池材料窑炉正是生产锂电池正负极材料的关键设备。

作为一家科技型企业，随着业务更为多元地发展，中鹏热能对企业人才团队的建设也提出更高要求。

截至2020年5月14日，中鹏热能的研究人员学历基本都为本科，还有一部分的研究生，专业领域涵盖节能减排、工业设计、信息化等领域，先后获得各类知识产权140多项，其中，发明专利11项、外观专利7项、实用新型专利73项、软件著作权12项。

接下来，中鹏热能在人才队伍建设方面将会往高端化发展，积极引进博士人才。“但是我们还没有找到很好的切入点，陶瓷窑炉属于传统装备制造领域，对高端人才的吸引力不足，导致人才供给量不足。”万鹏说。

此外，经过20年的发展，中鹏热能根据对未来发展方向的判断，正在筹备上市之路。“我们赌性不强，未来还是会踏踏实实一步步发展，等到条件成熟的时候再上市，不会去刻意强求，这也是对企业和员工的负责。”万鹏说。

调研手记

以技术创新抢立潮头

陶瓷窑炉行业，是一个传统得不能再传统的行业。但是中鹏热能凭借不断创新，使得陶瓷窑炉产品也变得充满科技感。

如果关注“高铁时代”的产品细节，会发现以人为本的理念无处不在，也正是这种以人为本的理念，通过工业设计创新改善工人工作环境的同时，也增强陶瓷窑炉的整体能效，大大提升了产品的竞争力。

而“先走一步”的精神，更是深深刻在了中鹏热能的基因里。无论是提前布局设备“上云”，探索工业互联网应用，还是新能源汽车风口出现前就已经投入锂电池材料窑炉的研发，这种以创新抢立潮头的精神，让中鹏热能在一众同行中脱颖而出。

中鹏热能的发展史，是南海企业在坚守中创新的缩影。

作为一家陶瓷窑炉设备生产商，中鹏热能坚守本业，不断创新，在节能减排、信息化等方面持续进取，不断改善工人的生产环境，或许与中鹏热能的初心有关，那就是让产品能够适应时代发展需求，让新时代工人能够自豪地生产出优质的“中国造”。

三简包装：技术派成就全息设备“头部网红”

拿出一张二代身份证仔细端详、仔细观察，在“性别”一行中，会出现长城的图案。而随着观察的角度以及光线的强弱变化，“长城”也会变出橘红色、绿色或者紫色等颜色。

这个长城图案，就是全息技术的应用之一。不仅仅在身份证上，护照、钞票，甚至是高档烟酒的包装上，都有全息技术的应用身影，其应用之广可见一斑。可以说，全息技术就在每一个人的身边。

位于佛山市南海区的三简包装有限公司（下称“三简包装”），是国内最大的全息设备生产厂家，也是全球最大的全息无缝模压机生产基地，它的多项全息技术已经走在了全国甚至全球的前列。它还自主研发生产出了全球第一台印刷、涂层、模压三合一机器，攻克了一个在世界包装行业中被称为“不可能攻克”的技术难题。

行业领跑
成就全球最大全息设备生产厂家

走进三简包装的生产厂房，一台台需要扶梯才能爬上去的“庞然大物”映入眼帘。远远望去，这些雪白的机器就如同一只只硕大的大白熊。三简包装总经理吴小华介绍，这些都是该公司的全息设备，每一台的重量都有 8 到 50 吨。

全息技术，即利用光干涉和衍射原理，把图像以三维立体的形式呈现出来的技术。它由英国科学家伽伯发明，伽伯还因此获得了 1971 年的诺贝尔物理学奖。

全息技术在包装印刷行业应用非常广泛。其原理，就是通过加热和压力，把全息图像压印到塑料薄膜的涂层上面，制作出各种包装材料。根据技术的不同，全息

客户正在三简包装车间了解其生产技术

模压机也分成硬压、软压，有缝、无缝等品种，其中全息无缝模压机是目前最先进的全息模压技术。“目前，我们公司所生产的全息无缝模压机占据了全球市场80%的份额，是全球最大的全息设备生产厂家。”吴小华说。

吴小华介绍，按照目前行业的通用生产流程，全息图案要应用到包装纸张上，需要经过4个步骤，涉及多种机器。

目前，全球市场上的印刷机、光学涂层机以及光学模压机3种机器，都是各自独立的生产机器，生产厂家会通过一定的方式把3种技术的产品结合起来使用，过程比较烦琐。而三简包装自主研发出来了一台光学印刷机，融合了印刷、涂层、模压三大功能，让上述其中3个步骤都可以在同一台机器上完成。

三机合一的联线生产，大大地压缩了薄膜的中间转运环节，此举既可以减少材料的损失，也节省了时间和人工成本、降低了能源消耗。吴小华介绍，与原来的生产成本相比，新的光学印刷机能够把生产成本降低至少一半。

除此之外，这台机器的好处还有很多。“光学膜对生产环境的要求很高，一有大点的灰尘或污点就会造成产品的报废，经过的生产环节越多，产品的成品率就会越低。”吴小华说，“我们三机合一的联线生产，可以大大降低产品的废品率，一般可把产品的成品率从 70% 提高到 95% 左右。”

三机合一的联线生产，还可以使得光学图像和印刷颜色之间的套印精准率得到大幅提高，甚至是实现精细化套准，从而产生更佳的视觉效果。

套准率的提高，还带来了环保的利好。印刷环节所需要的颜料、油墨损耗也得以降低，以往通常需要 12 种颜色才能印出来的效果，现在用 3—5 种颜色就可以了，这也减少了印刷颜料和油墨的使用。

而更令人动心的是，这台三机合一的光学印刷机购置成本并不高。“一般而言，要买印刷机、光学涂层机以及光学模压机等 3 种设备，大约需要投入 2000 万—5000 万元，而我们的三合一光学印刷机只需 400 万—800 万元，设备购置费降低了 4/5。”

自主攻关
十年磨一剑　掌握技术主动权

“三机合一，在全球包装行业里都被认为是不可能完成的任务。”吴小华说，早在十几年前，国外业界多个知名大公司就已经开始着手研发三机合一的机器，但一直没有得到突破，其技术瓶颈主要是集中在跑不齐、套不好和洗版难 3 个方面。

所谓跑不齐，就是三台机子的生产速度不一样。光学模压机的国标速度通常在每分钟 50 米左右，而印刷机的速度则在每分钟 100 米以上，光学涂布机的速度在每分钟 80 米以上，三者从速度上来说是很难联起来的。

而套不好，指的是三台机器的图像套位难度大。吴小华介绍，一般普通印刷机各色之间的图像套位由于不涉及加热，薄膜不会变形，所以相对简单和成熟；而涂层机则要把光学膜涂层在烘箱里用 150℃ 的高温来使之干燥，膜受高温后变形非常大，而且涂层机的烘箱长度都在 15 米以上，烘箱越长，膜的变形率也就越大。“用涂层机来做图像套位已是行业难题。而要在光学模压机上做图像套位，在世界包装行业中都未曾听闻过有成功的例子。”他说。

洗版难，是指在进行光学模压时，膜上的光学涂层很容易粘在光学版上，一旦粘上了涂层，就要停机来清洗光学版，但印刷机和涂布机却很少清洗版辊，这三者也很难融合到一起。

“除了上述 3 个难点，3 种机器分别属于 3 种电机系统，要使之融合也是非常困难的。”吴小华表示，早在 10 年前，他就开始找一些大的生产印刷机和光学涂布机的公司来合作，希望能够突破这些技术难题。“结果他们都出于各种考虑拒绝了我。”吴小华说，“后来，我就决定自己搭建一个技术体系，投入了大量的人力物力来攻克这些难题。”

十年磨一剑。一个个“不可能攻克”的世界难题，在三简包装的生产车间里被逐一攻克。

“5年前，我们就把光学模压机的速度提上去了，可以达到每分钟100米，同时也把光学涂层粘在光学版上的问题给解决了，成功把光学模压机和印刷机联起来生产，两种电器系统里最核心的控制软件，也是我们自己开发的。”吴小华说。

“4年前，我们成功开发了光学涂层机的无光标定位系统和光标检测自动套位系统，为光学涂层和光学模压联线机开发奠定了基础。1年过后，我们就把光学涂层和光学模压给联起来了。”吴小华说，“2年前，我们利用之前积累的大量经验，并结合自己发明的专利技术，开始着手研发三机合一的设备。2019年，这种设备成功通过了测试，这意味着我们的三机合一已经从图纸变成了现实！”

吴小华透露，这种三机合一光学印刷机还没正式推出时，他们就接到了几张订单。掌握了技术主动权的三简包装，正在不断地完善设备的功能，进而把它们推向全球市场。

调研手记

“研发控”的热爱与坚持

三简包装的会议室比生产车间要简单得多，它唯一的装饰，就是墙上的一张张专利发明证书。而数十张证书上的发明人，都是吴小华，三简包装的总经理。

全息印刷技术的应用已经相当普遍，而包装印刷行业也同样是一个竞争激烈的行业，要在这个行业里持续领跑，就得靠技术创新。而对吴小华来说，技术创新的动力，源自热爱。

吴小华是一个“研发控”，他最大的乐趣就是不停地攻克技术难关。从20世纪90年代涉足包装印刷行业开始，吴小华就对能变幻出万千形态的印刷术着了迷，并且以解决行业中的技术难题为乐。如今，在三简包装的生产厂房里，还有一个特别的车间，里面各种设备的身价都是千万元级以上，这就是吴小华专门用来做重大技术攻关的场所。

因为热爱，所以坚持并不艰苦，坚持成了一件自然而然的事情，就像吴小华那样，因为满怀热爱，所以自主研发出三机合一光学印刷机的过程，对他来说并不是艰辛的披荆斩棘之旅，而是充满乐趣与挑战的发现探索之旅。在十年磨一剑的技术攻关过程中，每一个难题的解决，都会给他带来强烈的成就感，推动他继续往下走，直至出成果。

俗话说，干一行，爱一行。这个“爱”，指的就是“热爱”。找准自己热爱的事情，为之不断努力，在特定的领域里持续精进，这就是热爱带来的最好礼物。

三

坚守传统　制造匠心

宏陶陶瓷：广场砖市场占有率全国前二

走进广东宏陶陶瓷有限公司（下称“宏陶陶瓷”）的展示厅，右手边的墙上挂着一列科技成果栏，按时间顺序，密集呈现着宏陶陶瓷成立至今所获得的科技项目认定结果。

截至2019年底，宏陶陶瓷已有33项科技项目通过住建部等权威部门组织的评估鉴定，其中有17项达到国际先进水平，更有6项是国际领先水平。截至2020年，宏陶陶瓷已有66项国家授权专利，发明专利占了68%，此外，宏陶陶瓷还牵头起草5项陶瓷行业的国家标准，在2009年已牵头起草广场砖国家标准。

目前，宏陶陶瓷的广场砖产品市场占有率位居全国前二。更为可贵的是，宏陶陶瓷在生产过程中已实现全流程废水废渣零排放，也因废物利用技术的创新，达到“用尾料比用原材料更好”的效果。

宏陶陶瓷不懈的技术创新不仅让其产品获得市场认可，也对环境保护、保护不可再生资源做出较大贡献。

技术攻关
花岗岩景观石可替代原石

在宏陶陶瓷位于狮山的总部外，铺着一层“花岗岩”地砖，若不是工作人员介绍，仅凭肉眼很难发现这些地砖是人工造的仿花岗岩陶瓷砖。“其实，‘广场砖’这个叫法已经是过去式。”宏宇集团技术中心总监曾凡平介绍，“我们公司新升级的产品已经不是传统的‘广场砖’，而是‘花岗岩景观石’。”

了解后得知，宏陶陶瓷10多年前开始生产广场砖，那时产品仅有100mm×100mm、200mm×200mm等规格，且防污、防滑性能都一般。近几年，国家对室外

宏陶陶瓷生产车间

用砖的安全度有了严格要求，作为广场、市政道路等公共场地用砖，广场砖必须在防滑性能上有所突破。

2017 年，宏陶陶瓷的技术人员将注意力转向花岗岩替代品的研发。“花岗岩是天然原石，表面粗糙，有着天然的防滑效果，但我们过去烧造的瓷砖更注重抛光、上釉，很难做到防滑。”曾凡平回忆起当时的研发过程，最困难的地方就是如何开发防滑材料。

为此，宏陶陶瓷组建技术团队与供应商一起研发。2018 年，随着新防滑材料的问世，宏陶陶瓷研制出全新的产品——花岗岩景观石。作为一款人工造的陶瓷砖，它与花岗岩原石有着高达 95% 的相似度。2018 年 10 月，该产品通过住房与城乡建设部组织的科技项目评估，被认定为国际先进水平。

“我们这款砖不仅能够替代花岗岩原石，在花色设计、厚度选择上都有更多、更灵活的选择。”宏宇集团市场部经理姚区介绍。

过去，花岗岩产品色彩种类单一，厚度固定在 18—20 毫米。如今，宏陶陶瓷的花岗岩景观石可以根据用户设计需求，提供更丰富的花色、更灵活的厚度选择，有着较强的性价比。

目前，宏陶陶瓷这款砖的全国市场占有率排在前两位，已应用在碧桂园、万科等多个房地产项目中。

变废为宝
陶瓷产品实现绿色化生产

提及为何要让陶瓷砖实现对花岗岩的替代，曾凡平说，主要是为了解决原料供应的问题。

随着国家对环境和不可再生资源的保护政策日趋严格，家居建材行业整体面临一个大问题：以花岗岩、大理石等为代表的原材料日益短缺，且成本越来越高。

“很多房地产商在建设地产项目时，有许多外观设计需要依靠石材、瓷片等产品实现，但现在很多天然石材已经不好找了。”曾凡平说，作为创新型的陶瓷企业，他们必须按客户需求去思考产品研发。

面对全行业的困境，宏陶陶瓷将注意力放到了曾经被视为“废物”的陶瓷生产尾料上。

“废物利用涉及很多环节，比如，废渣怎么搜集，怎么运用到陶瓷砖生产上。”宏陶陶瓷瓷片厂厂长余国明介绍，“这是一个很复杂的工作，特别光釉、哑光釉釉面砖，如何处理不同的废渣以达到某种效果，需要我们不断研发创新。”

目前，仅是废渣利用，宏陶陶瓷就已拥有10项发明专利，贯穿整个废渣利用链条。余国明说：“我们在废渣利用方面是陶瓷行业中的领先者。可以这么说，只要按照我们的思路，利用我们的发明专利，任何一个厂都可以达到废渣废水零排放。”

“变废为宝”不仅让宏陶陶瓷实现绿色化生产，在开发新产品、降低原料成本上也有大作用。

“我们的内墙砖、仿古砖都利用上了废渣。”曾凡平介绍，2019年11月，住建部科技与产业化发展中心经过组织评估，认定宏陶陶瓷的陶瓷固废制炻瓷质仿古砖达到国际先进水平。

此外，宏陶陶瓷通过改进工艺大大降低陶瓷生产对原材料的需求。“现在，不仅是陶瓷生产的废渣，连修路、造房的尾料我们都可以用来造砖，甚至能达到比用原材料还要好的品质。”余国明说。

走出国门
立志填补建材行业国际标准制定空白

2019年11月，姚区北上，给宏陶陶瓷带回一个新称号——企业标准“领跑者”。这是由中国标准化研究院等机构联合主办的一场大会，会上对2019年度企业标准“领跑者”进行颁奖。这些企业都是经第三方评估机构评分后选出，其企业标准核心指标都高于国家标准及行业标准。

与宏陶陶瓷同获此称号的还有家电行业的海尔、美的、格力，服装行业的波司登、雅戈尔、爱慕等知名企业。陶瓷砖行业共有7家入围，宏陶陶瓷是其中之一。

获得这样的称号是宏陶陶瓷自创立以来重视标准制定的成果之一。“我们坚持认为一流的企业应制定标准。”宏陶陶瓷总经理助理刘积胜说，“目前我们已经牵头起草5项国家标准，有防滑砖、广场用陶瓷砖等。”宏陶陶瓷还参与研制《陶瓷墙地砖胶粘剂黏合强度试验用瓷砖标准样品》国家标准物，成为中国陶瓷行业少有的国家标准制定企业。

2016年，宏陶陶瓷被国家质监总局、国家标准化管理委员会授予“中国标准创新贡献奖”荣誉。

但宏陶陶瓷的目标不止于国内。当前，国家越发重视中国标准“走出去”，要将中国从“制造大国”打造成“制造强国”。要引领制造业发展，很重要的一点是要让标准国际化，抢占制造业国际化竞争的制高点。

目前，在全球建材行业中，发达国家几乎垄断所有国际标准的制定，国内建材行业在这一领域还处于空白状态。

“这几年，为了升级广场砖性能，我们陶瓷的防滑技术有了很大提升，防滑砖等标准已经走在行业前列。我们正计划用这个产品申请制定国际标准。”姚区说。

“这项任务责任重大。”刘积胜介绍，国际标准制定需要由5个国家的相关协会共同立项，且必须全体通过，不能有反对意见。“我们建材行业此前有失败案例。”刘积胜坦言，牵头制定一项国际标准十分困难。经过近1年的努力，目前，宏陶陶瓷已与意大利、巴西、西班牙等国的陶瓷协会取得初步共识，姚区说：“接下来，我们还要去德国和美国争取合作。”

调研手记

重组架构 快速响应技术需求

宏陶陶瓷的创新实力从其展厅悬挂的技术成果简介可知一二：33 项科技创新成果中，6 项达到国际领先水平，17 项达到国际先进水平。

快速、高效创新的背后是技术中心的强有力支撑。观察宏陶陶瓷的组织架构，技术中心直接受总经理管辖，是整个公司战略体系的核心。

近年来，随着市场对产品需求的变化，原有的技术中心组织结构有些跟不上市场变化。“过去，我们的技术中心按产品划分，分为内墙砖、抛光砖、仿古和抛釉砖三大部分。”曾凡平介绍，“近年来，我们发现，由于技术中心的分散，造成过度的内部竞争，成本提高了，品质和标准不一致。”

尤为关键的是，按产品划分的技术部门不仅使产品和技术创新受阻，还导致部分技术人员不能人尽其才。2018 年 5 月，宏陶陶瓷所在的宏宇集团调整集团的技术架构，将原有以产品划分的三大中心整合为统一的技术中心。“这样一来，我们不仅能推进技术跨界融合，还能给技术人员创造更大的平台，提升他们的价值。”曾凡平说，宏陶陶瓷历来十分重视技术团队的内部培养，重整技术中心架构后，能够为技术人员提供更多的晋升渠道。

目前，技术中心调整仅 1 年多，已取得很好的效果。“仅在抛釉砖生产上，优等品率从 90% 提高到 96% 左右，而成本仅为原来的 60% 。”曾凡平说。

亿合门窗：“单打”产品成就门窗冠军

广东亿合门窗有限公司（下称“亿合门窗”）的厂房内，一件件制作完成的铝合金门窗产品被整齐地摆放在一角。走近一看，每件产品上均清晰地标注了货品名称、将发往的目的地，以及可溯源的条形码等信息。

鲜为人知的是，这家藏身于佛山市南海区狮山镇的门窗企业，其2018年在全国铝合金门窗行业位列前三；截至2019年10月的数据显示，亿合门窗凭借“单打”产品——全防护平开窗，在广东省门窗行业市场占有率为7.62%，位居广东首位。

基于铝合金门窗开拓的市场优势，亿合门窗还将目光瞄准了家居个性化定制，希望借此契机打开更广阔的市场，助推企业品牌价值、产品核心竞争力的提升。

了解一线需求
历时一年半研发“单打冠军”产品

一扇看似普通的铝合金门窗，其实里面“大有乾坤”：既可以做到有效隔离噪音，又可以保证老人、儿童的安全；即便安装了防盗网，也可以通过相关按钮打开窗户暗藏的另一扇“安全门”，在遇到紧急危险时方便逃生。

这样的多功能产品出自亿合门窗之手。作为企业的“单打”产品，自投产以来，全防护平开窗就广受消费市场的喜爱。数据显示，截至2019年10月，全防护平开窗产品在广东省门窗行业市场占有率为7.62%，位居广东第一。

“这款产品仅调研、研发、测试阶段就历时一年半。”亿合门窗董事长曾奎说。在开启研发前，亿合门窗调研团队首先针对市场需求开展了为期半年的调研。

“产品好不好终究要经过市场的检验，为此我们决定先通过市场调研，了解消

亿合门窗掀起了一场车间革命，所有产品均可通过二维码实现溯源

费者一线的真实需求，由此倒逼产品研发，制定更加智能化、人性化、功能更多元化的产品。”曾奎说。

调研结果显示，消费者对门窗的隔音诉求普遍较高，与此同时，调研团队还发现市场对于门窗安全性能的要求也越来越高。如何研发一款兼具实用性、安全性，适应消费者综合需求的门窗，成为摆在亿合门窗研发团队面前的一道难题。

随后，亿合门窗研发团队投入超500万元，耗时约1年，经过反反复复的开发、测试，最终研制出全防护平开窗产品。据广东省门窗行业协会提供的资料，亿合门窗自主研发的全防护平开窗产品，自2018年上市以来，销售额已占其总营业收入的77.82%。

另据目前行业统计，亿合门窗2018年在全国铝合金门窗行业位列前三；在广东省门窗行业市场占有率为6.4%，位居全省第二。

凭借长期专注于铝合金门窗细分市场，并凭借领先市场水平的工艺及生产技术，亿合门窗于2018年、2019年连续两年获评佛山高新区“单打冠军”企业称号。2018年至2019年，亿合门窗连续两年获评中国品牌500强。

如今，凭借自主研发的技术，亿合门窗的铝合金门窗产品遍布国内各地，其中80%为内销，另有20%远销欧美、中东、东南亚等国家和地区。来自亿合门窗的数据显示，2017 年至2019 年，企业正驶入发展快车道。

严把质量关
力争每年至少开发5件新产品

“品质是企业生存发展的根基，如果没有品质，就无法在激烈的竞争中站稳脚跟。”曾奎说。自2008 年成立以来，亿合门窗长期以来坚守对铝合金门窗产品质量的把控。为严控企业产品质量，亿合门窗不仅将品控中心列为核心职能部门，还成立了品质监督委员会。

除了从机制上筑牢产品质量根基，亿合门窗还从源头着手，加大研发创新的投入力度。数据显示，亿合门窗系列铝合金门窗产品在外观、结构、实用性能等多方面已获得了76 项授权国家专利。同时，亿合门窗还注册了商标94 项，通过系列做法保护企业品牌及核心技术。

曾奎介绍，为推动企业研发项目的实行，公司每年投入研发经费占营业收入4%以上。近 3 年来，亿合门窗投入的研发经费，分别占当年销售额的 5.43%、4.04%、5.48%。“虽然总额不算太大，但对传统制造业而言，我们每年都努力增加研发经费，希望通过研发创新，带领企业自身产品拉开与市场产品的差距。”曾奎说。

目前，亿合门窗已组建了约30 人的专业研发团队，并于2017 年获得“佛山市南海区亿合绿色环保型智能铝合金门窗工程技术研究中心”认定，2018 年获得“佛山市绿色环保型智能铝合金门窗（亿合）工程技术研究中心”认定。

“工程技术研究中心主要用于研究、解决门窗在应用中性能如何提升方面的问题。”亿合门窗研发团队相关负责人说。按照计划，未来，亿合门窗将力推每年立项数目5 项以上，每年至少申请专利30 项以上，开发新产品5 件以上。

在严把技术关的同时，亿合门窗还着力掀起了一场车间革命。如今，走进亿合门窗的生产车间，不仅生产流程清晰明了，制作完成的产品也整洁有序地摆放在固定位置。

同时，通过扫描产品上贴着的二维码，每个产品从原材料采购到成品出货，再到用户家中的每个环节均可实现全链条可溯源。保障消费者知情权益的同时，也对企业内部管理流程进行了优化提升。

为进一步扩大品牌在市场的影响力，亿合门窗通过与红星美凯龙等国内家具行业知名企业合作，在线下进一步推广系列门窗产品。在人才管理方面，亿合门窗一直坚持与国内高校建立长期人才培养合作关系，并先后输送管理人员、技术骨干赴相关高校学习提升。

扩大产能
加快国内四大生产基地建设

站在新的发展风口，传统制造如何赢得更好的发展空间？为适应市场发展需求，加快布局未来发展，亿合门窗将目光瞄准了年轻一代消费者。

“个性化发展将迎来新的发展空间，这对企业品牌设计、系统升级带来全新的挑战。”曾奎说。

基于目前已建立的工程技术研究中心，亿合门窗计划从加大公司的研发投入、扩大研发场地、增加先进研发设备、完善管理制度体系等方面着手，在产品结构、功能、外观设计方面满足“90后”“00后”消费群体个性化需求。

实际上，目前亿合门窗的产品均为个性化高端定制，也因此积累了一定的研发基础和开发模式。“希望未来能更进一步发挥企业的优势，加快整体转型的步伐。”曾奎说。

为加快推动企业实现从“绿色环保型智能铝合金门窗”到“绿色环保型智能家具”“绿色环保型智能家居定制”领域转型，亿合门窗计划建立准确、高效的市场和技术情报系统，通过定期组织开展研发调研、市场调查等，及时了解市场需求和行业发展趋势。

立足佛山生产基地，亿合门窗的产能还将进一步扩大。“目前，我们正加快在国内落实包括广东、江苏、湖北、西南地区在内的四大生产基地建设，希望通过提高研发设施条件及生产能力，满足技术创新及大规模生产的需求，促进公司的战略扩张发展。”亿合门窗常务副总经理胡超说。

胡超透露，亿合门窗江苏工业园已于2018年举行开工仪式。江苏园区总占地55亩，将按照国际一流的工厂建设标准建造，并通过引进国内外先进的生产设备，推动新生产基地重点用于铝合金门窗行业的科研、教育、展览、接待以及生产等方面，力争建设成为工业旅游的示范单位。

亿合门窗也给自己定下全新的发展目标。“力争未来5年企业营业收入平均每年能够增长100%以上，每年平均新增利润、纳税额增长50%以上。”胡超说。

调研手记

将市场考验前置赢得发展先机

一个产品好不好，终究要市场说了算。对很多企业而言，“市场考验”往往都被放在了最后一环。大多数传统企业更是如此。

作为传统铝合金门窗制造企业，亿合门窗的表现可谓亮眼。以其 2018 年推出市场的全防护平开窗产品为例，光是在研发环节前，企业就先开展了一场为期半年的调研。

广泛收集而来的市场需求，为产品研发描绘了一个相对准确的画像。正是基于前置的市场调研，贴合市场一线需求而推进产品研发，亿合门窗的产品提前接受市场的考验。

在未来，亿合门窗还计划从铝型材单一门窗产品向家居、定制等领域延伸，其还计划建立准确、高效的市场和技术情报系统，及时了解市场需求和行业发展趋势。

相信亿合门窗坚持把市场考验前置的做法，将为企业打开一片发展新天地。

永丰公司：
窗帘铝材年产量可装饰118座迪拜塔

在佛山市南海永丰铝型材有限公司（下称“永丰公司”）的生产车间内，先进的立式粉末喷涂生产线正在高效运作，一根根表面涂层均匀、平整、光洁，用于生产窗饰遮阳的铝型材从生产线上生产出来。

每年，从永丰公司销售的铝材大约有2.5万吨，这意味着，至少有1666.67万平方米的窗帘产品用到永丰公司生产的产品。世界高楼迪拜哈利法塔高达828米，其幕墙面积约为14万平方米，假设室内装上对应数量的窗帘，相当于永丰公司一年为118座哈利法塔提供窗帘铝材。

成立于1995年的永丰公司，专注研发和生产窗饰遮阳铝型材产品已经20多年，累计已有1万多个产品型号。如今，永丰公司已是国内窗帘轨道主要供应商之一。凭借着产品质量和专业服务，永丰公司的产品在窗饰遮阳铝型材市场占有率居全国前列。

但永丰公司并没有因为过往的成绩而停止发展的脚步，他们已迈向国际市场。目前，永丰公司46%的产品已出口到欧洲、北美洲、大洋洲、东南亚等地区，其中，在澳大利亚的铝合金外遮阳项目还获得了昆士兰州设计大奖。

从零开始
自主研发填补国内行业空白

永丰公司董事长梁永雄说，进入研发和生产窗饰遮阳铝型材领域是一个很偶然的契机，“一个朋友找到我，让我们帮忙做一种铝型材，当时市场上没有企业生产这种铝型材，我们也并不懂这种铝型材是做什么用的”。

用了4个月的时间，梁永雄和他的团队才把朋友需要的产品开发、生产出来。

但是他们并不知道自己生产的产品在市场上会有怎样的效果。

随之而来的，是每个月100多万元的订单。这令梁永雄感到很奇怪，到底他们生产的产品是用来做什么的？于是，他到了朋友的企业一探究竟。在自己开发的产品时隔半年后，梁永雄终于知道，自己生产的产品就是窗帘滑动中必须使用的部件——窗帘轨道。

为了解市场和产品，梁永雄带着团队跑遍了国内各大城市。“我拿现金去买样板，买完后就在当地锯好，装在旅行箱里带回来，每次箱子里都塞得满满的。”他说。1999年12月，永丰公司成立了专门的研发部，专门开发窗饰遮阳铝型材产品。

20多人的团队，反复试验、总结数据，再运用到生产工艺上。在报废大量铝材后，他们终于研发出了自己想要的产品。

“当时我们是不管三七二十一，先做了再说。就是靠这股冲劲，我们开发的速度确实很猛。”梁永雄说，仅半年时间，研发部就开发出了2000多个型号的产品。最初的起步，永丰公司就投入了300多万元的资金用于研发。

为了实现产品的有效推广，让更多人知道永丰公司可以生产窗饰遮阳铝型材，2000年，梁永雄带着铝型材产品参加了上海R+T Asia亚洲门窗遮阳展。

永丰公司副董事长甘保明仍记得当时的情形。“当时没有专门做窗帘轨道的企业去参展，我们是第一家。所以，一下子就让市场知道了，原来有专门生产这类产品的企业。”甘保明说。通过参展，永丰公司打响了品牌，并得到了国内众多窗帘用户的青睐。同时，也是以展会为媒介，永丰公司开始进军国际市场。

“此后的几年，我们坚持参加展会，同时，每年都会带去自主研发的新产品。”梁永雄说。随着产品的不断升级，永丰公司得到了越来越多客户的认可。

技术革新
持续创新让企业保持竞争力

创新是企业长远发展的生命力，尽管永丰公司是较早进入窗饰遮阳行业的铝型材企业，但从未安于现状，而是通过不断的创新以保持竞争力。

近年来，永丰公司持续引进新设备进行技术改造。2013年，在窗帘遮阳铝材生产厂家中率先引进立式喷涂生产线。据了解，铝型材喷涂主要分为除油、水洗、烘干、喷粉、固化等步骤，过去，对员工的技术要求很高，而全自动的立式粉末喷涂线则将几个步骤设置成流水线，实现了铝型材喷涂技术的更新换代。

永丰公司从未安于现状，而是通过不断的创新以保持竞争力

甘保明说，永丰公司每年将销售收入的1%投入到新产品研发以及产品改良中。2019年因设备技术改造，研发和技术改造投入突破1500万元，约占销售收入的3%。

“传统的卧式喷涂线由于受到自身设备的限定，铝型材在喷涂过程中容易出现弯曲变形、喷涂不匀的情况。为此，我们引进了立式粉末喷涂生产线。”甘保明说，先进的生产线解决了早期卧式喷涂线产能小、喷涂表面流平效果不佳等问题。2019年，永丰公司再次引进两条全新的立式粉末喷涂线，该设备是根据铝材的生产特点和产品特点进行特别设计的，预计粉耗率下降3%，换粉时间减少约50%。

“全新的立式粉末喷涂线在实现生产效率提高的同时，还降低了成本。”甘保明说，“现在，我们的产品颜色多样，每次换喷涂粉都需要耗费时间。而新的喷涂线换粉时间能减少一半，同时，粉的回收量更多了，粉耗也下降了。”

目前，永丰公司的立式粉末喷涂线可实现月喷涂超3000吨铝型材的产能，不仅吞吐量大，而且能够持续保证涂层均匀、平整、光洁等方面的稳定性，达到了客户的要求。

此外，永丰公司还十分注重改良和研发产品，已累计获得授权专利17项（外观设计9项、实用新型8项）以及软件著作权2项，早在2012年9月就荣获了“广东省民营科技企业”称号。

制定标准
引导行业良性发展

2019年永丰公司在窗帘遮阳专用铝型材的销售收入超4亿元，其中国际销售额占总销售额的46%。2016年至2019年窗帘遮阳专用铝型材的销售收入年平均增长率超15%。

据了解，不同种类的窗帘采用不同铝材，主要分为轨道、卷管、罩壳、叶片等，一般情况下每平方米的窗帘使用铝材的重量为0.5—1.5千克，按照永丰公司年销售量2.5万吨计算，全球至少有1666.67万平方米的窗帘使用了永丰公司的产品。

生产、销售量如此之大，但永丰公司的产品精准度却是以0.01毫米计算。

在生产车间里，永丰公司的质检员许志敏，她每天的工作就是带领着来自窗帘企业的客户验收订单产品，产品的平滑度、尺寸的精准度都是检验的重要标准。

"我们的产品需要配合其他配件，比如封盖、滑轮、弹簧、制头等五金、塑料件来装配。因此，对尺寸要求高，尺寸不合适往往会导致配件无法装配。"许志敏说，"图纸会清晰标注允许的公差范围，我们的产品必须严格控制在范围内。"

为把控产品质量，自2005年开始永丰公司先后引入ISO 9001质量管理体系、ISO 14001环境管理体系、安全生产标准化三级企业、二级计量保证体系证书等认证体系，并按照标准体系执行质量、环境和安全生产的管理和持续改善。所生产的窗饰遮阳铝材采用国际标准《一般工业用铝及铝合金挤压型材》（ASTM B 221M－2007），并在生产过程中参照标准指标对产品进行检测。

在提升自身产品品质的同时，永丰公司还致力于推动窗饰遮阳行业的发展，与窗饰遮阳行业的配件、面料公司结成合作同盟，抱团发展。永丰公司是中国建筑装饰装修材料协会建筑遮阳材料分会副会长单位。2019年12月13日—15日，第七届全国建筑遮阳行业年会在佛山召开，永丰公司作为协办单位，为行业贡献了一份力量。

为了促进自身和行业的良好发展，积极参与标准制修订工作，以增强在行业话语权。永丰公司希望通过严格的质量标准引导行业的良性发展，避免"劣币驱逐良币"。永丰公司先后参加了国家标准《建筑室内窗饰产品通用技术要求》和团体标准《窗帘用金属滑轨及配件》的编制，以及《铝合金护栏》和《城市道路—安全防护设施》标准建筑设计图集的制修订。

甘保明说，2020 年永丰公司还将继续扩大产能，位于四会市的厂区也将投产。届时，永丰公司还将去寻求铝型材更广阔的市场。

调研手记

研发能力是企业的生命线

近年来，我国铝型材行业的产量和消费量迅猛增长，但在行业整体繁荣的背后，却存在着危机：人力成本上升、企业竞争力下降、产能无序扩大、行业整体利润微薄、行业自主研发能力薄弱等。一些产品技术水平低、质量差、档次低的小型铝型材加工厂已逐渐被淘汰。

然而，永丰公司却能实现逆势增长、销量节节攀升，并且2015年起连续多年纳税额超1000万元，这与企业的研发能力息息相关。

以市场导向为目标的研发项目令永丰公司的企业竞争力在不断提升。

永丰公司副董事长甘保明说，市场对企业研发能力的要求越来越高。“有的客户拿过来的产品只是一个大概形状，又或者客户只是提出功能需求，让我们帮他们解决问题。这时就需要我们企业拥有强大的研发能力。”

在梁永雄看来，没有开发能力的企业就没有生命力，更没办法体现其企业价值。

耀东华：
对纹饰面人造板挺进世界一流

经过近两年的筹备与建设，2019 年 12 月下旬，广东耀东华装饰材料科技有限公司（下称“耀东华”）位于肇庆的分厂正式进入设备调试阶段，一系列智能化设备与 ERP 企业资源计划系统、NC 系统（全面的预算管理平台）、MES 生产制造执行系统、WMS 智能立体库系统相连接。2020 年一季度，经验收，该厂 6 条生产线正式投产。

耀东华成立于 1995 年，是一家专业生产和研发饰面人造板的企业，产品被广泛应用于家具定制和室内装修行业。其核心产品——精准对纹饰面人造板，其对纹精准度可达 ±1 毫米，在质量和产量上均高居全国第一。2019 年 3 月，全球板材制造巨头爱格集团主席迈克·爱格造访耀东华，他曾拿着一张精准对纹饰面胶合板感叹，耀东华这种板材的压贴技术，水平已超越欧洲。

“我们一直努力争取做世界一流的产品，做世界性价比最好的产品，这也是我们研发产品的重要依据和动力。”耀东华董事长曾敏华说。经过 25 年的发展，耀东华已经成了维尚家具最大的饰面板供应商，客户涵盖欧派、好莱客、富力、碧桂园、万科等知名国内家居定制企业和房产企业，每月可生产饰面人造板超 100 万张。

创新产品价值
让产品为智能家居赋能

打开柜门，内置挂衣杆上的 LED 灯管就会亮起；手机放在桌上，马上就能进行无线充电；轻触墙面，音乐就能随时响起……这些场景，有些已经随着定制家具走进千家万户，有些正通过耀东华对内置导体饰面人造板的不断革新，逐步实现。

同步对纹智能板应用

内置导体饰面人造板由耀东华自主研发，通过将外覆绝缘漆的导体嵌入饰面板，为智能应用终端设备提供通电、通信的平台，从而构建声、光、电、传感器等多种智能家居场景。其外表与一般的人造饰面板无异，却转变了以往拉槽、嵌线、钻孔或夹层的供电方式，直接将板材变成物联网设备的安装平台。可以说，内置导体饰面人造板的推出，是对饰面人造板性质、功能，以及智能化装饰的重大创新。

“我们正通过对产品的不断创新，来适应未来科技的大环境。”耀东华副总经理吴惠娟说，为此，耀东华先后走进中国林科院木材工业研究所、中国科学院、中国航天钱学森空间技术实验室，向国家级科研机构“取经”，进行了多年的合作。

依靠领先于众的产品研发能力，耀东华一直走在了细分行业的前列，并成为国家精准对纹饰面人造板新产品创制基地。

为中国定制家具和中国智能家居提供一流的产品，这是耀东华的目标和愿景。为此，曾敏华每年都会率领研发团队前往欧洲，收集设计素材（木种、纹理），并与该领域世界顶级设计师进行深入交流，努力挖掘适合于中国消费者的产品材料。

2019 年，耀东华推出了 5 个饰面板新品种，被欧派集团选中了 3 个。“耀东华的核心竞争力就是自主研发。我们2019年的研发投入达到1767万元，占销售额的3.4%。”曾敏华说。

但研发的路上怎会没有荆棘？以内置导体饰面人造板为例，虽然现在已经实现了量产，但如何优化饰面板与智能终端的连接，如何让供应商适应饰面板的内置导体，依旧是让企业“头疼”的难题。

在2019广州设计周上，耀东华用内置导体饰面人造板布置了一个智能家具体验区，吸引了不少观众和供应商的注意。饰面板与导体的连接能再漂亮一点吗？产品怎么应用，怎么服务于智能家居？这些问题，在双方对接的交谈中不时出现。“改进涉及工业设计和成本等问题，涉及整个供应链的升级与迭代。”吴惠娟说，“我们也希望产品能从导电平台层面，最终走到人工智能层面，为智能家居赋能。”

标准引领
打造体系支撑产品品质

“光有好的产品研发能力，没有好的质量保障是不行的，所以从原材料到生产再到成品验收，我们都坚守质量第一。”曾敏华说。以标准引领企业发展，是耀东华立足行业的又一个领先点。

自2001年参与国家行业标准的制修订以来，耀东华非常注重产品的质量，主持和参与40多项国家/行业标准的制修订，建立的企业检测中心，通过国家认可实验室CNAS认可。“我们建立实验室服务于产品质量，服务于标准制定，主要是为了对产品各项性能有更精准的检验，打造检测体系，支撑产品质量。”吴惠娟说。

但产品质量是一个供应链上的问题，因此，耀东华检测中心引进了1m^3甲醛检测气候箱、日晒气候箱、人造板万能试验机、磨耗仪、划痕测试仪、恒温恒湿培养箱等覆盖供应链上下游的检测设备，用于测试饰面人造板的外观检验、物化性能检验，如内结合强度、弹性模量、表面结合强度等。

耀东华还参与了检验标准的制定，并获得了检验工具、方法的相关专利，为整个检验体系提供了强有力的技术保障。在国内，能主导行业标准制定的民营企业实属少数，耀东华对产品质量孜孜以求，让耀东华成为国家林业标准化示范企业。

“我们研发的精准对纹饰面人造板，是上下游众多供应商及客户的高度协同，结合耀东华20多年的经验积累，以及先进的设备及加工工艺，才能把钢模板纹理与浸渍纸纹理，经高温高压后仍然能精确到±1毫米。”吴惠娟表示。

标准的制定为产品质量提供了稳定的基础，在此之上，从2002年开始，耀东华还打造了一整套的质量管理体系，以“质量体系+检测体系”为产品赋能。

“我们建设实验室，就是为了保障耀东华生产出来的产品符合消费者的需求，符合国家和行业标准的要求，让消费者满意，让客户满意。”曾敏华表示。

软硬兼施
借力工业互联网解企业之痛

在耀东华的生产车间内，亚洲第一条温康纳同步压纹生产线正在有序运作，饰面纸和板材原料在经过印刷、浸胶、热压等步骤后，华丽“变身”为带有山川纹理的精准对纹饰面人造板。生产线旁，工人通过ERP企业资源计划系统，实时监测着生产的每个环节。“我们第二条温康纳精准同步压贴生产线已经在无锡投产。”曾敏华介绍，作为维尚家具最大的供应商，随着维尚无锡工厂的投产，耀东华的产量也将越来越大。

事实上，无论是温康纳精准同步压贴生产线，还是ERP系统、NC系统、MES系统、WMS系统，都是耀东华借力工业互联网的有力工具，也是饰面板行业借力工业互联网的智能制造服务平台。

2020年一季度，耀东华位于肇庆的分工厂投产，其中设计了5个智能立体仓库，每个人造板智能仓可以存放30万张常规板，是目前普通人造板仓库的3.5倍。“小批量、多品种、多频次的产品定制会带来仓储管理的困难，所以，我们向空间要效率，向智能要效率。”吴惠娟说。

而智能仓库将能很好地解决这个问题，不仅赋予每块饰面板唯一的“身份证”，清晰记录其原材料、供应商、质量标准、生产日期等信息，还能对客户订单的生产、入库、出货等需求进行管理，并且根据轻重缓急、先进先出以及订单数量大小等情况进行智能安排，极大地提高了企业的生产管理效率。

“优化流程和解决痛点，是工业互联网对企业最大的赋能。”吴惠娟说，工具只是其中一方面，更重要的是让整个供应链内的各个企业充分发挥各自的优势。她表示，耀东华一方面是要通过产品和服务提升企业整个价值链；另一方面，就是练好企业“内功”，通过硬件资源和软件资源的共同作用，借力工业互联网解企业之痛。

随着各种硬件设备、外在技能日益满足生产需求，耀东华亦展开了新的探索，比如现有的单组织ERP系统向多组织转变，使其能够服务于全国各地的经销商；再比如让现有系统对接供应商，让客户能有更好体验……耀东华以开放的姿态，积极投入到工业互联网的浪潮中。

从“土炮”式的生产设备，到自动化信息化兼具的亚洲第一条温康纳同步压纹生产线；从传统饰面板到高质量内置导体精准对纹饰面板，再到未来的智能家居、智能平台，工业互联网在不断带领耀东华提质升效。“我们原来是传统的饰面人造板制造企业，但现在是一个智能板生产企业。”吴惠娟说。

通过打造智能制造的软件体系和硬件体系，耀东华希望借力工业互联网，更好地为定制家具客户服务，在中国打造饰面人造板智能制造的一流工厂。

调研手记

以工业互联网助力企业发展提速

2019 年 12 月 18 日，耀东华副总经理吴惠娟出现在 2019 工业互联网创新应用大会的现场，而在前一天，她才刚刚提交了“腾云计划”的申请。“我们希望工业互联网能以最大的能量帮助耀东华把效率提高。”吴惠娟说。目前，耀东华正在肇庆打造智能化工厂，是国内人造饰面板企业在工业互联网的一个探索与尝试。

2020 年 1 月 11 日，富士康工业互联网股份有限公司董事长李军旗在 2020 中国制造论坛上表示，智能制造和工业互联网的核心内容是“三软三硬”，实现软硬件的自主可控是关键。而耀东华亦用自身的发展布局证明了这一点。

工业互联网，作为工业系统与信息技术深度融合的产物，正日益成为制造业转型升级的重要手段。在此背景下，企业应主动拥抱工业互联网，在推动企业自动化升级的同时，也逐步梳理上下游供应链，通过硬件设施与软件管理，逐步提高企业生产、管理的速度。

开易拉链：拉链产品市场占有率全国前三

一条看似平常的运动裤，只要拽着裤子两边的拉链轻轻一拉，一秒不到，裤子就分为两半脱落；看似普通的帽衫，帽口会随着脑袋的转动而转动，不怕视线被遮蔽；此外，还有可去除静电的拉链头，可以阻燃的拉链……在没走进总部位于南海里水的开易拉链有限公司（下称“KEE 拉链”）之前，可能很多人都无法想象，一个小小的拉链，原来可以让生活如此方便。

“我们就是希望能解决生活中的痛点，提高客户的生活品质。”KEE 拉链总裁助理邹强说。

从 20 多年前的一间小工厂，到如今的港股上市企业，KEE 拉链一直致力于拉链设计、开发、生产、销售一体化的经营，为客户提供优质的拉链产品和基于拉链的整体解决方案。

在 KEE 拉链的产品体系中，每个具有独特功能的拉链都有对应的专利，这背后正是 KEE 拉链对创新和研发的坚持。光是 2018 年 KEE 拉链在研发方面投入就高达 750 万港元，产品获得了多个科技创新奖；从数量上来看，KEE 拉链已成为中国拉链行业专利获得量前三企业。

品质生活
吉尼斯世界纪录中藏着有趣的拉链

你有没有想过，穿脱裤子的速度可以达到多快？KEE 拉链至今保持着一项吉尼斯世界纪录——1 分钟穿脱 12 条裤子。该项纪录是 KEE 拉链在 2013 年创造的，打破了 2010 年在意大利罗马创造的 1 分钟穿脱 9 次的纪录。这背后的“功臣”正是一款有着 KEE 实用新型专利的拉链。

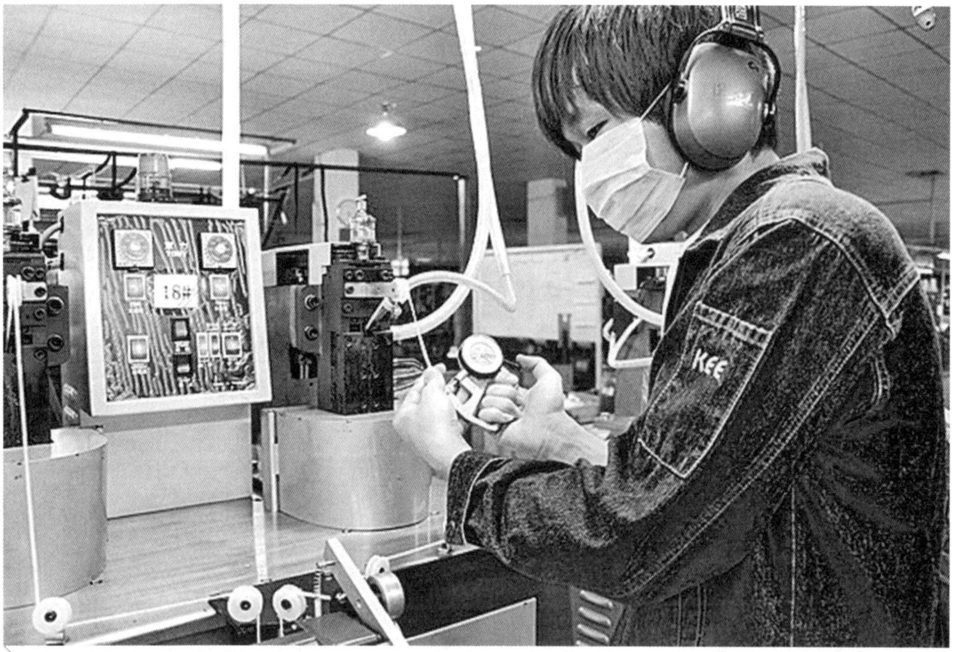

两项世界纪录的背后，是 KEE 拉链多年创新的一个缩影

一条普通的运动裤中，隐藏着一条完全拉合的拉链，拽着两边拉头轻轻往下一拉，一秒钟不到，一条裤子就分为两半脱落。“像篮球运动员、游泳运动员上场前需要热身，有一条这样的拉链，就能帅气实现‘一秒上阵’。”邹强介绍说，除了运动领域外，这种树脂拉链还为许多特殊领域服装需求填补了空白。

实用又有趣，像这样的拉链在 KEE 拉链中还有很多。冬天，穿着厚厚的衣服最怕被静电电出火花，如果羽绒服、大衣拉链上配有 KEE 的防静电拉头，那只要先触摸下拉片就可以随时随地释放身上的静电。“尤其冬天给汽车加油时，先释放身上静电还可以保证安全。”邹强说。

在这里，小小的拉链，承担着不同的功能。把帽衫上的帽子戴在头上，头部左右转动时一般都会被帽子遮蔽视野，KEE 的 CX 轻动拉链头就可以解决这一问题，在头部扭动时带动帽体在轨道上滑行，就能保证人的视线可以 180 度与帽口宽一致，视野更开阔；一个拉链，可以把鞋子扣合在一起更方便携带；简便的无拉片拉头，能为冲锋衣减轻阻碍……

很多在生活中以为无法改变的事情，其实靠一个小小的拉链就能得出不同的效果。“回顾整个拉链的发展史，也是一个社会的进步史，生活品质的提升推动需求的变化，这也让我们学会更多从‘盒子’外面思考问题，慢慢去发现潜在的应用新需求，去解决生活中的痛点。”邹强说。

在KEE拉链的企业文化中，从不止步于做一个优质的拉链生产商，还要成为拉链的整体解决方案提供商。正因此，诸多国内外著名品牌都与KEE拉链形成了长期合作伙伴关系。

全链条创新
小小的拉链生产横跨多个领域

经历20年的发展，KEE拉链已经成为中国拉链行业中设备最先进、质量最可靠、花色品种最齐全的专业生产企业之一，拥有金属、尼龙、塑胶拉链三大系列产品。根据中国五金制品协会拉链分会出具证明，2018年KEE拉链整体产品的市场占有率在拉链行业全国排名前三位。

KEE拉链在产品精度把控上下了不少功夫。

在KEE拉链位于南海的模具生产车间内，有一块手掌大小的金属板，看起来并不特别。但让人惊奇的是，只要用力一掰，这块表面光滑的金属板就被分成两块锯齿形状的小板件，而此前这块由两个小板件组成的金属板表面毫无空隙，甚至拿起来悬空放置也不会掉落。

邹强介绍，这其实是链牙，即拉链头在其中滑行的行轨模具。“一个拉链拉起来要完全缝合，链牙之间要缝合得紧密又不能太涩，这就对精度提出很高的要求，首先就要从模具的精度开始把控。”邹强说，KEE拉链的模具精度高达千分之一毫米，可以说比头发丝更细。

为保证产品的精度，KEE拉链专门引入欧洲的专业加工设备，并设有数十人的工业设计团队，整条生产线更是覆盖从模具开发到质检的全过程。这也这意味着，在KEE拉链的研发生产体系中，可以从无到有诞生一条拉链。

要生产一条耐用的拉链其实并不容易。拉链在使用时为何会裂开？“一种可能是模具的精密度存在差异，另一种可能是原材料使用的是边角料，还有一种可能就是用‘A家拉链头+B家拉链齿’组装而成，因为相互精度不匹配，导致使用时顺滑度有问题。”邹强说。

也正因此，KEE拉链坚持从模具开始生产。而就是这么一条小小拉链的生产，横跨了精密制模、纺织、印染、五金铸造等多个行业。

同时，KEE拉链还坚持了20年的自主研发，在车间内推动自动化生产，以保证生产的稳定性。通过对设备的研发和改造，KEE拉链将四至五个工序集中在一台自动化机器上，只要把拉链头等部件放进去，就能成功组装成一条拉链。

引领行业
“绿色制造”充分考虑到每一个细节

专注于拉链行业，从南海出发的KEE拉链早已迈向全球市场。

2011年，KEE集团于香港证券交易所成功上市，次年在瑞士成立分支机构，致力开拓欧美市场。2017年，KEE集团获得Oeko－Tex Standard 100附录6认证，表明产品符合现时欧盟REACH法规附录6中的法规规定，同时也符合CPSIA美国消费品安全改进法案。

为了符合不同地区的需求，在KEE拉链的检测实验室内，每天各类检测都在紧张进行中，这一实验室也获得了“中国合格家认可委员会”（简称“CNAS”）颁发的测校准实验室证书。

“一个破坏性测试中，拉链不断被横向和纵向两方面的力拉扯着，会一直拉到拉链断为止，我们通过这种定时的无序抽查去检测拉链的耐用程度。”邹强说。

另一边，工作人员正通过显微镜将拉链头放大数十倍，去检测表面的电镀和上色效果，一个硬度计可测试拉链合金硬度是否合格；在最高温度80℃，最低温度－50℃的环境内，拉链正在接受严寒酷暑的考验；盐雾测试仪器内、烘干机内，拉链的缩水程度、染色情况都被输出成一个个数据……

模拟不同环境不同地区，KEE拉链的实验设置充分考虑到了每一个细节。“设置极限温度的测试，是因为要保证拉链在极端环境下能正常发挥作用，以保障人的安全，做盐雾测试是针对航海服装考虑，缩水率测试是针对不同国家的洗涤需求。”邹强介绍。

同时，作为上市公司，KEE集团积极响应环保，践行社会责任。在实验室内，专门有机器分析拉链析出的元素。“不同元素和成分析出，对降解会造成不同的障碍，产品到不同的市场就要符合各市场国家环保需求，作为拉链生产商我们要和产品共同承担这样的社会责任。”邹强说。

从精益生产到绿色制造，KEE拉链专注发现潜在的新需求，从制造到引领，KEE拉链相关负责人透露，未来还将在珠三角设立设计研发中心，“我们希望通过自身的努力，能引领中国拉链行业的崛起”。

调研手记

两项世界纪录背后的创新基因

KEE 拉链至今保持着两项世界纪录。一项是 2013 年创造的吉尼斯世界纪录——一分钟内穿脱裤子最多；另一项则是“世界最轻的开尾拉链纪录”，2011 年由世界纪录协会向 KEE 拉链颁发证纪录证书，这个拉链有多轻？据介绍，整个拉链重量不到 4.1 克，还没有一个戴在尾指的戒指重。

两项世界纪录，平实的数字背后，是 KEE 拉链多年创新的一个缩影。为什么能在一分钟内穿脱裤子次数最多？靠的不是练出来的速度，而是“一秒脱裤”的快脱拉链，除了帅气，还能填补特殊领域服装需求的空白；为什么要研制最轻的开尾拉链？是为了轻量化、减阻碍，可以用于冲锋衣，适用于军事领域等。

在 KEE 拉链的企业文化中，产品创新是最值得骄傲的。在这里，可以看到创新渗入了每一个环节当中。从制模开始，不惜花费大价钱与高校合作，只为研发出最精密的加工仪器；从 20 年前起就开始将二维码运用到生产线上，通过对设备的研发改造推进生产自动化……正因此，看似不起眼的拉链，能衍生出如此多的功能，从而提升人们的生活品质。

从拉链的发展史再到每种拉链的用途，这是一群一讲到“拉链”就会滔滔不绝的人，他们将自己的精力都奉献给了拉链行业，因为专注，所以懂得；因为懂得，所以热爱。

利达包装：平底拉链袋市场占有率全国前三

喜之郎 cici、徐福记凤梨酥、阿尔卑斯糖果……在“80 后”“90 后”的童年时光里，一定都有这些零食的一席之地，只要听到名字，马上就能想起它们包装袋的样子。但少有人知的是，这些产品的包装袋，都出自佛山市南海利达印刷包装有限公司（下称“利达包装”）之手。

自 1990 年成立以来，利达包装一直扮演着产品“形象设计师”的角色：研发和生产食品、饮料、肉制品、调味品、日用洗涤用品等印刷复合包装产品。

发展到今天，利达包装已经成为国内软包装行业的领先者，客户涵盖了海天、卡夫－亨氏、玛氏、伊利、蒙牛、立白、雀巢、迪士尼等国内外知名企业。据广东省包装技术协会统计，利达包装自主研发的平底拉链袋，市场占有率居全国前列、广东第一。

打破壁垒
研发国内首个平底拉链袋

在利达包装的生产车间内，一款款大小不一、颜色各异的平底拉链袋从热压机下“走出”，顺着传输带的滚动方向，被送到生产线末端的工人手中，它们将被送往各大加工制造厂，用于包装燕麦、坚果、猫粮、狗粮等产品。

平底拉链袋是一种方方正正的袋子，不需要依靠任何物体，即可立得四平八稳。该类袋子共有 5 个展示面，容量较大，封口处有 1 条胶质密封拉链，兼具实用性和美观性。

虽然现在超市里，使用平底拉链袋的产品几乎随处可见，但在 2009 年以前，这种袋子在国内还无处可寻。

利达包装所生产的各种包装袋产品

2007 年，平底拉链袋首次出现在了美国的包装展上，它的专利所有者是日本的一家企业。时任利达包装执行董事，现任董事总经理的钟健常一眼就注意到了这款包装袋，并大受启发，认为这种款式的包装袋十分贴合国外市场的需求。回国后，他把这个信息告诉了研发团队，在日本企业原有专利的基础上，对平底拉链袋开始了革新探索。

产品进阶的路上充满了疑难杂症。钟健常介绍，平底拉链袋的制作有两个难点，一是材料，二是密封性。

在材料方面，需要根据包装内容物的不同，确定所用的材料结构、厚度以及使用的工艺，生产设备结构十分复杂。在密封性方面，由于平底拉链袋的袋形有如双坡式的小房子，生产时需要把两侧的风琴以及拉链压住，如果热压温度过高，袋子就会裂开；如果温度过低，就封不牢，两种情况都会造成袋子的渗漏。“所以要综合考虑材料、温度、压力、速度等工艺参数，每一款产品的平底拉链袋都是不尽相同的，这也是我们的核心研究。”钟健常说。

当时，国内市场对于平底拉链袋的概念还是一片空白，利达包装找了多家设备供应商才研发出了第一台试验机，但依然不幸折戟，100 多万元的投入打了水漂。但研发团队并没有因此却步不前。

经过两年的努力，2009 年，利达包装自主研发的平底拉链袋横空出世，成为国内第一家也是唯一一家获得该项发明专利的企业。与日本企业所研发的不同，利达包装的平底拉链袋拥有更好的气密性，并且具备了包装液体的功能。

目前，利达包装生产平底拉链袋的生产线有 12 条之多，年产量达 4000 多万个，产值超 1 亿元，市场占有率居广东首位、全国前三，产品远销东南亚、大洋洲、欧洲、南美、北美等地区。

精细化管理
凭稳定品质赢得客户青睐

高性能差异化的产品，让利达包装走在了行业的最前沿；而稳定可靠的品质，则让利达包装在市场中站稳了脚跟。其中的关键，就是实施精细化管理，这从利达包装所取得的体系认证可见一斑。

每一个准备进入利达包装生产车间的人，都需要完成三个动作：更换洁净服、洗手消毒和空气吹淋。“我们不允许有任何异物落入生产线中，所以专门在卫生方面制定了严格的制度。”钟健常介绍，利达包装以国际公认的食品规范——英国零售商协会（简称 BRC）所制定的食品包装全球标准为抓手，建立了相关体系来预防、控制生产过程中可能出现的各种情况。

有效的制度约束和良性的体系管理，让利达包装顺利获得了 BRC 认证。据了解，BRC 认证是食品、非食品类消费品及包装材料行业广泛接受的供货商最佳标准，许多欧洲及全球的零售商（如澳大利亚）在选择供货商时，会把 BRC 证书作为条件之一。

BRC 认证只是利达包装实施精细化管理的一个缩影。事实上，利达包装把精细化管理贯穿到了生产全过程。比如，在原材料进口上，利达包装要求供应商提供所有材料的检测报告，包括 FDA（美国专门从事食品与药品管理的最高执法机关）、欧盟的检测检验报告，以及每年定期检验的报告。

此外，利达包装也购进了先进的检测设备，对购买的原材料进行内部检测，并定期拿到第三方机构进行质量检索和识别认证。“从原材料到内部的管控，我们都要保证产品能够满足食品的要求。”钟健常说。

在对生产的精细化管理下，产品的品质也获得了行业和市场的认可，利达包装成为了国内果冻食品的龙头企业——喜之郎的主要供应商之一，每年向喜之郎提供数以千万计的带嘴自立袋和包装卷膜。

带嘴自立袋是一种液体包装袋。这类袋子多个部位需要用到热封的工艺，特别是袋子吸嘴的焊接，控制不好就容易渗漏，所以对技术加工、质量控制都有较高的要求。而喜之郎这样的大品牌企业对供应商产品的不良率有严格的指标，只要出现一个次品，整批产品都会被退回来。

“为什么我们能成为主要供应商之一？就是因为我们的品质稳定，这是一个很高的门槛。”钟健常表示。利达包装对每一个生产环节都制定了细致入微的工艺要求、质量要求，有效保证了产品品质的稳定性。

紧盯热点
攻坚可回收材料打开未来市场

经过 30 年的发展，利达包装已经从一家村办企业发展成为一家客户遍布全球的行业龙头，这其中离不开企业的产品创新、技术创新。“虽然在规模上和国外大型包装企业没得比，但是在创新上并不比他们落后。”钟健常说。

如今，利达包装已经拥有了 1 项国际发明专利、9 项国家发明专利，还有 15 项实用新型专利，在全球软包装行业具有领先的地位，代表产品包括平底拉链袋、带嘴自立袋、肉类包装、宠物用品包装袋等。

虽然已经取得了不俗的成绩，但在创新的道路上，利达包装还在作出更多的探索。

“2019 年我们参加了全球最大的包装展，现在软包装行业最热的话题就是‘Recyclable material’（可回收材料），这是我们的新亮点。”钟健常介绍，这将是利达包装未来 5 年的发展方向。

事实上，在 4 年前，利达包装就已经有专门的团队从事可回收材料的研发，并取得了一定的成果。这些用可回收材料生产的产品已经或正发往国外，让客户体验和试用。“通过这次‘走出去’，我们发现利达包装对可回收材料的研发和试验，应该也走在了行业的前列。”钟健常表示。

调研手记

创新需要有容错的胆量

“任何行业，如果没有创新，就只能跟同行拼价格，这是一条不归路。”钟健常如是说。创新，意味着尝试与探索，结果未必尽如人意，因此，创新需要有容错的胆量。

纵观所有行业先行者，无不是在不断的容错和试错中成长起来的。阿里巴巴集团 CEO 张勇曾在清华大学 2019 全球经济管理学院院长论坛上提到，在真实的商业和创新中，最大的成本是机会成本，如果不尝试，永远不会知道什么是对的，什么是错的。

中国科学院院士周成虎也曾呼吁，社会应该有更加包容的氛围，要鼓励冒险，而不是片面求稳。他表示，求稳，是很难出重大创新成果的。

而利达包装亦用自身的发展印证了这一点。“创新要敢去做。失败会有，但不能气馁，要一直走下去。当然，这也需要超前的眼光和专业的研发队伍作为支撑，这两点很关键。”利达包装董事长陈干才说，“人无我有，人有我优，人优我先，企业在市场上就可以立于不败。”

新润成陶瓷：引领仿古砖变潮流爆款

艺宿柔光、独白之境，万物森长、岩城灵感……这些富有文艺气息的名字，都是广东新润成陶瓷有限公司（下称“新润成”）的产品，它们都归在了同一个品类——现代仿古砖。

成立于1998年的南海企业新润成，是全国专业生产陶瓷墙地砖的现代化企业，拥有近50万平方米的现代化花园式生产基地，在全国布局了1000多个销售网点，产品远销全球72个国家和地区。从2017年推出现代仿古砖品牌“帕诺特”起到现在，新润成所生产的现代仿古砖销量已经位居全国前三，成为“潮流爆款”。

为了不断提高现代仿古砖的技术含量，新润成还设立了专门研究现代艺术仿古砖的实验室，配备了全球范围内最为先进的实验器材以及提供充足的科研经费，让研发人员能够在实验室里迸发灵感，提升产业的创新能力和技术含量。“我们企业20多年的发展印证了一个道理，就是用心做好每一块砖，让产品为我们说话。”新润成总经理关伟洪说。

瞄准新生代
从源头构建品牌运营体系

现代仿古砖，是近年来在陶瓷界颇为流行的产品在全球最知名的陶瓷展会——意大利博洛尼亚展上，都能看到它的身影。它大多以黑白色调为主，有一种简单的“文艺范儿”，“可以说，现代仿古砖的风格，非常符合当下‘80后’‘90后’的审美品位。”关伟洪说。

在“80后”“90后”已经逐渐成为全球家装市场消费主力的当下，新润成也希望以现代仿古砖为切入口，满足新生代的审美需求。早在2010年，新润成就开始

新润成仿古砖效果展示

布局现代仿古砖的研发与生产工作，但直到2017年才正式推出系列产品。

“我们不是单纯地生产瓷砖然后去卖瓷砖，而是用系统化、品牌化的思维来做产品，从源头树立品牌意识。”新润成市场部经理温奕辉介绍，不同于以往的陶瓷生产方式，新润成对于现代仿古砖的生产是一种全系统生产——先调研再立项，先分析再开发，公司上下从战略定位到产品规划，到工艺创新，再到展示设计、产品应用等方面都全力参与，并与行业顶尖的产品全案公司进行合作，从一开始就为现代仿古砖竖起了品牌，建立了完善的运营体系。

“从2016年开始立项，到2017年5月正式发布，新润成前后花费一年多的时间才完成了有关现代仿古砖品牌的构建。”温奕辉说，“我们是想要达到两个目的，第一个，这个产品是有艺术性的，是能够为消费者带来美的享受的；第二个，这个产品是实用的，是能够为现代家居装饰添光彩的。”

新润成为这一现代仿古砖取了一个洋名字：帕诺特。温奕辉介绍，这一品牌源自英文Palette，即“调色板”的意思。“画家绘画离不开调色板，这是他们创作的灵感源泉，我们也借此来寓意品牌及产品的独特艺术性与创造能力。”温奕辉说。

画家的灵感要通过不断的绘画去实践，而新润成对现代仿古砖的设计灵感则是通过提高研发能力去实现。关伟洪介绍，目前公司已经成立了专门研究现代艺术仿古砖的实验室，同时配备了全球范围内最为先进的实验器材，并给予了实验室上千万元启动资金用以进行研发，同时充分保障实验室的科研经费，让科研人员可以毫无顾虑地钻研新技术和新产品。“我们也正在打造陶瓷行业内拥有自主产品科研实验室的标杆，并希望借此让新润成成为国内领先的现代仿古砖产品的前沿基地。”关伟洪说。

七年磨一剑
瓷砖用品质为企业代言

陶瓷行业竞争的激烈程度，可以用“白热化”来形容。但是新润成却用了7年时间去打磨一个全新的品牌，“七年磨一剑”的定力何在？“我们企业20多年的发展印证了一个道理，就是用心做好每一块砖，让产品为我们说话。”关伟洪说。

成立于1998年的南海企业新润成，是一家专业生产陶瓷墙地砖的现代化企业，拥有近50万平方米的现代化花园式生产基地，在全国布局了1000多个销售网点，产品远销全球72个国家和地区。

早在10年前，新润成全部的生产线就已经实现了设备智能化，率先走上了智能制造之路，并参与制定了墙地砖国家标准。新润成同时也是国家标准——《陶瓷砖防滑性等级评价》的起草单位之一，后者预计在2020年7月份正式实施。

关伟洪介绍，新润成内部实行卓越绩效管理体系，建立了比欧洲标准和国家标准更为严格的企业内控标准，每一块砖的出炉都需要经过380道工序。凭借着好产品和好质量，新润成在2016年就获得了首届南海区政府质量奖，这也意味着它所构建的质量管理体系已经获得了认可。

也是由于对品质的严格把控，新润成的陶瓷出口量一直位列佛山陶瓷企业前三，而它生产的“中白砖”，至今仍是市场上的长青款。这款产品的一度折戟，更让新润成认定，企业要发展，就要咬住质量关，绝不放松。

2010年，新润成推出一款中白砖产品，白度超越了以往国内市场所有的白色砖，受到行业瞩目，新润成也对它寄予厚望，计划分配60%的产能，专门生产该产品，把它打造成市场上的畅销货。

但是，中白砖在投入市场不久后，却遭遇了大面积的退货。新润成通过质量整改发现，中白砖在注重美观性的同时，却没有提升其防污性，装修期间水泥等材料的洒漏、重压，都会对它造成不可逆转的污染。

顶着大范围投诉、退货的压力，新润成赔偿了所有的损失，同时中白砖生产线停产了3个月，进行技术再研发。在研发的过程中，新润成企业质检全部模拟施工现场进行破坏性测试，并且将所有的产品进行严格分级，不允许不合格的产品流入市场。一轮高强度的自改之后，中白砖再度面世，至今仍是同类瓷砖中的销量主力军。

调研手记

有备而来 才能首吃“螃蟹”

人们常用“第一个吃螃蟹的人”，去形容那些敢于抓住机会、敢于开拓创新的勇者。而在瞬息万变的市场上，代表着机会的“螃蟹”天天都有，敢于吃螃蟹的人也有，但是能够真正吃下的人并不多，其中一个重要原因，就在于是否有准备。

对国内的陶瓷行业来说，十几年前，现代仿古砖就是一只“螃蟹”。这种简约中带点小文艺的风格，与当时流行的欧式华丽风大相径庭。吃不吃它，是当时许多陶瓷企业的共同疑问。

吃不吃？要从现象看本质。现代仿古砖体现的消费趋势，是一种“自我”。新生代的“80后”和“90后”更加注重自我认同感，“我喜不喜欢”“我舒不舒服”比起“别人喜不喜欢”“别人舒不舒服”更重要。因此，当“80后”“90后”逐渐成为全球家装市场的消费主力时，这种有着“自我”味道的砖品，也就开始大行其道了。新润成从2010年起布局现代仿古砖的产品生产线，也正是基于这一判断。

决定吃之后，要怎么吃？新润成选择了“有备而吃”。以往的陶瓷生产节奏，是市场流行什么，企业就生产什么，而企业生产什么，经销商就卖什么，买卖与品牌和运营体系是脱节的。而新润成从2016年开始立项，到2017年5月正式发布，公司上下从战略定位到产品规划，到工艺创新，再到展示设计、产品应用等方面都全力参与，并与行业顶尖的产品全案公司进行合作，从一开始就为现代仿古砖竖起了品牌，建立了完善的运营体系，让整个体系为买卖服务，也为买卖增值。

“螃蟹”是机会，机会始终是留给有准备的人的。摸清市场规律，打有准备的仗，是新润成能把现代仿古砖这一当下竞争最为激烈的品种做到全国销量前三的法宝之一，它也为众多怀揣勇气、敢于向前的创业者提供了可复制可借鉴的宝贵经验。

新飞材料：把每一次“随手撕”做到极致

对于许多人来说，“离型纸”是一个陌生的概念。但是，撕开婴儿纸尿片或者女性卫生巾上的“贴纸”，却是许多人都有的生活经历。事实上，从纸尿片或者卫生巾上撕下来的那片白白的、薄薄的小纸条，就叫作“离型纸”。而坐落在佛山市南海区丹灶镇的佛山市新飞卫生材料有限公司（下称“新飞材料”），就是中国规模最大、产品最齐全的妇幼卫生用品行业离型材料的供应商，2017—2019 年卫生用品离型行业产量和销售量在国内同行业中均排名全国第一。

消费者随手撕开纸尿片上的小纸条，用时可能不需要一秒钟。但在这短短的一秒钟背后，却大有门道。

“我们对离型纸的要求很高，就是为了使顾客更轻松地将离型纸撕开。”新飞材料总经理柏云说，从 1995 年成立至今，新飞材料就专注做好一件事，那就是不断提升离型纸的工艺水平，让每一张小纸条都能够被更顺畅、更迅速地撕下来。也正因如此，25 年来，新飞材料所生产的离型纸产品标准差错率一直为 0。

严控品质
杜绝污染物进入生产车间

戴上蓝色隔尘帽，穿上白色大褂，还要套上厚厚的脚套……作为卫生用品的生产商，新飞材料首先在生产环境上就颇有讲究——来访者在走进新飞卫生材料的生产车间之前，首先要穿戴好统一的服装，然后要进入一个密闭的小房间里，被强风从身前和身后都密集“吹”一番，经过这两道，才能正式踏入车间。“这些措施都是为了隔离灰尘。”柏云说。

事实上，保证生产车间的洁净并主大限度确保车间的“无尘度”，最重要的是

新飞材料是中国规模最大、产品最齐全的妇幼卫生用品行业离型材料的供应商

为了保证离型纸的清洁度。“离型纸是由涂有防粘物质的纸制成的，表面无灰尘、无残留，是一张离型纸最基本的‘修养’。而作为卫生用的离型纸，对无尘化的要求就更加严格了，因此我们要从生产源头上杜绝污染物进入生产车间。”柏云说。

据了解，新飞材料对生产车间已经全部实行无菌全封闭管理，生产现场无蚊、无蝇、无虫。除此之外，该公司还配备了国内先进的恒温恒湿实验室、微检室，还从德国引进脱硅、污点、蚊虫等纸面缺陷识别检测系统等检测设备。目前，新飞材料已经通过了 ISO 9001：2008 质量体系认证、ISO 14000 环境质量体系认证，并获得了美国 FDA（食品药品监督管理局）认证以及通过了欧盟 REACH（化学品注册、评估、许可和限制）相关法规标准的检测。

走进生产车间，一部部离型纸涂布机正在高速运转。“这是一台线速高达 500m/min 的双涂高速设备，这也就意味着每一分钟可涂 500 米的原纸。”柏云介绍，如此高配速的双涂高速设备，其性能在整个离型纸生产行业内都是领先的，而新飞材料一共拥有两台这样的设备，为公司大批量生产标准化的离型纸夯实了基础。

截至 2020 年，新飞材料是中国规模最大、产品最齐全的妇幼卫生用品行业离型材料的供应商。除了佛山外，新飞材料还拥有泉州生产基地，现有员工 500 多人，有离型纸、离型膜、离型布、流延膜、复合布生产线 60 余条。

追求极致
零差错率背后的配方优化

考量一张离型纸的能耐，除了看清洁度之外，也要看离型度和剥离度。所谓离型度，就是看撕得顺不顺利，而剥离度，就是看撕得干不干净。而这两个重要指标的表现力，都跟离型纸的涂料工艺息息相关。

新飞材料副总经理柏胤雷介绍，一张离型纸的诞生，要经过两道主要工序，"第一个是涂胶，就是在原生纸张涂一层薄薄的胶水，第二个工序是涂硅，就是把硅油涂在已经涂胶的纸张上，形成硅油层，从而让纸张具有防粘、离型的功效"。

离型纸的这两道生产工序，其实与女性的化妆顺序有些相似。"打个比方，这就像是一位姑娘化妆，首先她要涂个隔离霜，这样皮肤会变得光滑一些，然后她就再上一层粉底，皮肤就显得更好了。"柏云说。

隔离霜和粉底的配方不同，对女性肌肤的呈现效果也会不一样。同理，胶水和硅油配方上的差别，也会影响一张离型纸最终的表现——是否具有离型力，撕开后是否无粘连、无残留。

"现在，对于一个涂料配方，我们往往就是较劲那零点零一零二的投放比例。因为失之毫厘，谬以千里，哪怕是一点点的变动，就会给产品的呈现效果带来不可控的影响。"柏云表示，从 1995 年公司成立至今，新飞材料就坚持要让每一张纸都能被好好撕开。她介绍，25 年来，新飞材料所生产的离型纸，出现撕不开、撕不净的标准差错率为 0。

这个"0"的背后，是新飞材料持续不断的科研投入。据了解，2017 年新飞材料关于离型纸的研发投入占全公司总销售额的 4.3%，到了 2018 年这一数据已经上升至 5.2%。在企业研发需求的推动下，新飞材料还建立了佛山市高性能环保型卫生用品离型纸工程技术研究中心，并先后获得 10 项有关离型纸工艺改进的实用新型专利。

居安思危
行业龙头挺进更广阔的市场

现有的卫生用品用离型纸国家标准，为卫生巾、纸尿片等一次性卫生用品用离型纸的生产提供了最权威和最规范的生产标准。而这一国家标准的起草人之一，就是新飞材料。这也从侧面印证了新飞材料在国内离型纸行业的龙头地位。

据统计，2017—2019年，新飞材料卫生用品离型行业产量和销售量在国内同行业中均排名全国第一。但是，新飞材料却依然有强烈的危机感。

“妇幼用品市场是我们生产销售的主阵地。但是，这几年来国内妇幼用品的市场竞争已经逐渐趋缓，市场份额也比较稳定，我们的生产和销售要在这里获得更明显的提升，难度很大了。”柏云说。

与日渐放缓发展脚步的妇幼用品市场不同，诸如食品、办公用品以及医疗用品等行业对离型纸的需求还远远没有得到满足。来自全球包装、纸张和印刷业供应链管理行业龙头 Smithers Pira 集团的研究报告指出，包括离型纸等在内的特种纸在亚洲市场的年增长率将达到3.8%，其中医疗用纸等品类的增长率可以达到4.5%。

新飞材料也把继续前进的目光瞄准在了这些行业。“目前，新飞材料的主营业务还是以卫生材料行业为主，比如通用的离型纸和离型膜、离型布，还有卫生巾和婴儿纸尿裤上的底膜，但是公司正在逐渐拓展食品、医疗行业用离型材料，比如烘焙纸、糖果包装纸、医用创可贴、膏药用离型纸等。”

万变不离其宗。新飞材料的发展领域正在横向不断拓宽，但是对离型纸的纵向钻研并没有停止。柏胤雷介绍，继成功推出带有立体图案、水印图案、彩色和无溶剂超薄离型纸产品后，新飞材料也加强了与离型纸原纸厂家的战略合作，并已经共同研发推出了定量低至29 g/m^2 的离型纸。“通用的离型纸厚度区间可以从50 g/m^2 到200 g/m^2，能够低于50 g/m^2 就已经称得上是超薄了，而能够做到29 g/m^2 的难度很大，意味着从原材料到配方工艺都需要有非常大的技术改进。”柏胤雷说。

调研手记

有恒心的企业让人心生敬意

只要功夫深，铁杵磨成针——这是我们从小就习得的道理，告诉我们做事只要持之以恒，再难的事情都能做得到。而对于新飞材料，这家已经成立了25年的南海企业来说，它的恒心就在于如何把“随手撕”的体验做到极致。

对消费者来说，“随手撕”是件小事。因为，撕开一张纸很简单，大拇指和食指轻轻一拈，不用一秒钟就能完成这个动作。哪怕偶尔会遇上撕不顺畅、撕不干净的情况，但因为纸张面积很小，纸张的作用也不算很大，这种情况一般也不会对消费者的日常生活造成太大的负面影响。

而对新飞材料来说，“随手撕”是件大事。因为撕得顺不顺、好不好、净不净，直接体现的就是自家产品的质量好坏。一时的质量好，容易保证，但是要一直质量好，没有“铁杵磨成针”的恒心，是做不到的。新飞材料成立25年，“随手撕”的标准差错率为0，这就是企业对自家产品严格把控的结果。

而这个“0”背后所展现出来的企业力量，也让人心生敬意——把消费者的每一次“随手撕”都当成是对自家产品的检验，既是对消费者的尊重，也是对自己的尊重，因为，于毫厘之间的随手顺畅一撕，在日积月累后，终会成为企业安身立命的资本，那就是信誉与口碑。

新怡内衣：负氧离子文胸市占率全国前三

绿色圆柱体、小巧又别致、清新又时尚……原来，这是一款文胸的外包装。盒子内装的是健康养护型内衣——负氧离子养护文胸。每天，这种文胸从广东新怡内衣集团有限公司（下称“新怡内衣”）生产车间生产出来后，会被送往国内各大城市的3000多家专卖店和连锁店中销售。

小小的文胸，带给消费者的是一种全新体验，同时传递出的是健康理念。新怡内衣的负氧离子养护文胸产品上市后被越来越多女性青睐，市场占有率居该类产品的全国前三位。

已有30多年历史的新怡内衣，如今发展成了年产值数亿元、年纳税超千万元的大型内衣企业。产品销售不但覆盖了全国所有区域，还出口欧美、东南亚等地。“我们的自主品牌上市已经有20年，拥有一大批忠实的消费者。对于企业而言，已不是追求量的扩张，而是更注重高质量发展。”新怡内衣副总裁赖加堂说，“我们希望给消费者提供更环保、舒适的产品，同时，也给她们带去健康的理念。”

为健康护航
一件文胸的升级之路

“近几年，我们研发的新产品主要围绕新型、健康、保健内衣方向。”赖加堂说，“负氧离子、智能型、按摩型文胸等新产品均已上市。”

新怡内衣旗下拥有依曼丽、莎莲妮、霏缦、雅歌莉4个自主品牌，3000多家专卖店和连锁店遍布全国各大中小城市。走进实体店，消费者能享受更多的体验感。

赖加堂说，消费者对健康概念的理解越来越深入，大家对健康的需求也越来越高。内衣作为女性的第二层肌肤，被注入了更多的健康需求。在材质、款式、美观度之外，健康也占据了重要位置，因此，负氧离子养护文胸应运而生。

在传统常规内衣统治国内主流消费市场的情况下，经过两年多的研发才走入市场的负氧离子养护文胸，一上市便受到消费者的青睐。仅2019年，新怡内衣的负氧离子养护文胸单品销售额就达到数千万元，市场占有率居该类产品的全国前三位。

赖加堂说，负氧离子养护文胸是应用科学先进的独创工艺，将天然矿物质负离子粉植入模杯，释放负氧离子与远红外线，科学预防乳腺疾病，为乳房健康打造一道防护线。

“我们给消费者带来的是一种健康理念。”他说。

市场上功能型的保健内衣品类繁多，质量如何却难以判断。“针对负离子养护文胸，我们有一个专门的高端品牌——霏缦。在门店购买负氧离子养护文胸的消费者是可以亲眼看到负氧离子含量测试结果的。”赖加堂说，“仅仅是在文胸内植入天然矿物质负离子粉这一项，就需要研发人员攻克许多难关。”

产品注入科技元素的全新思维令新怡内衣的销售额稳步提升。2019年自主品牌销售额比2018年增长了近20%。

转变传统思维
以科技驱动高质量发展

“近几年我们一直在思考一个问题：传统劳动力密集型企业转型升级的路径到底在哪里？”赖加堂说，经过一系列的探索，新怡内衣决定走一条以科技创新驱动发展之路。近3年来，新怡内衣投入技术研发资金3000多万元，同时对传统生产工艺进行技术升级、技术改造。

目前，新怡内衣已经取得20多项内部技术改造成果，引进了力克全自动裁床、自动暗缝机、自动定型机等先进设备，提升了生产效能，大大提高了企业竞争力。“未来5年，我们计划再投入数百万元进行设备更新和技术改造。”赖加堂说，“一定要有颠覆式的思维，不能仅仅局限于文胸就是缝纫机手工车出来的这种传统思维。”

在赖加堂看来，近年来新怡内衣的产品能不断提高产品科技含量、附加值，得益于集团成立的企业技术创新中心。该中心统筹公司技术创新活动与资源，直接服务于公司决策层，协助决策层制定符合公司发展战略的创新与技术决策，同时拥有

新怡内衣的生产车间

各种先进的办公设备及设计开发、试验、测试场地，达到国内先进水平。

在创新团队的努力下，目前新怡内衣申请专利共67件，已授权43件，分别为国家发明专利1件、实用新型专利22件、外观专利20件；拥有3项软件著作权。研发的“舒适透气抹胸内衣”“高透气无钢圈文胸”“负离子芳香型保健文胸”“负离子养护文胸”“透气塑形保健文胸”“无钢圈塑形文胸”6款产品分别于2017年、2018年获得广东省高新技术产品认证。

科技创新的一系列成果也令新怡内衣先后获得了“广东省省级企业技术中心”“佛山市市级企业技术中心”“广东省科技型中小型企业”“佛山市工程技术研究中心”等荣誉。2019年，新怡集团旗下全资子公司广东新怡内衣科技有限公司也成为“国家高新技术企业”。

“内衣行业市场需求变化快，技术更新快，稍不留神就可能‘掉队’。”赖加堂说。新怡内衣拥有先进的生产及检测设备1000多台（套），年生产能力数百万件，并将现代管理理念与内衣企业管理特性紧密结合，建立了完善的具有新怡特色的管理体系。根据不同阶段发展要求，科学配置资源，优化运营。

“企业要持续健康发展首先是要有科技创新；其次是管理创新。但是，最核心是机制创新。有好的机制，就能吸引好的人才、好的技术。而管理创新就是要不断有新的理论、新的方法、新的工具引入企业。”赖加堂说。

提高自身要求
做标准先行者引领行业

近年来，我国内衣行业发展迅速，生产企业近万家，主要集中在珠三角、长三角等产业聚集区域，已成为全球内衣产业增长最快的地区之一。新怡内衣紧跟国内外市场发展动态，以市场为起点及最终目标，开展了产品全生命周期管理。

“我们从产品战略、产品市场、产品需求、产品规划、产品开发等到产品市场生命周期都进行有效的管理。”新怡内衣总裁办副主任陈可剑介绍说，新怡内衣注重品牌质量的提升，在设计开发管理、生产管理、质量管理及品牌管理等方面下功夫，并逐步改善影响产品质量的各个环节。同时，还通过品牌战略提升公司的品牌知名度。目前，市场营销网络遍及世界多个国家及地区。

然而，仅仅是在科技、管理、制度上的创新还远远不够。

新怡内衣不断挖掘企业的标准化潜力，积极参与国家级标准的制定，进一步提升了企业竞争力。新怡内衣希望借助标准这一全球“通用语言”，成为行业话语权的主导者。

“我们参与制定（修订）《文胸》《针织泳装》等近20项国家标准和行业标准。”赖加堂说，“要成为标准领跑者，我们的产品就要优于国家标准要求，从而才能拉开与其他企业的距离。”

参与多项标准的制定，填补国内和行业的空白，对于新怡内衣来说，是要做到引领，而不是跟随。只有不断发挥引领的作用才能够保持自身的优势。

“参与标准制定还让我们更便于与同行间的交流。比如我们申请的中国环保产品（CQC）认证，需要做生态纺织品的检测，它的指标比国标多2—3倍。内衣的材料中是否含有除草剂、杀虫剂、重金属、化学物等都可以检测出来。”赖加堂说，“这些严苛的指标限制，对我们技术的提升有很大的帮助，同时，我们也提高了对供应商的要求。只有不断提高对自身的要求，我们才能走在行业前列。”

调研手记

以差异化品牌策略抢占行业制高点

近年来，国内各大内衣品牌强势角逐，同质化的产品已经在市场上逐渐饱和，为此，各大品牌都在不断寻求突破，令内衣界的竞争显得激烈。那么，如何才能另辟蹊径，赢得市场？

不少企业通过差异化的品牌策略来满足消费者多元化、个性化的需求。

正如《2018—2023年中国女士内衣行业市场前瞻与投资规划分析报告》中指出的，女性内衣细分化趋势更明显，内衣市场针对不同消费群体进行市场细分会是未来的发展趋势。

新怡内衣紧跟内衣行业的发展趋势，运用科技的力量研发出符合市场需求的养护产品，从而拥有了较好的市场占有率。然而，新怡内衣并没有满足只是跟随行业趋势，在他们看来，更重要的是充分利用知识产权和核心专利来促进企业创新、创造，让企业驶入高质量发展的“快车道”。同时，新怡内衣积极参与国家标准、行业标准的制定，拥有了标准制定的话语权，从而抢占行业发展的制高点。

澳舒健：
把冷门市场做热 成公共座椅行业龙头

2019年12月初，佛山市澳舒健家具制造有限公司（下称“澳舒健”）的工人们忙着将仓库中约2万个座位的公共座椅打包、装柜，这批公共座椅将被安装到印度的70多个机场。

对于澳舒健的工人们来说，这样的繁忙场景并不陌生。位于南海区九江镇的澳舒健，经过近20年的发展，产能达到年产公共座椅超150万张，公共座椅产品进入了重庆江北国际机场、尼日利亚机场、广州东站、北京南站等众多国内外大型公共项目。

“我们的产能在行业内能够进入国内前三。”澳舒健董事长温伟雄说，公共座椅是一个非常冷门的细分领域，澳舒健经过多年的发展，已经拥有了先进的公共座椅生产线和稳定的人才团队，下一步的目标是成为具有国际竞争力的公共座椅制造商。

内功为王
以综合优势拿下国际大订单

对于澳舒健来说，拿下这张供应印度机场的公共座椅大订单并不简单，当时一起竞争的还有来自德国、加拿大、英国、意大利的四家外国同行企业，澳舒健是当时唯一参与竞争的中国企业。

“参与竞标大型公共项目，其实考察的不仅仅是产品，客户更看重的是供应商的综合实力。”温伟雄介绍，当时的竞标条件非常苛刻，印度客户需要澳舒健提供众多质量报告、过去数年的业绩证明、产品测试报告等。

澳舒健设计团队也在竞标的过程中不断与客户沟通，了解印度机场的设计理

澳舒健公共座椅产品进入了众多国内外大型公共项目

念，并将客户的需求融入设计改进方案中。

经过约 1 年时间的竞争，澳舒健最终凭借综合评分第一名获得了这张价值近亿元人民币的订单，在 2019 年 2 月收到了中标通知书。在接下来的 2 年时间里，澳舒健将继续向印度机场供应约 1 万个座位的公共座椅。

“印度这次竞标是我们以澳舒健的品牌主动走出去与国外对手竞争，而不是通过中间人，获得的不仅仅是销售收入，企业品牌的名声也打响了。”澳舒健相关负责人介绍，目前，澳舒健的公共座椅产品已经出口到全世界 80 多个国家和地区。

不仅仅是国际市场，澳舒健凭借强大的产能、新颖的款式和过硬的产品质量，也频频在国内市场大型公共项目中中标。

在广州东站的候车室内，来自四面八方的旅客疲惫时都可以在候车室里那一排排红色的候车椅上稍作休憩，这些红色候车椅就由澳舒健设计和生产。

与一般的公共座椅不同，澳舒健为广州东站设计的这批公共座椅在座椅中放置的是弹簧而不是铁板，大大提高了使用者的舒适度，但与此同时，内置弹簧的设计方案对座椅的原材料提出了更高的要求，需要更加有韧性。

温伟雄介绍，同行企业生产公共座椅使用的原材料，很多时候是低温搅拌生产出来的PU（聚氨酯）材料，虽然成本较低，但是均匀度和发酵水平都不太好，而澳舒健使用的是从荷兰一家企业进口的高温共聚物，成本虽然高了15%，但是原材料的稳定性和拉力性能都更为优秀。

“当时广州东站方面考察的角度有企业规模、过往业绩、出货时间和产品款式，对比了四五家企业之后，决定全部使用我们的产品来替代老款的候车椅。”温伟雄回忆，最终，广州东站采购了3000多个座位的澳舒健候车椅。

自主创新
投资500万元打造大型模具房

骤看之下，公共座椅并不是什么复杂的产品，但是如果走进澳舒健的生产车间，可以看到一排机械臂正在灵巧地对公共座椅零部件进行焊接，可见澳舒健生产线的智能化程度并不低。

从2010年起，澳舒健对厂房不断升级，先是引进了一批日本进口的机械臂。随后，在2014年，澳舒健投资500万元开始建设行业内领先的模具房，购置了数控机床等设备，使自身拥有了从设计到生产的全流程把控能力。

温伟雄介绍，因为机场公共座椅是一个非常冷门的领域，外界很难找到专业的设计团队，如果生产企业自身不具备相关的设计和生产能力，在面对客户的个性化需求时将受到许多限制。

在温伟雄看来，考虑到企业未来的长远可持续发展，澳舒健必须拥有自身的模具设计团队和相关生产设备，才能扭转在设计生产上受制于人的局面。

在购置模具房设备的同时，为了能够更高效地将企业对产品的构思落实到产品上，澳舒健也开始组建自身的研发团队，更以一年近百万元的高薪聘请了2位行业内资深工程师，负责产品的设计和生产。

“进军国际市场要求企业有自己的创新，这些都需要专门的研发团队去吸收经验和研发创新。”温伟雄说，随着模具房设备逐渐完备，澳舒健把两名工程师派到德国和日本的同行企业学习产品结构、设计理念、模具研发等知识。

目前，澳舒健拥有一支15人的研发团队，具备模具设计、模具打样、模具制造等能力，管理团队还不断在生产一线挖掘有潜力的技术工人，以师傅带徒弟的方式进行培训，在技术和职务上进行提升，形成技术骨干长效培养机制。

通过建设研发团队，澳舒健实现了对客户需求的快速响应。在客户提出需求后，澳舒健的设计团队能够在 48 小时内提供一个免费的设计方案并完成样品，10 天之内完成一个 40 尺高柜的产品。

实现了从设计到生产的全流程把控后，澳舒健的产品质量也提升到了一个新高度，相比同行普遍的 3 年质保期，澳舒健公共座椅的质保期达到 5 年。“我们不跟竞争对手拼价格，我们以质量和服务取胜。”温伟雄说，澳舒健在全国都有售后服务店，能够在 48 小时内对出现问题的产品进行免费维修或替换。

博采众长
对接国际优质设计资源

“澳舒健接下来要成为公共座椅领域的国际龙头企业。”温伟雄在谈及企业未来的发展目标时充满了信心，他认为，澳舒健在国内同行中已经达到综合实力前三的地位，在国际上也处于前列。

澳舒健正在积极与荷兰、加拿大、西班牙等国家的企业在设计资源上开展合作，由外国设计师提供系列产品设计方案，澳舒健则参与联合设计和负责生产制造环节。

“相比欧美企业，澳舒健拥有成本优势，以及强大的产品研发和开模制造能力，如果对接上外国的优质设计资源，将会大大提升企业的市场竞争力。”温伟雄说。

深耕传统公共座椅领域之外，澳舒健还入股了郑州有充智能科技有限公司（下称“有充智能”），双方合作共同研发充电智能座椅。

“有充智能希望能够将产品大规模应用在全国的公共项目，所以对合作企业的产能有着很高的要求。”温伟雄说，双方共同合作的第一款产品除了能够给手机充电外，还装有电子屏幕，可以显示航班信息、天气预报、城市旅游资讯等。

2018 年，澳舒健成立佛山市澳舒健医疗设备科技有限公司，开始整合资源进军医卫用家具领域，生产护士站台、医疗床等产品。

“随着中国经济社会的不断发展，会修建更多的医院，以满足人民的就医需求。”他说，越来越多的医院建设项目，意味着对医卫用家具的需求也在爆发式增长，澳舒健希望能够凭借自身生产优势，抓住这个机遇，助推企业业务的进一步发展。

调研手记

持之以恒　在平凡处做出不平凡

在机场、医院、火车站等公共场所，公共座椅是不起眼的一个组成部分，但却为路人在疲惫时提供了实实在在的倚靠。

南海公共座椅研发生产企业澳舒健，正是在这样一款平凡的产品上，做出了不平凡的成绩，产能进入全国前三，产品大规模进入全国众多大型公共项目。

走进澳舒健的生产车间，快速转动着进行焊接工序的机械臂，给人留下了深刻的印象，传统制造业变得不那么“传统”了；而更让人印象深刻的是，为了提升自身设计研发能力，澳舒健一掷千金投建大型先进模具房的魄力。

深耕平凡领域直至做出不平凡的成绩，这正是典型的制造业隐形冠军的成长之路。

在国内已经闯出一片天地的澳舒健，接下来的目标是：在国际市场上，凭借公共座椅产品，擦亮“中国制造”的品牌。我们可以相信，深耕公共座椅领域近20年的澳舒健，一旦将自身强大的制造能力与国外的设计资源成功对接，要实现成为国际行业龙头的目标并不困难。

承林家具：全网住宅家具连续10年销售冠军

25 秒，1 亿元。

相比 2018 年的“双 11”，佛山市承林家具有限公司（下称“承林家具”）旗下品牌林氏木业，在 2019 年“双 11”购物节中，快了 2 秒钟突破 1 亿元销售额，并凭借 24 小时内全渠道高达 9.8 亿元的销售额，连续 7 年成为天猫“双 11”住宅家具企业销量冠军。

除了 7 年天猫“双 11”住宅家具企业销量冠军外，林氏木业还有另外一个更耀眼的身份——连续 10 年全网住宅家具行业销售冠军。

经过 12 年的发展，这家从淘宝店起家的家居企业正不断探索新零售，以各种服务提高用户的消费体验，并凭借自建的庞大数据库设计出一款款爆款家具，受到大量年轻消费者的青睐。

“我们希望利用新零售和大数据为传统产业赋能。”林氏木业品牌总监李承泽说，承林家具将继续坚持创新驱动，为年轻消费者提供更优良的服务、更优质的产品。

做“年轻家具”
以“精置青年”为客户画像

缠绕着亮灯的圣诞树、巨大的毛绒玩偶、桌上精致的绿植……走进林氏木业总部，各种元素让来访者感觉自己来到的是一家充满青春气息的互联网企业，而不是家具企业。

2019 年，林氏木业通过分析消费者大数据，对自己的受众进行了用户画像，命名为“精置青年”。

带有互联网基因的林氏木业正在回归线下门店，以新零售为线下门店赋能

“精置青年”指的是，为追求更精致的居住空间生活方式而精打细算、精心布置的年轻人，年龄在25至35岁之间，居住在一至五线城市，他们不仅关注家具产品的性价比，还对家具产品的颜值有着多元化、个性化的要求。

“我们的目标是成为年轻人第一次购买家具的首选品牌。”李承泽说。

从林氏木业远超同行的迭代速度不难看出这点。每个月，林氏木业都会推出约225个全新的sku（库存保有单位），全年推出超过2700个sku，推出的产品系列超200个，除了常规家具外还研发出模块化床、麻将沙发、星空床等充满创意的单品。

如果仅仅是靠年轻化的产品线，或许并不足以将林氏木业推上天猫“双11”住宅家具企业销量冠军宝座。

在线上，林氏木业开展了全民花式“种草”为营销助力。在2019年10月21日至11月11日期间，推出31个短视频、28场直播和713篇优质种草清单，覆盖2360万人。

而在线下，林氏木业推出系列创意品牌活动，将家具与各种青春元素跨界融合，为品牌营销助力。例如，林氏木业曾在深圳大梅沙沙滩举行“鲨滩造乐节”，在沙滩上搭建了一个巨型鲨鱼头舞台，在舞台前摆上上百张沙发，邀请乐队进行现场演出，通过家具产品与音乐节潮流文化的跨界共融，展示林氏木业的品牌形象。

李承泽表示，林氏木业的员工平均年龄在26岁左右，本就是一支非常年轻、时尚的团队，希望凭借年轻的基因，为年轻消费者打造多元化的生活方式，企业的品牌定位也是成为年轻家具市场的引领者。

探路新零售
线下门店异军突起

作为一家带有互联网基因的企业，林氏木业正在回归线下门店，计划以新零售为线下门店赋能。

林氏木业线下门店在2019年“双11”所取得的成绩，印证了林氏木业决策的正确性。

当天，林氏木业的252家门店总业绩高达3.9亿元，单店最高销售额673万元，平均客单价过万元，业绩同比增长63%，仅用了10小时就超过了2017年“双11”全天的业绩。值得注意的是，很多消费者是在当天凌晨0时到3时这段时间，来到林氏木业的门店进行抢购。

对于线下门店所取得的优异销售成绩，李承泽并不感到意外。

他介绍，林氏木业线下门店都是新零售门店，很多客流都是通过线上引流到线下，消费者在新零售门店内也可以享受到线上同等的优惠，因此，在门店内现金收银会比较少，线上付款占了大多数，这样可以为消费者带来与线上一样甚至更好的消费体验。

“我们对优惠政策进行了简化，让‘双11’活动回归简单的购物。”李承泽说。

林氏木业之所以选择回归线下门店，并以新零售为其赋能，缘于家具销售的一个痛点。

很多消费者批量购买家具是既希望享受到线上的优惠价格，又对购买到的家具不放心，想到线下的门店看看、坐坐、闻闻，林氏木业正是通过线上渠道让消费者认识到林氏木业这个品牌，再引流到线下门店，有意识地让消费者到线下新零售门店购买家具。

林氏木业也正是凭着“五同”（即同产品、同质量、同价格、同活动、同服务），将线上线下打通，与同行拉开差距。林氏木业通过高效的数字化运营，在保证合作伙伴利益的情况下，压缩运营成本，让消费者不用承担线下运营成本溢价。

同时，林氏木业还在行业内率先提出“五包”（包长途运输、包同城配送、包上楼、包安装、包售后）服务，建立独立的“五包”系统，不断优化服务流程，提高服务效率，为客户做好一条龙服务。

截至2020年4月，林氏木业在全球已经拥有273家门店，月均开店10家，计划在2021年全球达到1000家门店。

数据赋能
大数据打造92%爆款率

作为一家互联网家具企业，制造环节已经不是林氏木业的重心，核心业务转变为研发、需求管理和品质把控。

从2015年开始，随着销售额逐年攀升，林氏木业开始自建数据库，将多年来积累的消费数据采集起来，进行大数据分析，帮助企业快速判断市场潮流风向，以数据反哺产品研发。

“我们是以做投资的心态来做产品研发。”李承泽说，依托多年来积累的消费数据，林氏木业可以通过建立分析模型，分析新产品的受众、成本、用料、功能等，并快速进行新产品的研发与生产。

林氏木业在产品研发时设定了92%的爆款率，要求新产品中92%要成为爆款。为此，林氏木业从发现市场需求，到正式把新产品研发完成并生产出来的周期压缩到30天以内，以确保产品实现快速周转，能够迎合消费者的最新需求。

李承泽认为，这也是林氏木业与大部分家具企业的不同点之一，很多家具企业在研发的时候会关注行业内正在流行生产什么产品，或者竞争对手又推出了什么新产品，而林氏木业时刻最关注的都是消费者的现实需求，这正是保持极高爆款率的秘诀之一。“了解消费者比了解竞争对手更重要。”他说。

而爆款频出的另一个秘诀则是林氏木业的高效生产协调能力。林氏木业与国内外的优秀生产供应商开展合作，由林氏木业进行研发，再由生产供应商进行生产。

李承泽认为，南海九江乃至整个佛山深厚的家具生产基础，使得林氏木业在初期能够快速对接上下游产业链的供应商，家具产业的集聚也为企业寻找专业人才带来了极大便利。现在，林氏木业的供应链合作伙伴已遍布全球。

“我们的供应链团队每年都在外面跑，哪里有优势我们就与哪里合作。”李承泽说。

接下来，林氏木业将在巩固线上优势和大力发展线下新零售体系的同时，开始将产品线从成品家具向全屋家具扩张，并计划与全球优秀供应商开展研发设计方面的合作，为消费者提供附加值更高的产品。

调研手记

得年轻者得未来

打开林氏木业的天猫旗舰店，一名妆容时尚的年轻模特从一条大锦鲤身上跃起，浓浓的青春气息溢出屏幕。

可以说，年轻，是林氏木业的关键词。

从一家淘宝夫妻店起家，林氏木业生来带有互联网基因。从2015年开始，林氏木业开始用积累的消费数据建立数据库，为产品研发提供数据支撑。在大数据加持下，林氏木业实现了92%的爆款率。

而在企业内部，年轻的管理团队避免了经验至上的管理方式，所有的决策都以数据为依据，让团队里的年轻人有了更广阔的创新空间。

得年轻者得未来，年轻的企业团队、年轻化的企业管理模式与年轻的消费群体产生了强烈的化学作用，使得该企业连续10年成为全网住宅家具行业销售冠军。

四

开放进发　走向全球

实达科技：全国最大的汽车应急启动电源电池生产企业

配料、自动涂布、连续辊压分切、全自动叠片，大电流充放电……一系列工序后，一批批用于汽车应急启动电源的超高倍率聚合物锂电池从佛山市实达科技有限公司（下称“实达科技”）的生产车间生产出来。经过严格全检测试后，这些电池产品将销往全球50多个国家。

别小看这些只比一部手机大一点的电池，它们可是汽车应急启动电源的最核心部件。电池容量和急速充放电性能往往决定着汽车应急启动电源启动的次数及循环使用时间的长短，它是衡量汽车应急启动电源好坏的重要标准。

随着社会的不断发展进步，汽车已成为人们最常见的一种代步工具，而汽车应急启动电源作为汽车用品行业实用性很强的一款产品，日益受到广大消费者青睐。

瞄准了这个庞大的市场，实达科技于2012年开始逐渐加大了汽车应急启动电源聚合物锂电池的研发与生产投入，凭借着不断的创新和出众的产品品质，迅速占领国内外市场。经过短短几年时间的发展，一跃成为全国产量最大的汽车应急启动电源电池生产企业，市场占比稳居全国第一。如今，实达科技还在不断提升自动化生产水平，每日的生产能力已达20万只。

找准定位
挖掘行业潜力，持续增加产能

实达科技生产的电池中，70%用于汽车应急启动电源。

汽车应急启动电源，顾名思义，它是一种多功能便携式移动电源，可以在汽车亏电时启动汽车。此外，还具备充气泵、户外照明、手机充电、应急呼救等功能。

汽车在低温或长时间未使用的情况下，电瓶常常会电力不足，导致汽车启动不

实达科技整洁有序的生产车间

起来。如果是在低温或者野外自驾游，汽车无法启动是一件危险的事情。此时，汽车应急启动电源就成为户外出行应急救援“神器”。

“2012 年开始我们逐渐加大研发投入与产线自动化升级，目前，启动电源电池已经成为我们占领市场的拳头产品。”实达科技常务副总经理吴爱深说。

创立于 1996 年的实达科技一直致力于研发、制造和销售镍氢电池和聚合物锂电池。产品广泛应用于各个行业，比如消费类电子、飞行类高端玩具、电动工具、电动自行车、储能系统等。吴爱深说：“在市场需求的推动下，我们依托原有的高倍率快速充放电技术优势，聚焦汽车应急启动电源这个领域。近几年市场需求剧增印证了我们预判的准确性。”

经过 20 多年的发展，中日韩等国已基本垄断了锂离子电池产业全球供应市场，那些投资几十亿元、几百亿元的巨头企业已经基本垄断全球锂动力电池市场、手机通信电池市场、储能电池市场等主要领域。随着动力电池行业集中度持续提升，市场份额进一步向头部企业聚集，竞争日趋激烈。作为规模尚小的民营科技企业，如何避开巨头们的锋芒，开辟优势阵地呢？在吴爱深看来，正是因为实达科技迅速调整研发和市场策略，独辟蹊径专注于汽车应急启动电源这个细分领域，才为企业赢得了生存空间，并顺利实现高速发展。

实力领跑
以过硬的品质笑傲全球市场

汽车应急启动电源这种多功能便携式移动电源市场在爆发式增长。在国外，特别是欧美等国家，对汽车应急启动电源的需求更是快速上升。而在国内，随着近年来自驾游的兴起，汽车应急启动电源市场需求量也在节节攀升。

“我们的产品主要出口美国、加拿大、欧洲、澳大利亚等国家和地区。比如在加拿大北方零下40摄氏度的严寒天气情况下汽车启动不了是常有的事。此时，汽车应急启动电源的存在显得尤为重要。”吴爱深说。

随着新能源产业的快速发展，在动力电池领域，锂离子电池作为绿色、环保的新能源电池，已经越来越多地出现在人们的生活中。实达科技的技术团队通过多年不懈努力，成功研发具有优异高倍率充放电性能、低制造成本的聚合物锂离子电池。凭借着过硬的品质，实达科技的品牌影响力也在增强，近几年来国际排名前三的公司均选择实达科技作为第一供应商。

“这两年我们企业快速发展，产值实现了翻番。”实达科技技术部经理王红梅说，“产品的品质和客户的口碑令我们的品牌知名度和美誉度在不断提升。”

实达科技2019年产销量约达4亿元。然而，在他们的生产车间里，并没有看到很多工人。这得益于企业持续的自动化改造。

“仅2018年，企业就投了6000万元用于设备改造。”王红梅说，“过去，一条生产线需要10—20名工人，但是，我们引进了自动化设备后，仅需要在生产线的前端和后端各安排一名工作人员就可以了。”

人力的投入在减少，但是生产效率却在不断提高。目前，实达科技拥有用于焊接的自动化生产线6条，另外4条生产线已在订制阶段。实达科技全面实施ISO 9001国际质量管理体系，关键工序由微电脑控制，大量采用进口优质原料并使用美国专利技术生产。

创新突破
多项专利提升企业核心竞争力

企业发展的原动力是创新，而创新的支撑一定是技术。实达科技每年的科研经费投入占年销售额的4.29%。每年千万元的投入也让实达科技享受到了科研创新的红利。

从1996年成立起，其就十分注重研发。在2009年经过广东省科技厅、广东省发改委和广东省经贸委联合审批，实达科技成立广东省高能电池工程技术研究开发中心，使其成为锂电行业中最早拥有省级工程中心的厂家。工程中心主要是研究开发新型高能环保电池，尤其是聚合物锂离子电池。此外还深入电能综合利用、电池废料以及废品的环保回收及循环利用的技术研究，形成了独特的竞争优势。有力地促进产品向低成本、高能量密度、高倍率、高安全性、长循环寿命的方向发展。

实达科技还拥有近百人的研发队伍，他们来自著名大学和研究机构，理论功底深厚、实践经验丰富，积极参与国际技术交流与合作并紧跟世界高能环保充电电池的发展潮流，不断推出高科技含量的新产品，更好地满足国内外客户的要求。

目前，实达科技拥有自主知识产权共34项，注册商标6个。“带辅极耳极片及带辅极耳极片的锂离子电池”等技术获得了国家知识产权局颁发的发明专利证书。“2019年，实达科技还有4—5项发明申请专利。”王红梅说。

此外，实达科技还通过与哈尔滨工业大学、上海航天电源研究所、广东工业大学等科研单位建立产学研合作关系，不但做好人才储备和技术储备，还为增强市场竞争力奠定了良好的科研基础。

目前，国内汽车应急启动电源行业仍然处于鱼龙混杂的原生状态，没有统一标准。有的企业是以仿冒或者低端产品来抢占市场，而实达科技率先制定了较高的企业标准，构建自己的护城河。吴爱深说，公司对每一款自主研发的产品都申请了专利，不断地研发、创新才能增强企业核心竞争力。

调研手记

用灵活思维与深耕精神开辟新天地

虽然国内锂电池的研发与生产已经有20多年发展史，但有些核心技术仍然无法突破，依旧掌握在外资企业手中，目前中国高端锂电池产品供应不足，低端产品产能过剩。有没有可能进入一些更先进的细分领域？在全新的领域，企业能否跟对手站在一条起跑线上，甚至实现弯道超车？

实达科技凭借着民营企业对市场的灵敏度，依托企业原有的优势，聚焦汽车应急启动电源这个细分行业，从默默无闻到行业的领跑者，实现了完美的逆袭，在没有人涉足的领域，率先开辟出新市场。

精准的定位让实达科技迅速占领市场，并实现了连续多年的销售增长。在明确自身定位后，实达科技对目标市场精准细分，提供个性化、多样化的产品和服务，靠拼技术、拼创新、拼质量和差异化发展赢得市场竞争优势。

作为行业的“先行者”，每一步都踏在无人涉足的地方，未知的困难与危险总是如影随形。这必然要求企业有更加宏大的视野和敏锐的市场洞察能力，有更加灵活的思维以攻克随时出现的各种难题，只有这样才能为企业开辟出美好的新天地。

宇森医疗：做“全世界最好卖”的根管治疗仪

有研究报告显示，中国口腔医疗服务需求目前总体处于快速增长和发展状态，近年来，中国从其他国家进口口腔医疗器械的数额显著增长。口腔专科医院与诊所数目的增加也促进了口腔医疗器械需求量的增加。

南海是佛山口腔医疗器械产业的重要集聚地，口腔医疗器械企业数量占全市近70%。其中，作为一家坚持以研发创新积聚发展优势的企业，佛山市宇森医疗器械有限公司（下称“宇森医疗”）是行业中的一个先锋。

宇森医疗研发生产多款口腔医疗器械，产品出口到美国、德国、意大利、法国、韩国、巴西、印度、土耳其、埃及等120多个国家和地区。其中，根管治疗仪在国产产品中占据近七成的市场份额，在海外市场则打破了以往日本产品对中东、南亚等区域的长期垄断，成为这些地区该类进口产品的最大供应商之一。

立志超越
做出“全世界最好卖”产品

根管治疗仪看起来并不起眼，但它小小的身躯里凝聚了宇森医疗人的不少智慧。例如，手柄是无线的，操作按钮只有三五个，握持舒适操作便捷；前端的小电钻不仅能双向旋转，还有报警功能，让治疗过程更安全。

在2017年3月举办的第22届华南国际口腔展上，宇森医疗推出的C-Smart-1Pro可边扩边测的根管治疗仪，一面市就十分畅销。

“国内根管治疗仪的市场此前一直被日本、德国、瑞士等国的国外企业垄断，后来被我们打破了，现在我们的竞争对手主要也就是这个领域内国外几家一流的企业。”据宇森医疗副总经理杨俊生介绍，该公司长期以来专注于牙科医疗产品的研发和设计，通过高额研发投入，2012年成功研发出广东省首台根管治疗仪，成为广东省首家、国内第二家获得根管治疗仪注册证的企业。

如今，宇森医疗自主研发的根管治疗仪已有10多款，在国产产品中占据近七成的市场份额，累计销售30多万台，累计销售额达9000多万元。“现在我们的根管治疗仪已经遍布全国，大到一线城市的知名大医院，小到地方的乡镇诊所，都用我们的产品。我们的根管治疗仪可以说是全世界最好卖的。”杨俊生说。

在海外市场，宇森医疗则打破了以往日本产品对中东、南亚等区域市场的长期垄断，成为这些地区该类进口产品的最大供应商之一，还成功打入德国、韩国、日本、美国等市场。

2018年，宇森医疗的根管治疗仪产品入选为“ChinaDay中国民族牙科品牌代表”，出征上海世博口腔展。

宇森医疗正从模仿走向超越。该企业不断改进根管治疗仪的设计，提升功能，例如把之前的脚踏式操作改为更便捷的手按式，委托专业公司开发更新颖的产品外观，让产品不仅看起来更美观，而且用起来也更便捷。“以前是我们向国外企业学习、模仿，现在慢慢开始反转了，有些日本的企业已经开始学我们了。”杨俊生说。

瞄准最优
为攻克技术难关换了4任总工程师

宇森医疗成立于2003年，十几年时间已发展成为一家专业从事牙科医疗设备研发、制造的综合型企业。

宇森医疗总经理郑永良说，早期企业主要做牙科椅的配件组装，为国外品牌贴牌生产。2004年，企业有了第一次大胆尝试：中国企业首次把牙科椅配件拿到国际口腔展会展览。

第一次走出国门，企业便受到国内外厂商关注，这让郑永良体会到了品牌的力量。从2005年开始，宇森医疗加大研发投入。目前，宇森医疗的研发团队已达30多人，每年均会推出6—8款新研发产品。除了根管治疗仪、牙根管长度测量仪等产品外，宇森医疗研发的牙科种植机也是行业中的标杆。

在过去很长一段时间，牙科种植机核心技术都被国外企业垄断，国内所用产品均须进口，宇森医疗为此专门开展研发攻关。在研发的4年里，实验室先后换了4名总工程师，最后引进了一名瑞士工程师才攻克技术难关，成为国内首家研发出牙

宇森医疗的生产车间

科种植机的企业，并于 2014 年 6 月获得国内首张注册证，实现了该产品技术国产“零”的突破。

郑永良说，该项新技术达到国际标准，但一台机器的价格还不到 2 万元，大大低于国外同类产品，这使得宇森医疗不仅打开了国内市场，连韩国等牙科机械产业发达的国家的客户也前来洽谈业务。

专注研发的宇森医疗也获得了国际巨头的青睐。全球最大的牙齿印模材料生产商意大利金玛克公司，在考察了德国、韩国等地企业后，最后选择了牵手宇森医疗，研发国际最新标准的牙齿印模材料搅拌机。

“传统搅拌机齿轮的寿命一般为 700 小时，而这项技术的产品寿命可以超过 7000 小时。”杨俊生说，从立项到研发，这个项目也经历了 4 年多，其间金玛克派出了工程师以及项目经理到宇森驻点办公，参与技术研发并跟进测量技术标准。“几乎每两个月他们就要从意大利飞到南海，然后金玛克一下子就在宇森下了几千台搅拌机的大单。”

走向全球
在海外打响公益培训品牌

从2012年4月至今，宇森医疗在全国各地举办现代根管治疗技术公益培训，例如北京、广州、重庆、成都、西安、海口、吉林、沈阳、佳木斯、昆明、天津、洛阳等地。2016年更将培训活动延伸到国外，如叙利亚、伊朗、埃及、马来西亚、印度、南非、缅甸、乌克兰等。

培训活动为口腔医疗器械生产商与医师的技术交流、产品技术研讨创造了互动平台，在全国乃至海外地区掀起现代根管治疗热潮，产品系列深深扎根于各地诊所医院，宇森医疗品牌在全球打响。

“以前企业的发展可能更多是模仿欧美和日本的龙头企业，未来要有突破，就要慢慢做到引领发展。”杨俊生认为，企业要创新发展，既要“走出去”也要“引进来”。除了和国外加强合作研发，宇森医疗还建立了国内实验室和研发中心，并与国内知名高校进行合作，加大研发投入，以期通过技术的研发提升来推动企业升级发展。

无论是从人口的数量、口腔疾病的普遍性，还是从牙医的市场需求状况、口腔产业和其他相关产业的联系、合作、互补性等方面考虑，随着人们经济生活、文化消费水平以及对口腔健康的认识的提高，我国的口腔医疗产业都是一个快速发展、具有巨大市场潜力的好产业。

宇森医疗计划以口腔医疗器械设备，包括牙科种植机、根管治疗仪、牙科手机三大类为主，扩建一支具有丰富研发经验的工程技术研发队伍，在专业上涵盖自动化工程、计算机、机电一体化、机械设计制造及其自动化学科，为公司技术创新活动提供人才保证和技术支撑；引进精密加工设备，提高设备、制造工艺和检测技术的水平，为技术创新创造良好的条件；与佛山科学技术学院口腔医学院、华西医科大学、广东机电职业技术学院、桂林电子科技大学等高等院校建立了长期的产学研合作关系，为产品研发提供技术支持。

调研手记

有技术有品牌才有市场

从17年前以贴牌生产起步，到国内首次把牙科椅配件拿到国际参展，再到近年来不断打破国外技术垄断填补国内空白，成为细分领域中的佼佼者，宇森医疗是佛山医疗机械行业转型升级的一个缩影。

多年来，广东省在口腔医疗设备产业上有着雄厚的基础优势。其中，佛山作为广东省口腔医疗器材的重要基地，以牙科综合治疗台和牙科手机为核心产品，市场份额占全国70%以上。但高端市场竞争力仍待提升的现实状况，却一直困扰着行业发展。

“现在中国牙科机械产品大部分差异小，企业往往会选择拼价格。大家都是‘拿来主义’，没有人敢于先尝试，导致领域里面有许多技术空白。”郑永良说，随着国内牙科门诊政策放开，中国迅速成为牙科医疗消费大国，面对现在新兴的庞大市场，企业如何突破和转型去分得市场大蛋糕，需要认真思考和面对。

而实际上，宇森医疗已经用行动给出了答案：要想突破就需要有创新，就必须通过技术研发推出更有市场竞争力的产品；依靠技术创新打响自主品牌，避免陷入恶性价格竞争，企业才有发展后劲。

蕾特汽配：从模具起步到全国汽车散热器出口冠军

佛山市南海区里水镇河村西紫工业园区内，货车进进出出，蕾特汽车配件有限公司（下称“蕾特汽配”）就坐落于此。每天，几百种型号的汽车配件从企业生产车间下线；每月，120个货柜经过货运、航运，驶向太平洋彼岸的北美地区。

据2018年国贸通大数据，蕾特汽配排名全国汽车散热器出口总额第一，产品在美国的卡车散热器的售后市场占有率超35%，在乘用车散热器市场占比高达15%。

从模具起步“半路出家”切入汽车维修行业，成立于2006年蕾特汽配完成了华丽转身，一跃成为全国汽车散热器出口总额排名第一的企业。凭借拳头产品，蕾特汽配逐步敲开了北美、欧洲、澳大利亚等地市场的大门，在世界舞台上收获更多认可。

主攻海外
拿下美国目标市场

在蕾特汽配生产车间，机器高速运转，高度智能化，鲜见工人作业。铝带被放进高频焊制管机内，经过旋转、压制，一分钟即可制作出长达120米的汽车散热器零部件。

如今，蕾特汽配每天可生产4000台乘用车散热器的产品量，年产能可达100万台以上。企业主打产品涵盖1500多款乘用车散热器，300多款重型卡车、客车等大型商用车散热器等。数据显示，2018年，蕾特汽配排名全国汽车散热器出口总额第一，在美国卡车散热器售后市场占有率超35%。

蕾特汽配在北美的市场占有率保持稳定，10多年来客户量每年保持增长。“美

蕾特汽配生产车间内的全自动装配机

国公路上跑的车，无论卡车还是轿车，配件坏了或到了保养期需要更换，我们的产品基本上都能满足需求。不仅如此，我们还可以根据客户需要定制开发产品。”蕾特汽配副总经理李耀聪说。

在多数人眼里，维修零部件的质量无法与原装产品相比。但在蕾特汽配总经理李永能看来，维修零部件需要百分百达标，才能保持车辆后续使用的性能。“新车落地时各方面性能是最好的，在使用一段时间后会出现问题。因此，维修零部件的安装替换要高于原有标准，才能保持车辆各方面的性能。”李永能说。

凭借产品的质量与客户的认可，如今，蕾特汽配在国内的产量排名全国前五。2018 年，企业营收为 4.2 亿元，纳税额 3472 万元；销售额 4.16 亿元，较 2017 年增长 27%。

除了扎根北美，蕾特汽配还在积极开发新的海外市场。李耀聪表示，目前，企业已针对欧洲市场开发了 100 多个型号，并正在协调如何进行产能扩张。

“半路出家”
技术逐步突破

鲜为人知的是，在进入汽车散热器领域前，李永能从事的是家电模具制造行业。“我父亲也是在机缘巧合下，通过一个美国客户牵线，转行做起了汽车散热器。因为当时客户提出要做一款产品，找了多家厂商无法实现，但我们做出来了。”李永能的儿子李耀聪说。

“半路出家”从零起步，要切入一个新的行业并非易事。蕾特汽配生产总监钟永佳2007年进入企业，几乎参与了大大小小产品研发的全过程。“每一步都是从多次尝试、多次失败中走过来的。在研发人员也没有涉及散热器领域研发的背景下，李总带着我们从产品的设计到模具制造，从原材料供应商到产品整个加工流程的建立，一步步突破。”钟永佳说。

找准了方向，自2006年成立起，蕾特汽配开始将大量时间投入模具制造。“整个产品是制作完成后整套出口，因此从模具到零配件到装配，全都由自己完成。”蕾特汽配副总经理袁熙说，企业光是为了研发产品而开模就有超1万套，另一方面，这也为企业从源头把控好质量关奠定了基础。

经过长期的研发投入，蕾特汽配完成了从模具制造到汽配生产的第一步。但随之而来的困难，是如何切入要求严苛的美国市场。

直到现在，李耀聪仍清晰地记得，2008年美国客户对蕾特汽配产品持怀疑态度的场景。“一开始客户都不敢用，担心中国产品质量没保证，直到后面我们发了整整两货柜产品给客户试用，慢慢地改变了他们的印象，企业才陆续接到了海外订单。”李耀聪说。

一年后，蕾特汽配拿到了质量管理体系TS 16949的认证。彼时，在汽车散热器行业，国内仅有四五家企业获此认证，而蕾特汽配是广东省首家获此认证的企业。

用品质敲开了美国市场大门，蕾特汽配还以更高的性价比、更完善的售后服务获得更多青睐。目前，蕾特汽配的大部分产品较美国当地产品便宜约25%。另外，蕾特汽配还建立了企业的销售团队，可提供包括售前、售后在内的系列服务。

稳定的出货量同样是市场开拓的重要保障。“如果车间内有充足的材料，客户下单后，最快7天可发货。”李耀聪说，同时，车间将进行滚动式生产，针对热销型号保障3个月的库存，并不断提升出货效率，满足客户的不同需求。

投资千万
设技术研究中心

持续不断的研发投入，严把生产线上每个环节的品质，让蕾特汽配逐步在激烈的市场竞争中站稳了脚跟。

为做好产品质量把控，蕾特汽配投入超千万元，设立了广东省汽车散热器工程技术研究中心，同时配备了先进的试制和检测检验设备，并建立了专用实验室。

国内厂商少有配备热系统热性能综合测试系统，蕾特汽配果断投资，建起了产品散热性能综合测试平台。借力该平台，蕾特汽配研发了高强高效散热水箱、铝塑重型大卡汽车散热器等一批拥有自主专利技术的高新技术产品，并获得了很好的效益。

在蕾特汽配的实验室里，各种汽配产品都必须经过严格的测试，包括疲劳测试、震动测试、模拟汽车驾驶环境测试等。由于实验室要不间断进行测试，光电费每个月就高达 10 多万元。

截至 2019 年年底，蕾特汽配共有科研人员 80 人，占总员工的 13%。经过多年的积累，蕾特汽配累计获得授权专利 48 项，且已通过高新技术产品认定 6 项。

借力高校力量加快产品研发，提升企业技术实力，是蕾特汽配的另一尝试。目前，蕾特汽配已与华南理工大学共建联合研发中心，共同推进大型巴士水箱散热器系统等项目，利用新工艺、自动化、智能化制造技术，不断提升产品生产效率。

华南理工大学机械与汽车工程学院研二学生王超于 2019 年 9 月来到蕾特汽配，将在企业开展为期一年的实习。“实际上，我在研一的时候就陆续与蕾特汽配有接触了，而实习的这一年我将常驻在企业。在车间一线更容易发现实际生产过程中存在的问题，更好地帮助企业解决。除了及时向导师汇报项目情况，我们每两周至少都要开一次报告会议，讨论近期的研究情况和进展。”王超说。

蕾特汽配对未来发展充满期待。“未来我们希望通过增资扩产，建设汽车发动机冷却模块及其零部件的智能化生产基地、新能源汽车热管理研发中心。”李耀聪说，同时，企业还将加大新产品的开发力度，用好的产品拓展更大的市场空间。

调研手记

坚守品质　每一步都是第一步

从做模具“半路出家”切入汽车维修行业，在14年发展历程中，蕾特汽配完成了华丽转身，在行业内持续领跑。在此过程中，离不开蕾特汽配掌门人李永能的果敢与坚守。

看似切入全新的领域，但对于蕾特汽配而言，实则是厚积薄发。凭借在模具行业超30年的技术积累，李永能带领研发团队泡在生产车间，将自己的优势不断放大，形成了从模具制造到产品生产、装配的全链条。国内大多数厂商不会将大量时间花在模具开发上，而蕾特汽配光是开模就有上万套，实现了从源头做好产品质量的把关。

找准方向只是第一步。对于蕾特汽配来说，一切都是从零起步，每走一步都是第一步。

为加快攻破产品研发难关，蕾特汽配从要求严苛的美国市场做起，用优质产品和服务改变了“刁钻”客户的刻板印象；持续加大创新投入，研发产品型号覆盖了美国市场大部分能见到的车辆型号，最终打开了广阔的市场。

坚守质量、自主创新的精神一直贯穿于蕾特汽配的发展历程，未曾中断。相信在不久的将来，低调务实的蕾特汽配会带来更多新产品，在世界舞台上迸发出更强的“南海力量”。

日东工具：
小小硬质合金圆锯片畅销全球

一块看似不起眼的锯片，竟能撬动上亿元的销售额。在广东日东工具有限公司（下称“日东工具”）的厂房，每个月有100万张硬质合金圆锯片销往全球，每年出口额达到2000多万美元。

与齿轮外形类似的锯片是电动工具以及机械设备中的一个配件，主要用于木制品加工，以及金属加工。从一块大的钢板再到一张巴掌大小的锯片，需要经过冲剪、热处理、平面磨、喷砂等多个流程。

1995年成立的日东工具，已经扎根硬质合金圆锯片领域20余年，产品品种达1400多种，产量在国内行业规模中排行前三。经过几十年耕耘，日东工具打开国际市场，与博世（BOSCH）、牧田（MAKITA）等国际知名公司确立合作关系，并成为他们的指定供应商，产品远销全球40多个国家和地区。

如今，根据市场需求的变化，日东工具产品开始由纯锯片延伸至家用电动工具领域。通过打通上下游产业链，日东工具从五金小作坊成长为行业翘楚，走出了一条市场突围之路。

放眼全球自主创新开拓海外市场

五金是南海典型的传统产业，也是一路推动南海经济发展的重要力量。但整个行业此前粗放增长，导致了同质化竞争严重、产能过剩等现象。所以，在成立之初，日东工具就将目光瞄准了海外市场。

看似简单的锯片，要立足海外市场，则需要不断的创新。日东工具生产总监陈城藩介绍，锯片属于消耗品，而锯片倘若磨损乃至掉齿，将很快报废。对于金属加工类的传统企业来说，锯片频繁出现问题，无疑会加剧企业的锯切成本，正常的生

日东工具的生产车间

产秩序也会受到影响。

“保障锯片在设备运行中保持稳定的转速，以及尽可能小的损耗和尽量低的噪音，需要强大的技术作为支撑。从怎样开槽到怎么开孔，这些都有讲究。”陈城藩说。

他坦言，在4000—8000转/分钟的高速旋转下，如果处理不好，不仅会让锯片磨损，还会对使用者造成危险。

那么，如何让锯片在操作中能又快又稳又静呢？诀窍藏于锯片一个个小小的齿中。

“因为我们用了国内比较先进的技术，能够保证在4000—8000转/分钟之下，以非常薄的程度，依然能保持它的垂直切割状况。”陈城藩表示，日东工具采用的合金齿，虽然角度很小，但在每个齿搭配和设计上都很考究，以保障产品在使用中的稳定性。

此外，在工艺设计上的区别，会使得产品切割的种类有很大不同。“像我们手头上这个是用来切木的片，它不能用来切金属，但是切金属的片如果设计得好则可以切木。从技术的角度来说，需要不断地实践和摸索才能做得好。”陈城藩介绍。

如今，日东工具每年投入研发费用不低于800万元，拥有新型高效率多功能金属切割锯片、新型长寿命人造板专用切割锯片等多项创新产品。其中，新型高效率多功能金属切割锯片通过高科技产品认定，兼有自然木材和人造板材通切的性能，更具有高效切割软金属和钢铁制品的优良性能。与同类产品相比，在切割铁板或角铁、钢管制品时，寿命延长2倍以上。

凭借不断创新，日东工具已经成为牧田、日立、博世、百德、欧文等世界知名电动工具品牌的供应商。

严格建立质量体系确保产品品质

从日东工具的出口额来看，欧美销售额占据其出口市场的七成。打入产品准入门槛高的欧美市场背后，除了创新技术以外，产品品质的保障也是重要的一环。

作为消耗品，锯片的市场需求巨大。“看到商机，一些企业使用低端材料降低成本，通过打价格战，抢占市场。但我们没有走这个方向，我们需要保持高品质，树立品牌口碑。”日东工具总经理曾倩怡说。

相比同行业的竞品，日东工具产品的价格高出20%—30%。尽管如此，日东工具也不愿牺牲品质来打价格战。曾倩怡说：“我们也可以做到和他们一样的售价，但我们不希望将自己的品牌做成低端。”

为保障产品质量，日东工具严格按照欧洲国际标准化组织制定的质量管理体系标准进行生产，每年两次内审，同时还要接受客户监督以及三方机构的审核。现公司产品已获得欧洲EN 847－1产品安全认证、标准化良好行为4A认证，以及二级计量保证体系认证。

“现在很多人买锯片，会根据品牌、产地来买，广东这边的产品获得了行业内的一致认可，因为他们相信广东企业产品的品质。”曾倩怡表示，短期来看，价格战可以抢占市场。但从长远来看，最终还是要以质取胜。

日东工具总经办主任曹昱透露，与其他公司不同，日东工具将质量体系的工作放在了总经办。“质量体系不是为了看的，是为了做的。总经办通过自上而下进行统筹，每周进行定点审核，及时给出改善措施，并要求立即整改，从源头上保障产品质量。”

正因为有产品质量保障，日东工具成为博世等世界500强企业在国内的第一大供应商，打开了海外中高端市场。

切入电动工具项目整合上下游

当下，大刀阔斧地挺进海外市场的日东工具也遇到了挑战。

自2008年金融危机以来，制造业受到巨大的挑战，锯片行业也受到重创。在国际市场，锯片的需求量开始萎缩，对产品的性价比要求严苛。同时，随着国内建筑行业和家具业的低迷，国内市场的需求量持续下滑，使得整个市场的竞争日趋激烈。

另一方面，随着劳动力成本上升，中国制造业的竞争力也受到影响，部分国内外企业开始向东南亚地区转移。一些企业由于技术力量薄弱、规模小、生产力落后被淘汰或受到挫折。在这样的背景下，如何在艰难的环境中生存和发展，是日东工具要思考和破解的问题。

为此，日东工具通过扩大生产规模、行业整合等，在增大现有产品市场份额和销售额的同时，开始引入电动工具项目。“硬质合金圆锯片拟于5年内将销售额提升至1亿元，电动工具项目则将在5年内销售额达到4亿元。”曾倩怡认为，电动工具在全球拥有很大的市场和潜能。引入电动工具项目，对公司进行上下游整合的战略具有重要意义。

目前，电动工具已广泛应用于建筑道路、住房装修、木业加工、金属加工等领域，并已进入家庭使用，是一种量大面广的机械化工具，正适合日东工具做进一步的产品延伸。

“我们生产的锯片可以作为电动工具的配套，大小规格都有，可以打通上下游产业链，卖配套产品。”陈城藩介绍。

为此，公司正计划将位于和桂工业园的单层仓库改建为九层的生产车间，并投入8000万元进行工程建造和设备购置等。预计该车间在投产5年后，硬质合金圆锯片的销售额可在现基础上增至1亿元，电动工具的销售额可达4亿元。

与此同时，日东工具还在进行机械设备自动化改造。2012年，日东工具一个车间最多达到200多人，如今一个车间只需要40多人。未来，自动化生产将在该公司全面铺开，进一步提升生产效率。

调研手记

以质取胜　打开海外中高端市场

随着五金行业市场竞争日益激烈，不少企业为了占领市场份额，纷纷降低成本以及产品定价，深陷价格战泥沼中。在五金产业发展初始，多数五金经销商都是一些小企业，主要以小作坊式的店铺为主，且店铺分散，品牌意识不强。

在这样的情况下，凭借完善的生产线以及高品质的产品，才能在同质化竞争中走出一条突围之路，也才能具备不打价格战的底气。

在成立之初，日东工具就走了一条与众不同的道路，坚持自主创新，严格按照国际质量标准体系进行生产，树立起品牌口碑。最终，凭借在锯片这一细分领域的不断创新和耕耘，打开海外中高端市场，出口份额挺进行业前三。

产品品质是产业高质量发展的内在需求，也是提升国际竞争力的重要保障。面对瞬息万变的国际形势，以及在日益高涨的生产成本压力下，日东工具依然不断增加研发投入，通过自动化设备改造提升生产效率，最终稳固了细分领域的龙头地位。

顺康达：“拐杖大王”挺进全域智能养老

一键便可自动折叠和展开的轮椅，可以进行GPS（全球定位系统）定位和报警的智能拐杖，服务半失能老人的床上洗浴设备……在佛山市顺康达医疗科技有限公司（下称“顺康达”）的展厅，陈列着一系列具有科技感的康复辅具和智能养老产品。这些产品销往世界各地，为老年人提供便利。

从为企业代工，到推出自主品牌，再到全域智能养老产品，顺康达董事长杨荣洪深耕医疗康复、护理器械行业已有30余年。顺康达旗下的拐杖类产品就已达80多种，远销海外50多个国家和地区，成为行业内的名副其实的“拐杖大王”。

如今，随着国内养老需求市场的兴起，杨荣洪的商业触角也逐渐从拐杖延伸至全域智能养老产品。

“养老产业将在2025年迎来风口。我们的愿景是希望老人活得更有尊严。”杨荣洪透露，2016年，顺康达投入1500万元进行研发，目前40多款养老智能产品已经落地。

从代工生产到创立自主品牌

20世纪90年代初，杨荣洪在南海区一家飞行风扇厂工作。一次出国旅行中，他目睹了欧美国家在医疗康复、护理器械上的发展，轮椅、拐杖等康复辅具已在老人群体中广泛使用。与之对应的是，国内的医疗康复器械、辅具市场还一片空白。

他察觉到，随着老龄人口增加，未来中国也必然迎来医疗康复、护理器械领域的风口。嗅到商机的杨荣洪毅然从工厂辞职，决定下海创业。1992年，他成为一名原始设备制造商（OEM），主要从事医疗辅具代工生产服务。

“客人把产品要求和品牌标识给我们，委托我们进行生产。然后，我们贴好牌，

顺康达携自主设计研发的产品亮相第六届中国国际老龄产业（广州）博览会

将产品销去海外。”杨荣洪回忆。从拐杖、轮椅、老人购物车，再到助行器、洗澡椅，杨荣洪积累了丰富的康复辅具制造经验。与此同时，他也在不断摸索产品的核心技术，为之后自主品牌的创立做准备。

凭借多年从事制造业的经验，以及南海良好的营商环境，杨荣洪公司的订单量稳步提升。积累了一定资金后，杨荣洪决定创立自己的品牌，开始走自主研发的道路。

2005 年，杨荣洪注册成立佛山市顺康达医疗科技有限公司，开始向国内外出售自主研发的产品。

事实上，相比代工生产，走自主品牌的道路更为艰辛。“公司成立第一年，完全是亏损状态。直到公司注册时的资金全部亏损完，董事会无法再提供资金时，我只能拿出自己 200 多万元积蓄，来维持公司运营。”杨荣洪表示，在创业初期，客户对于顺康达的产品还不是很信任，需要先发样品，经客户认可后才能收到定金，资金回笼速度慢。

直至 2008 年，顺康达终于熬过了艰难的“考核期”，凭借优良的产品质量在客户中树起了口碑，逐渐打开了国外市场。与此同时，其销售额也迎来了一场历史性的爆发。2008 年，顺康达的销售额同比增长了 200%。其中，拐杖销售业绩尤为突出。

2010年，杨荣洪察觉到，国内养老产业已经兴起，他决定投入更大的精力在国内市场。“国内老年人群体对于使用轮椅、助行器、座便椅等的接受度在提升，国内代理商们也开始对我们的产品有了兴趣。”他回忆。

如今，经过前期的发展，顺康达已经形成了拐杖、老年购物车、助行器、洗澡椅四类主打产品。其中，腋下拐杖这一细分领域的销售量和产量稳居国内前二。

凭借创新挺进高端市场

相比国内销售业绩，顺康达出口额更为突出，占公司销售总额80%。凭借种类齐全以及价格优势，顺康达逐渐在海外医疗康复器械领域站稳脚跟。

然而，在拓展海外市场的过程中，顺康达还是遇到了瓶颈。

“德国和日本对于产品质量要求极高。面对德国和日本客户，验货不过关的现象时有发生，这也倒逼我们不断提升产品质量。”杨荣洪说。为此，2016年，杨荣洪投入了1500万元研发费用扩充研发团队，组建了顺康达专业康复医疗技术研发中心，并建立起内部研发奖励机制，推动技术创新。

与此同时，顺康达从品质部、生产部、研发部挑选出骨干成员，组建为一个小组，专注于中高端产品的研发与生产，对于产品质量进行严格把控。并且，公司还成立了产品提升团队，旨在根据客户反馈的需求对产品不断优化。

在杨荣洪看来，价格战终究不是长久之计，精准判断消费者的痛点，研发出高质量的产品，才能推动企业的可持续发展。

为方便失能老人在床上洗浴，顺康达还研发了一款卧床活氧洗护机。使用该机器，老人无须离床，躺着就可以进行全身洗护，并可以及时观察老人的皮肤健康状态，有效预防老人褥疮。

值得一提的是，2019年7月，顺康达研发的一款床椅分离护理床大获客户好评，40多家代理商抛来“绣球”。据悉，该护理床降低了守护者从床到轮椅转换跌倒的风险，并有助于老人独立生活。

如今，顺康达拥有近50多项专利，其中发明专利8项。此外，目前在开发的智能产品项目达80余项。

随着科研投入不断加大，顺康达逐渐撕掉曾经代工制造的低端标签，成为推动南海经济迈向高质量发展的“冠军力量”。

开拓“互联网+养老”新领域

随着互联网产业的发展，顺康达也在思考如何将互联网与养老产品更好地结合。在公司展厅里，杨荣洪演示了该公司最新研发的智能养老系统。“可以通过互联网和云平台将智能养老产品连接起来，更好地为老人提供服务。”杨荣洪说。

通过智能养老系统，用户可以24小时监护家里老人健康状况以及老人所在位置。在紧急情况发生时，用户可以同时链接呼援中心、养老机构、医疗保健机构及政府服务机构等资源，为老人提供远程探视及健康咨询等服务。目前，该智能养老系统已在广州白云区大源村上线并使用。

要建立起智能养老系统，首先要实现产品的智能化。早在2015年，顺康达就已进军智能健康养老产业，研发智能拐杖、智能轮椅、智能护理病床、护理机器人。

据介绍，智能拐杖在老人摔倒时会发出警报声，并具备GPS定位功能，可帮助老人的家人找到其所在位置。

顺康达对于智能养老产业的雄心还不止于此。2019年，顺康达联合广州列丰信息科技有限公司研发共享轮椅系统，为老人以及残疾人提供服务。目前，顺康达首批共享轮椅已经落户于国家级居家和社区养老服务改革试点的天津市河东区。同时，柳州、太原，西安、大连、重庆、长沙等多个城市与顺康达达成合作意向，计划在当地也推出共享轮椅服务。

此外，顺康达还致力于养老全场景解决方案的打造。当前，顺康达参与建立的天津养老示范点已经建成，从桌椅、浴缸到沙发，呈现一个全方位的“适老”居家场景，从各个细节处体现对老人的人性化关怀。

“一般的浴缸，老人要费很大力气才能进去，容易滑倒。我们在浴缸上开了一道门，方便老人进入；桌椅和洗漱台都考虑了老人乘坐轮椅的需求，便于老人坐在轮椅上进行洗手、吃饭等活动。”杨荣洪说。

调研手记

用人性化创新拓宽发展边界

纵观顺康达的发展轨迹，从代工生产到自主品牌的建立，再到全域智能养老产品的研发，创新一直起着重要作用。

在创业初期，顺康达凭借代工生产的经验和高品质打开了医疗康复和护理器械的市场，成为名副其实的“拐杖大王”。

然而，顺康达并没有满足于此，而是通过人性化的创新，不断提升产品贴心度和功能适用性，并扩宽产品领域，为企业的发展创造新的机遇。

“很多企业喜欢模仿别人的产品，一是因为省事，二是因为风险较低。但是，不断创新的企业就可以永远领先一步，根据用户的反馈不断调整产品研发的战略，能更迅速地适应市场需求的变化。”杨荣洪说。

创新精神让顺康达能更加敏锐地感知时代的脉搏，与时俱进。企业销售额的增长能看得见“天花板”，但只有不断创新，才能不断拓宽发展的边界。

金钜伦：年产1.3亿只快劳夹的全球行业龙头

在佛山市金钜伦五金文具有限公司（下称“金钜伦”）的生产车间内，不同产品系列的自动化生产线正高效运作，一件件书针、订书机、多孔文件夹、快劳夹等从生产线上走下。工人们熟练地对设备进行调控，金钜伦研发的自动装配装盒生产线有序地打包进仓。稍后，这些五金文具产品将被发往各大品牌文具企业，走向市场。

自2007年成立以来，金钜伦一直致力于五金文具的生产研发。其代表性产品——快劳夹年产量可达1.3亿只，是齐心文具、得力集团、AVERY等国内外品牌文具巨头的主要供应商，市场占有率仅次于全球最大的文件夹生产商——国际文具，是全球第二大快劳夹生产企业。

“20世纪90年代初，我进入五金行业，当了两年学徒后，开了一间加工小五金的家庭作坊，2007年才正式成立了金钜伦。”金钜伦总经理陈荣瑞介绍。从小家庭作坊到组建抱团发展式工厂，再到全球第二大快劳夹生产商，金钜伦成长背后的密码值得一探。

工人大幅减少产值稳步提高

金钜伦的生产车间内，每两台设备间都配备了一名技术工人，他们监控着智能显示屏，及时发现不良品。自从实现自动化生产，金钜伦的车间工人从原来近千人减少至200多人，但产值却提高了至少1/3。“快劳夹实现自动化生产以后，原来每天20多人手工组装的产量，现在一个人就能做到。”陈荣瑞说。

其背后，离不开研发团队的强力支撑。2008年，由于市场需求扩大，金钜伦深感只靠人力无法满足产能需求，于是“走出去”招揽技术人才，成立了研发中心。

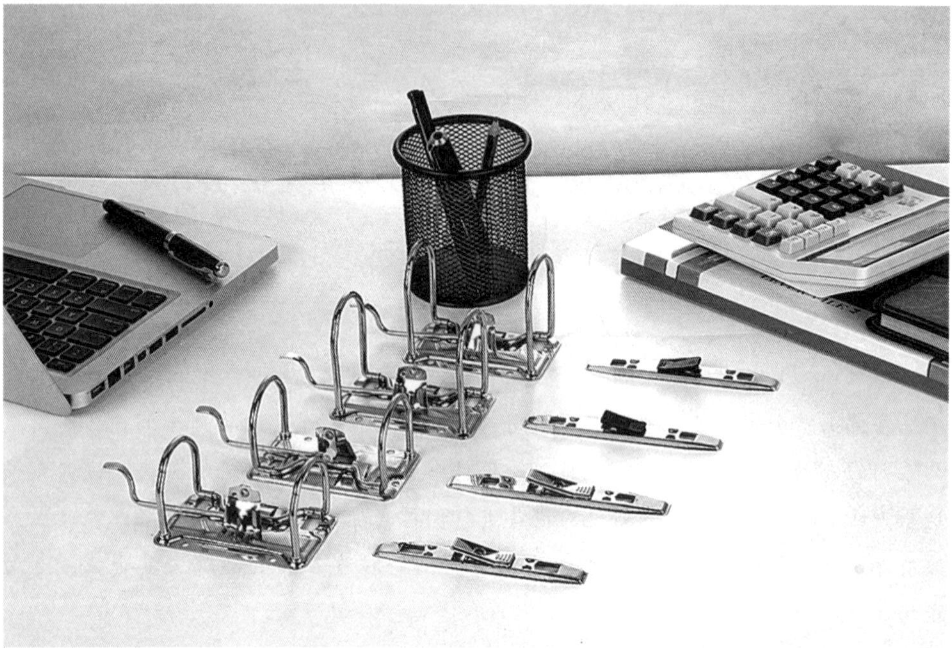

金钜伦生产的产品

金钜伦的自动化设备除了动力组件，其他的连接或者结构都源于企业的自主研制，在行业中暂时无人能复制。

经过多年的成长，金钜伦的自动化水平已达到了行业领先的位置，目前，金钜伦拥有不同系列自动化生产线 20 条，其中 12 条是快劳夹的自动生产线。

这不仅让金钜伦降低成本、让利客户，还使其提高产品标准，快劳夹的市场占有率不断飙升。“包括得力、晨光、齐心等客户都与我们建立很好的长期合作关系，其中一个原因就是我们的自动化和专业化程度都比较高。”陈荣瑞说。

此外，金钜伦的研发团队还在产品创新上做了更多样的探索。2019 年 10 月，金钜伦于秋季广交会推出一款全新的多功能文件夹，在欧盟、美国、印尼、印度、菲律宾、越南等多个国家和地区申请当地的专利权，产品功能及外观领先于同行水平。

近年来，金钜伦每年在研发创新上的投入均不低于销售额的 4%，并设定了研发项目不少于 7 个的年目标，力争每年推出至少 4 款新品。

截至 2019 年年底，金钜伦已经收获了产品外观、功能、软件、发明等 40 多项专利，未来，还将以产品的精益与优化为目标，以给各大品牌企业个性化定制为发展方向，继续以精益创新引领市场和行业需求。

“我们在企业内部设立了一个创新奖，奖励在创新研发上有重大贡献的员工，以此培育企业内部的创新氛围。”陈荣瑞说。

每月攻坚问题清单力保品质

自动化成就了产量和效率，也解决了人工生产的不标准、不规范问题，让金钜伦的产品愈发质优。在金钜伦的产品检测室，研发人员正在对快劳夹产品进行定时、定量、定 line（生产线）的“三定”测试。每月，金钜伦都会从生产一线收集在生产过程中出现的问题以及客户的反馈，列成一张问题清单，交由研发中心进行攻克。

俗话说“小五金，大市场”，但文具五金单品配件多，配件组合间精准度要求极高，“所以客户下订单也更慎重，会综合考虑验厂结果、企业实力、产品质量等多个参数”。陈荣瑞表示，文具行业对品质一向是高标准、严要求。

为此，金钜伦在产品的生产过程中设下了重重保障。

在原材料方面，以快劳夹为例，金钜伦一直坚持在关键部件的生产上采用稳定的进口原材料；在工艺方面，金钜伦在清远投资电镀厂，用于产品的表面处理，通过特殊的工艺提高产品的耐锈程度；在模具方面，金钜伦坚持采用日本、德国等地的进口模具材料，以保证后续自动化生产的稳定性。

据介绍，在常温下，市场普通的快劳夹 2 年内表面就会生锈，而金钜伦可以做到至少 3 年不生锈；业内快劳夹常规开合次数仅 4000—5000 次，但金钜伦的开合次数可达 8000 次。可以说，金钜伦产品的寿命比同行高了一倍。

“我们要把金钜伦打造成百年品牌，而品质就是企业品牌的保证。”陈荣瑞说。这一点，也是新员工入职时要树立的品质理念。每一名入职金钜伦的员工，都必须在入职后的 3 个月内接受产品品质理论学习，才能进入车间学习操作，最后还要接受理论和实操考试，以此提升员工的品质意识。

为了做好品质监督，2008 年，金钜伦引进 ERP（企业资源计划）生产管理系统，对每一条生产线进行溯源管理，让品质任务落实到个人。不仅如此，金钜伦还针对客户需求，以高于行业要求的标准制定了生产作业指导书，以规范生产过程的每一个细节，保障产品品质。

软硬兼施、双管齐下，金钜伦以自动化为“硬件”，以生产管理为“软件”支撑着其在市场浪潮中扬帆远航，不仅俘获了得力、晨光、齐心等一众国内知名文具品牌的心，也成为HORSE、AVERY等已经有七八十年历史的国外老品牌企业的指定供应商，产品出口至东南亚、欧美等地区。

致力成为五金文具行业领跑者

20世纪90年代初，在素有“中国日用五金之都”之称的南海丹灶，五金小作坊遍地开花，金钜伦就是其中的“一朵”；90年代末，由于业务扩展需要，陈荣瑞与周边企业抱团发展，成立了金大顺五金制品厂（下称“金大顺”），这就是金钜伦的前身。

当时，金大顺生产的产品多为服装配件、箱包配件等附加值较低的小五金。后来，金大顺逐渐了解到五金文具具有使用周期短、消耗量大的特点，在国际市场上的需求量十分庞大，因此金大顺开始转战文具市场。

随着市场需求加大，订单量与日俱增，抱团发展式工厂逐渐无法满足生产需求，2007年，金大顺向企业转型，金钜伦应运而生。

“我们接触国际市场后发现，企业的管理跟不上了。”陈荣瑞说。管理的滞后是金钜伦转型后面临的第一个难点。为了顺应转型需要，2008年，金钜伦出资让企业中高层管理人员报读了工商管理硕士（MBA）。

2013年，金钜伦第一批MBA学员顺利毕业。陈荣瑞认为，这奠定了金钜伦企业发展的基础。通过“走出去”学习，金钜伦逐步让企业在管理上变得规范化，并为企业的长远发展树立了明确的目标定位和发展战略。

“现如今的国际市场，除了产品品质，企业的全球战略也要与之接轨。”陈荣瑞表示，“我们的愿景，是让金钜伦成为全球五金文具行业领航者。”

除管理以外，企业转型最不可缺的就是人才。尤其是在小五金行业，若要在行业中独占鳌头，企业就必须要有核心竞争力。因此，金钜伦每年都会挑选有潜质的年轻干部，以“传、帮、带”带领他们参加企业内训及“走出去”深造学习。

在为人才赋能的同时，金钜伦也“留人有道”，除了为其提供优质的工作、生活环境以及丰厚的待遇，金钜伦还会为签订10年合同的优秀研发人才支付购置房产的首期款项，为人才安家落户提供有力保障。因此，金钜伦的员工离职率十分低，入职10年以上的员工（含管理层）在总员工人数中占比达30%。“做企业，产品重要，但人才更加重要，特别是管理团队和技术团队。”陈荣瑞如是说。

调研手记

以管理创新推动企业提质增效

在金钜伦，员工的绩效与产能挂钩，每一个车间都被承包给了对应的车间主管，只要按标准在规定的成本、损耗、品质要求内进行生产，节省的成本和富余的产能都会转化成相应的绩效，算作车间员工的收入。这是金钜伦在提质增效上，对管理创新做出的探索。

管理创新是一家企业的“内功”，也是企业高质量发展的有力支撑。

IBM就是一家因管理创新重获新生的企业。1993年曾濒临破产，当时新晋的CEO（首席执行官）郭士纳锐意改革，建立了以绩效和流程标准为主导的决策机制等管理制度，让IBM起死回生，成为今天的世界500强企业。由此可见，管理创新的力量一点不亚于技术创新。

当前，我国持续推进制造业高质量发展，如果管理与企业成长速度不匹配，将会影响企业转型升级的质效。企业须在发展技术的同时，不断修炼内功，才能在市场洪流中走得更稳更远。

康士柏：国际检测巨头的“中国合伙人”

每一天，都有无数辆小汽车、大客车和大货车驶入全国各地的检测站，测试其安全技术、车辆性能以及尾气排放是否达标。

因此，对任何跨国检测巨头来说，中国市场都是其必须抓住的大蛋糕。近年来，业务辐射20多个国家和地区、每年检验2600万辆次机动车的某跨国检测巨头就加快了在中国的布局步伐。2019年3月，其在中国的首个机动车检测站落地深圳开始营业；6个月后，其位于北京的机动车检测站也投入使用，成为其在全球最大的机动车检测站。

这家跨国巨头所用的产品，就产自一家南海企业——盐步康士柏机电有限公司（下称“康士柏”）。同时，另一家德国检测巨头也向康士柏抛出“绣球”，康士柏预计，若抓住这一笔大订单，企业有望问鼎德国乃至全欧洲该领域市占率第一的宝座。

从引进团队到转化经验 企业屡获德企青睐

康士柏为何可以接连收到跨国巨头的“绣球”？答案要回到2017年初去寻找。

彼时，康士柏已经是一家业内小有名气的检测线企业，产品包括汽车综合性能检测线、汽车安全性能检测线、汽车环保检测线、系统软件及汽车加载制动检测台等。据企业内部估算，其生产的产品覆盖了国内近2500余家安全检测站，相当于国内30%的安全检测站都采用了康士柏的产品，在广东和河南市场，这个数字更是分别高达70%和50%。

不过，康士柏也开始将眼光投向海外市场。“当时我们尝试了很多市场，包括

康士柏的生产车间

印度等都有涉及，这个过程还是蛮不容易的。”康士柏技术中心负责人徐雁翔说。

凭借技术与品质优势，康士柏在泰国、菲律宾、印度尼西亚等地都收获了较高的市场占有率，南非及一些东盟国家还邀请康士柏协助建立国家级示范检测线，以康士柏的检测流程作为其国家级检测标准，这也为康士柏开拓高端市场积累了经验。

突破点出现在2017年初，康士柏引进了一个德国的技术团队，在德国成立了研发中心。德国研发团队的加入，让康士柏前所未有地接近德国市场。同时，标准体系、市场需求、准入门槛等诸多进军海外市场所必备的要素，瞬间吸收进企业大脑。“德国团队可以分享他们对海外市场的认识，包括这个市场需要进一步解决的问题等，这是很重要的。”徐雁翔说。

在德国团队的支持下，企业还探索开发出新一批产品。

例如，康士柏开发的加载制动台，可在30秒内完成对一台重达18吨的机动车的抬升，优于国内同类产品的1—2分钟；KWK－20汽车外廓自动检测系统集成了并行算法软件，可在车辆通过30秒内输出测量结果，且测量误差 $<1\%$，同样优于

业内平均1分钟左右的水准。

同时，在产品开发方面，康士柏注重了产品的软件兼容性，不仅设备实现了联网化，可将检测数据实时回传总部，方便控制以及数据交换。

于是，康士柏开始跃跃欲试。2017年，康士柏向一家跨国巨头表示合作意向。对方起初并不信任，康士柏干脆将一套检测线运到了对方位于上海的实验室，供对方进行检测试用。经过1年检测试用，以及2个月在德国的市场准入认证，康士柏终于获得认可，成功开辟欧洲市场，2018年，企业对德国首年的出口额超过1000万元，2019年这一数字有望进一步增长。

从客户角度思考问题
有望获得万座检测站订单

事实上，帮助康士柏征服外企的，不仅包括上述新产品和新理念，还包括比竞争对手低10%的报价，以及多10%的功能。

例如，康士柏的全部出口设备，都具备防水防尘防触电功能，部分控制柜集成了电脑操作机柜功能，为客户免去后期自己再配备电脑柜的麻烦，还有利于进一步节约检测站的场地。

“说实话，行业并不需要一定做到防水防尘防触电，但有了这个功能，客户就感觉到我们对待产品的用心，从而更加倾向于采购我们的产品。”徐雁翔说。

在与德国客户的接触中，康士柏还敏锐地发现，海外市场人工费用昂贵，而检测线安装设备对精准度要求极高，若有安装不当则需要全盘返工重来，导致人工成本居高不下，沉重的检测设备也增加了工人的劳动量。

为此，康士柏为台架增加了一套基座，客户只须先安装基座，再将检测设备装配到基座上即可。由于基座预留配合孔位精度高，且重量相对较轻，更容易在安装过程中随机调整，一方面减轻了工人的劳动强度，另一方面也帮助客户降低了安装费用；灯光检测采用新能源电池及无线遥控功能，设备检测左右移动时不用拖着网线与电源线，既让设备操作安全性提高，又使检测设备的安装难度降低。

康士柏还将检测台架的框架组装方式从焊接式改为组装+焊接式，进一步提升安装精度。

这种品质，征服了要求严格的德国客户，也征服了亚太地区的客户。徐雁翔还记得，2016年，一名阿布扎比客户找到康士柏，要求其提供8条检测线设备用于设备更新，订单总额达到1000万元。即使该客户曾被康士柏的一名竞争对手提出提供“免费更新设备”的服务，也未能动摇其最终选择康士柏。

“我们一直强调贴近客户，从客户的角度出发去思考问题。例如，如何才能降低设备安装成本，如何才能让检测站现场布置整洁有序，如何才能为客户提供尽可能功能齐备的产品，甚至一站式的解决方案。”徐雁翔说。

近年来，企业还成为第一个获准加入CITA（世界机动车检测委员会）的中国检测设备企业。

现在，企业还在开拓国际市场。据透露，公司已经与国际某龙头检测服务供应商达成初步合作意向，有望拿下其在欧洲市场万座检测站设备更换的订单。

新厂投用在即
实现全球精细化运营

2019年底，对于康士柏的高管团队来说可谓非常充实和忙碌。

10月30日，佛山康士柏检测园区项目奠基仪式在南海区丹灶镇举行，新建的6万平方米检测园区正式开工。

11月6日，在广东省与德国巴伐利亚州结好15周年的庆典上，康士柏总裁郭颖斯领到了“最佳巴伐利亚投资奖”。

11月20日，由康士柏承办的CITA亚太地区第13次年会在深圳召开。会上，康士柏高管向来自德国、韩国、日本等10余个国家和地区的上百名代表分享了自身经验。

随后，康士柏的高管又飞赴德国，与国际某龙头检测服务供应商就合作细节进行进一步洽谈。

针对这笔潜在的订单，徐雁翔算了一笔账：按照每个检测站配备3条以上检测线计算，欧洲上万座检测站将意味着3万台以上检测设备的潜在需求。由于这家企业约占德国检测市场份额的40%，作为核心供应商的康士柏有望成为德国乃至欧洲市占率第一的检测设备供应企业。

为此，康士柏拟进一步扩大产能。在佛山康士柏检测园区项目奠基仪式上，郭颖斯表示，一期工程计划在2020年完成建设并投入使用，主要围绕机动车检测设备生产车间、智能汽保设备车间及配套研发中心、加速器、机动车检测中心、先进智能制造生产线等，预计将形成近5亿元的产值。

同时，园区还会被打造成符合国际化标准的特色检测服务基地，以及区域性产品检验、检测、认证、咨询等公共服务平台，吸引上下游企业集聚，向本地及大湾区重点产业提供检测服务。

“2020 年，我们的目标是保持国内销售稳步提升，海外借道大客户辐射全球；2021 年，我们的新厂将投入使用，组建高端汽保团队，实现全球精细化运营。”徐雁翔透露。

调研手记

置身高端市场　驱动企业转型

在康士柏位于南海盐步的厂房内，摆满了一箱箱成品，木箱上贴着的白色标签，清晰地写着“目的地：德国”的字样。

近年来，很多企业选择了出海之路。一些企业进入“下沉市场”，前往南亚、非洲等新兴市场淘金，但康士柏等另外一些企业，则选择直面高端市场，从欧美地区切入。

应该说，任何市场都有盈利空间，但置身高端市场，毫无疑问将为企业的升级转型带来更多驱动力。适应一流标准、掌握前沿技术、把握潜在需求……康士柏已经用自己的经历展现了进军欧洲市场的获益。

同时，企业从高端市场吸取的经验和获得的能力，又可以反过来推动其在国内和新兴市场的发展与布局。

当然，布局“下沉市场”同样不容易，康士柏也曾在东南亚市场进行探索，并积累了丰富的经验。这又从另一方面启示想要挑战全球王者的企业：世上无难事，只怕有心人。

中元创新：供应全球五成家用数字电视天线

说起电视天线，90后、00后可能没什么概念，但对80后、70后甚至更年长一点的人来说，会被唤起童年的记忆。国庆档影片《我和我的祖国》中，冬冬扶天线的画面就流露出浓浓的怀旧气息。

“天线”这种产品，广东中元创新科技有限公司（下称“中元创新”）坚持做了40年。自1979年公司成立以来，中元创新始终专注于通信电子行业；如今，中元创新的天线不仅畅销60多个国家和地区，占据全球家用数字电视天线市场份额超50%，通用电气、飞利浦等国内外知名企业也都是它的客户。

中元创新董事长张伟强表示，利用自身在通信领域长期积累的技术经验和客户资源，公司将积极投入5G网络技术、物联网技术应用的建设。

创新发展 “纸薄”天线拿下广交会金奖

走进中元创新的展厅，各种各样的数字电视天线让人目不暇接。除了80后还记得的那些旧款式，中元创新更多产品有着别致的造型：有些是一个圆环，有些是一个小盒子，有些变身相架相框，有些甚至就像一张薄薄的纸片。

“我们主要推出概念天线来争夺市场。”张伟强说，以前的天线外形比较大，而概念天线用新的技术改变模块做成新的形态。例如，概念天线可以做成一块很薄的材料，在上面“印”电路。这些新产品安装更方便，更美观，可以在不同环境下使用，甚至可以贴到车窗上。

2014年，张伟强带着一款厚度只有0.3 mm的室内数字电视天线，首次角逐广交会出口产品设计奖，结果一举拿下金奖。该款产品后来风靡美国市场，为中元创新带来了数千万元人民币的销售额。“现在这款数字电视天线产品已经升级到只有 0.1 mm 厚了。”张伟强说。

张伟强介绍，中元创新的产品以出口为主，主要提供给家庭和房车使用。其中，美国的房车市场全球最大，美国超五成房车的天线都是中元创新的产品；在我国可移动电视天线行业中，中元创新生产销售的家庭数字电视天线出口市场占比居全国第一。

“我们每月新开发 4 到 6 款新产品。”张伟强说，国外的大企业非常重视合作伙伴的产品是否具有创新性，企业要想往国际化方向发展，就得创新发展路径，否则不仅无法获得优质客户的认可，还会陷入与同行打价格战的局面，很快被市场所淘汰。

目前，中元创新有一支由 100 多人组成的研发团队，以硕士生和本科生为主，每年投入不低于营业额 10% 的资金进行研发创新，拥有 165 个专利，产品型号超过 300 个。

“例如，我们有自动增益控制的天线、带寻信功能的天线、带记忆方向的天线等，这些产品我们都具备创新性和唯一性。带记忆方向的天线，只要扫描一次，它会把方向记下来，下次用户要看那个电视台时，它就会自动去到那个方向。”张伟强说。

走向高端
“中国芯”征服欧美日客户

中元创新生产的天线中有相当大的一部分出口到北美市场，“走出去”的历程也助力其走向高端制造之路。

“最近我们有了一个新的开始。”张伟强说，“一直以来我们都在做原始设计制造商，依托于北美的品牌推广与销售，这是我们现在要极力摆脱的局面。为何不做自主品牌，并自己主导市场推广呢？我们要继续推向北美市场，以产品说话。我想，只要产品品质过硬，就会有更多的国外客户来选择我们的产品。”

默默深耕行业 40 年，中元创新已积累了大量通信、电子技术的技术储备，拥有自动、强大、快速的制造能力；拥有大型的全电波暗室，配备国际知名品牌的先进测量仪器设备；还拥有多元化的行业资源和全球消费类电子产品的市场渠道，能够快速实现新产品产业化和市场化。

从 2018 年开始，张伟强就着手布局了两条全自动化生产线，每条成本在 1000

中元创新拥有大型的全电波暗室

万元以上，完成了从原材料、零部件直到终端产品制造的全部环节，成为行业内唯一一家使用机器人生产线的制造企业。

功夫不负有心人。生产效率和产品品质进一步提升后，美国一家天线厂虽然不再订购天线的塑料外壳和纸质包装，但仍然要买中元创新的电路板电路。“这就是我们研发生产的‘中国芯’的领先之处。”张伟强说。

以高品质留住欧美日韩澳等地的老客户的同时，中元创新也积极开拓新客户。“我们最近派出了一支队伍，游走于非洲等地的市场。”张伟强透露，2019 年 9 月、10 月期间，该公司的团队已经前往埃及、南非、尼日利亚、加纳等地考察市场，而且收获不错。

开放创新
打造科技园区谋转型

目前，中元创新已建成一个科技园区。据张伟强介绍，该项目利用中元创新原有九江科技园的自有地块，再联合周边地区进行连片改造，通过全面整合超过 100

亩以上土地，建成建筑面积约为30万平方米，以5G通信、物联网、人工智能、边缘计算、工业互联网等为发展方向的科创园。

2019年底落成的中元科创大楼正大力引进、培育、发展各类创新创业资源，包括研发中心、新型科研机构、开放式创新平台、专业的众创空间等。

张伟强表示，计划把企业的研发设备共享出去，提供给入驻其中的科创团队和初创企业使用，也会发动南海区九江镇内有实力的企业参与其中。

“我们决定加大资金投入，建设自己的科创中心。利用公司原有的研发和实验室资源，计划改造成集创业孵化基地、科创研发、技术转移、学术交流、科创金融及配套服务等多元功能的国际科技创新综合体。”张伟强表示，利用自身在通信领域长期积累的技术经验和客户资源，抓住5G网络技术与物联网互通连接带来的发展契机，公司将积极投入5G网络技术、物联网技术应用的建设。

除了引才，留才也没有被忽略。在中元科创大楼周边，还将建有游泳池、篮球场、网球场等文体配套设施，让入驻的人才可以享受城市化的生活。

按照规划，中元科创大楼2025年将入驻上百家企业，形成产业规模超30亿元的现代化国家级科技园区。

调研手记

细分市场里的大空间

“我们企业拥有40年历史，两代人秉承诚信经营的理念，坚守电子信息产业，坚持创新。”张伟强的话，道出了中元创新成功的关键。坚持在细分领域上深耕，这其实也是很多制造业牛企的一个共性。

不少国家和地区已采用有线电视、网络电视，因此，天线行业的整体市场并不大。但作为一种战备需要，天线这个市场还会一直存在。张伟强没“小看”行业市场，反而把功夫做得很扎实。

中元创新旗下有工业产品设计、模具、注塑、五金、板金、焊接、喷涂、丝印、SMT（表面贴装技术）自动化焊接、插件、装配、全自动组装加工等生产制造，可以涵盖从原材料、零部件直到终端产品制造的全部环节，是行业内唯一一家使用机器人生产线的制造企业。

中元创新拥有大型的全电波暗室，并配备有是德科技、罗德与施瓦茨、泰克、福禄克等品牌的全套先进测量仪器仪表等测试设备和系统；拥有完整的可靠性实验室，能够进行一系列的环境和可靠性实验；还拥有多元化的行业资源和全球消费类电子产品的市场渠道，能够快速实现产品产业化、市场化。

中元创新还与专业机构合作，开展精益生产变革，对自身的生产过程进行全面诊断，再进行整改。

没有最好，只有更好。只有不断地自我审视，自我提升，才能迎来不断的进步。

必得福：医用基材产量全国第一

在佛山市南海区九江镇，佛山市南海必得福无纺布有限公司（下称“必得福”）外，员工车辆停得满满当当。从曾经的5人小作坊，发展成为现今医用基材产量全国第一的企业，必得福集团公司2019年总产值达9.6亿元，生产的产品广泛应用于卫生材料、工业、医疗耗材三大领域。

必得福董事长邓伟其表示，必得福长期以来坚持创新，通过不断提升产品附加值打开美国、澳大利亚等发达国家市场。接下来，企业还将聚焦“一带一路”沿线国家和地区，积极开拓新兴市场，寻求更广阔的发展空间。

锐意创新
造出中国首件埃博拉防护服

有一句俗语广为人知，“罗马不是一天建成的”。必得福从最初的5人小作坊到全国医用基材生产明星企业并不容易。

1994年初创时期，必得福只是一个家庭式作坊，生产无纺布序列中相对低端的产品，如土工布、农业用布等。随着企业发展，必得福开始把更多的注意力放在相对高端的生活用和医卫用无纺布生产和加工，并开始在技术上进行研发创新。

邓伟其表示，必得福总是舍得把赚到的钱投入研发创新、生产流程优化、生产设备升级等方面，用真金白银来提高产品的竞争力。

此前，必得福曾成功研发出一款应用于保温袋的复合保温材料，这款十分符合保温材料顺利通过专利审批后，迅速地抢占市场，创下了占领日本超过50%、加拿大70%保温袋市场份额的佳绩。

“这得益于必得福团队长期与各地客户经常进行材料方面的交流。”邓伟其说，

必得福拥有全球最大的 7 米 SMXS 双组分生产线

通过与世界先进的行业企业进行交流，自己可以更好地判断新材料开发的前景，也有更大的底气进行研发和设备方面的投入。

医卫用无纺布方面，必得福投资研发超柔软超吸水的薄型材料，成功地代替厚型材料，大幅提升材料的贴身度和舒适度，因此获得了许多卫生巾、婴儿纸尿裤生产企业的认可，进军更加广阔的应用市场。

据了解，中国国内第一件埃博拉病毒防护服，以及供应日本福岛核电站工作人员穿着的核辐射防护服，均由必得福生产制造。

目前，必得福出口比例占 40%，主要以美国市场为主。随着发达国家老龄化逐渐增强，必得福计划把更多的精力放在非洲、印度等新兴市场以及国内市场。“这些地区对医卫用无纺布的需求是很大的，相信我们的产品也能为提高当地居民医疗卫生水平做出贡献。”邓伟其说。

坚持投入
谋变保持企业市场竞争力

为了提高企业的市场竞争力，必得福一直在坚持投入。从2003年至今，必得福一直在产业链上深耕，光是医疗链条的基布生产就投资了4.7亿元，涉及SSMMMS（高档纺熔技术）生产还有医疗定型医疗防护制作。

“企业赚到钱基本没分红，都投入在生产线或者厂房去自我升级了。”邓伟其说，只有通过不停投入领先竞争对手几年，才能保持屹立不倒，如果想着与同行拼价格、拼成本，只会引起市场混乱，自身也走不远。

在邓伟其看来，假如投入1000万进行研发，往往会带来5倍左右的利润，而新研发的产品生命力起码有4到5年的生命力，在这段时间里企业必须继续开发新的产品，继续领先同行四五年。

考虑到国内医疗防护领域有巨大的发展潜力，邓伟其和董事会在2015年决定在美国购置工厂，以及采购德国产7米双组分纺粘非织造布生产线。

近年来，必得福还开始探索用大数据进行生产管理来降低企业的生产成本，在2018年投资1000多万元与软件公司合作打造了一个SAP系统，进一步提升生产设备和工艺的智能化，提升企业在生产过程中的品控能力。

此前，必得福就曾在升级厂区中尝到过实实在在的甜头。有一次，必得福通过优化厂区设计与科学布局，将生产线的各个环节合理分割摆放，使得每吨非织造布的生产耗电量降低500至800 kw · h。

不断投入提高研发与生产能力的同时，必得福也在积极主导、参与起草多项国家纺织行业标准，参与制定4项纺织行业标准，参与全国纺织品标准化技术委员会产业用纺织品分技术委员会组织的3个标准审定工作。

“我们接下来还是会继续在研发创新上进行投入，如果你总是守着旧事物不变，竞争对手一变你就没机会了。”邓伟其说。

调研手记

“做好一件事情已足够”背后的创新坚持

如果不是因为在这次抗疫中的活跃表现，估计大众并不会注意到必得福这个低调的“隐形冠军”。

从1994年成立至今，必得福已经从5人小作坊成为为细分领域的“隐形冠军”企业，其背后也离不开长达20多年深耕纺熔无纺布的沉淀。按照邓伟其的讲述，必得福总是舍得把赚到的钱投入研发创新、生产流程优化、生产设备升级等方面，用真金白银来提高产品的竞争力。

正是这种“做好一件事情已足够”的企业文化，让必得福突破重围，杀入了发达国家的高端市场，避免了陷入跟同行竞争对手拼成本、拼价格的怪圈，实现良性循环，让企业有更多的资源去继续搞创新。

必得福这种默默深耕自身领域的精神，其实也是南海众多“隐形冠军”企业的共性。在这个越趋浮躁的社会，肯专注、肯投入的企业，将会经受住时间和市场的考验，并在关键时刻绽放出耀眼的光芒。

永恒头盔：国产高端头盔风靡欧美

走进位于南海九江镇的佛山市南海永恒头盔制造有限公司（下称“永恒头盔”），厂区过道两边的一排排货架上，摆满了等待上色的摩托车头盔白模，这些摩托车头盔喷漆贴上图案纹饰后，将会出口到多个欧美国家。

永恒头盔拥有20多年的摩托车头盔设计和制造经验，凭着过硬的产品质量管控和时尚的款式设计，该公司产品受到了欧美发达国家和东南亚高端市场的青睐，年产300多万顶摩托车头盔。其高端摩托车头盔，甚至可以卖到3500元人民币/顶。

“我们的产能基本达到全国第一。”永恒头盔总经理黄想明说，因为我们长期专注高端市场，投入大量资源进行产品研发，目前已成为国内综合实力数一数二的高端摩托车头盔生产商。

设计为王
摩托车头盔也是文创产品

“我们前不久发了11个货柜的头盔产品前往巴西市场，订单金额接近100万美元。”黄想明说，几乎每一天，永恒头盔都有数个客户的订单在赶工，也有数个客户的订单完工产品被发出。

“国内高端摩托车头盔生产厂家不多，客户其实并没有太大选择空间。”他说。

走进永恒头盔的展厅，很难不被摩托车头盔上鲜艳又时尚的纹饰所吸引，而这是永恒头盔在国外高端市场的核心竞争力之一。这些时尚的花纹大部分是永恒头盔设计团队原创，还有一部分是与国外的设计师联合创作。

早在2014年，永恒头盔就出资560万元人民币收购了拥有40多年历史的瑞士公司VEMAR商标品牌，用此品牌进行国际市场拓展，同时成立永恒头盔欧洲公司

永恒头盔拥有一支超过50人的研发团队，涵盖外观设计、结构设计、打样、检测等多个专业领域

以承接部分产品研发，为永恒头盔设计更适合欧美市场需求的产品。以2019年为例，永恒头盔设计的23款新产品中，有4款是永恒头盔欧洲公司提供的设计方案。

“摩托车头盔某种程度上来说是一种文创产品。”黄想明说，国外的摩托车骑手们往往不止购买一顶摩托头盔，而且即使头盔没有出现质量问题也会两三年就进行更换，如果摩托车头盔拥有时尚的款式，可以大大激发消费者的购买欲望。

黄想明介绍，永恒头盔会根据企业每个阶段的战略规划设定产品线，并将细化的设计需求传达给欧洲公司设计团队，欧洲公司设计团队和永恒头盔国内研发团队共同开发，欧洲设计团队主要负责款式设计，永恒头盔国内研发团队则负责结构设计。“永恒头盔因为有着丰富的制造经验，在结构设计上更有优势。”

除了时尚的款式，精巧的结构设计是永恒头盔在国际市场的另一个核心竞争力，这离不开经验丰富的研发团队。

目前，永恒头盔拥有一支超过50人的研发团队，涵盖外观设计、结构设计、打样、检测等多个专业领域。同时，永恒头盔也投入大量资金进行项目研发，2019年全年，永恒头盔建立了20多个研发项目，投入了1500万元进行研发。

黄想明介绍，通过巧妙的结构设计，往往可以大幅度提高产品整体质量。例如，在产品中采用蜂窝形结构，不仅可以大大减轻摩托车头盔重量，同时也提高了头盔牢固度，让头盔变得更加舒适也更加安全。

进军智造
投入资金升级自动化生产线

摩托车头盔制造的一大特征是劳动密集型，由于摩托车头盔尤其是高端摩托车头盔款式繁多，整个摩托车头盔制造行业自动化程度普遍较低。

然而，为了提高产品质量稳定性，永恒头盔投入大量资金进行生产线自动化改造，2019 年投入了 700 万元购买自动化设备。

以前，对头盔白模喷漆需要人工操作，手工喷漆不但会导致周边空气环境被污染，油漆的利用率也只有约 40%。针对这个工艺技术痛点，永恒头盔购置了喷漆机器人进行静电喷涂，将油漆的利用率提高到 80% 以上。

而要使头盔看起来时尚，离不开各种鲜艳美丽的图案，这些图案其实是把花纸先泡在 50℃的水里后，再转贴上头盔。为此，永恒头盔专门购置了印刷机器人、切割机器人，以替换以往的人工印刷和剪切。

为了提高产能，除尽力提高生产环节的自动化程度外，永恒头盔还在品质管控方面发力，多措并举降低产品的不良率。“摩托车头盔行业整体的不良率是比较高的，因为涉及很多道工序，如果能够控制不良率，减少返工率，产能就能比同行高。”永恒头盔质检负责人孙文铭说。

据介绍，永恒头盔与现在的来料供应商已经有十几年的合作经验，该供应商提供的来料质量比较稳定，对永恒头盔及其客户的要求有清晰的认知。同时，永恒头盔也设置了专职品质管控团队，对生产的摩托车头盔产品进行全检，并将品质管控的范围贯彻到从研发到成品的全环节。

孙文铭认为，永恒头盔之所以能够在行业中保持数一数二的研发设计能力和品质管控能力，与稳定且专业的企业团队有着直接关系。

永恒头盔无论是生产一线还是管理团队，都有着大量的老员工，有着 5 年以上头盔研发制造经验的老员工比例超过 50%，这些老员工在研发、生产、售后等方面都有着丰富的经验，对保证产品质量发挥了重要作用。

为保持员工的竞争力，永恒头盔每年制订年度培训计划，针对领导层和一线员工的发展需求，投入资金组织员工参加岗前培训、在岗培训、外训等。

锐意创新
进军智能头盔生产板块

戴上头盔，如果佩戴者在骑行时出现了交通事故，头盔会立刻自动报警，这是永恒头盔与快递企业正联手开发的一款智能头盔。

基于市场上对摩托车头盔提出的越来越多的个性化需求，永恒头盔成立了“特种头盔定向开发”项目组，与外界电子企业联合开发，由永恒头盔提出需求，合作电子企业提供设计方案，该项目组成员对设计方案进行试验和样品制作，将各种智能功能整合在头盔上。

统计数据显示，全国快递员人数已经超过800万，快递员由于工作性质原因，经常会在驾驶的过程中拨打和接听电话，还有许多快递员驾驶时不佩戴头盔，极其容易出现工伤事故。

为此，永恒头盔在头盔中植入电子感应器，头盔可以检测快递员是否正确佩戴头盔、在工作过程中有没有出现事故，一旦出现事故头盔将自动报警，确保快递员可以及时得到救护。

“快递企业对智能头盔的成本要求较高，我们正在改进工艺降低成本。”黄想明说，已经有快递企业表现出了合作意向，一旦能够将成本控制在较低的水平，将会拿下不小的一张订单。

而在民用消费级摩托车头盔方面，永恒头盔也在探索智能化。

黄想明介绍，永恒头盔考虑到骑手们在社交方面的需求，计划在摩托车头盔中植入智能芯片，骑手在骑行的过程中可以拨打电话、播放音乐、语音导航，还可以利用头盔外挂的摄像头拍摄沿途的所见所闻。

硬件开发之外，永恒头盔还计划开发摩托车圈子APP，APP将具备活动组织、赛事组织、服务配套、论坛社交等模块，将各种摩托车圈子配套资源整合到APP中，计划在2020年6月正式推出。

黄想明表示，永恒头盔希望通过开发这个APP，提高永恒头盔在高端摩托车骑手圈子中的影响力，并通过APP实时了解用户需求，为产品研发提供方向，提升永恒头盔产品的用户体验。

此外，随着市场竞争态势的转变，永恒头盔计划将研发团队从之前的经验型向科班型转变，并加大与高校的合作力度，在产品设计和产能提升上积极开展更多产学研合作。

调研手记

坚守品质让“中国造”走向全球

在永恒头盔总经理黄想明口中，摩托车头盔是一个劳动密集型的行业，然而与大家印象中的劳动密集型行业不同，永恒头盔生产的各种摩托车头盔，主攻的却是欧美发达国家的高端市场，一顶高端摩托车头盔，可以卖到3500元人民币。

之所以能把摩托车头盔卖得这么贵，与永恒头盔持续投入大量资金进行研发有关。在永恒头盔的产品线上，有超过500个款式，每个款式都有若干款原创的花纹图饰，正是这种原创精神，提高了永恒头盔产品的附加值，让摩托车头盔不仅是一顶头盔，还是一款潮流单品。

有了原创的外观后，永恒头盔还在产品品质上进行不懈攻坚，通过结构设计、原料升级等多种手段，提高摩托车头盔的耐用性和安全性，大大提升了用户体验，在客户和消费者心中赢得了自己的市场地位。

第二章　榜样的力量

——回访第一批南海制造业全国隐形冠军代表企业

维尚家具：智能化创新让“机器指挥机器”

在佛山市维尚家具制造有限公司（下称“维尚家具”）第五分厂的车间里，日常家具都被拆分成一个个部件，贴上专属的二维码，在生产线上有序地流动。“利用全球领先的柔性生产线、自主研发机器人和自动化立体仓智能物流，打造工业4.0智能制造工厂，将‘人指挥机器干活’变成了‘机器指挥机器干活’。”维尚家具董事付建平说。

作为首批南海制造业全国隐形冠军企业之一，过去两年多时间里，维尚家具在许多方面依然引领着行业发展，比如持续投入软件和产品研发，推出第二代全屋定制模式，快速扩张自营整装及整装云业务和持续性输出海外市场产业路径等。

伴随着技术与路径的创新，维尚家具发展不断提速。2019年年报显示，维尚家具母公司广州尚品宅配家居股份有限公司实现营业收入72.65亿元，同比增长9.32%；实现归属于上市公司股东的净利润4.45亿元，同比增长26.8%。

从自动到智能
批量流动转向单片流动

相比传统的家具企业，维尚家具五厂实现了高度的自动化生产。在原材料分拣区，机械臂根据信息指令，对板材进行快速分拣，需要马上使用的板材，将随着滚动轴的输送，进入下一个开料环节。

“车间生产线最新的技术可以做到单片流动，比之前的批次流动更加节省时间，这应该是全世界最新的技术，属于超级柔性制造。”付建平解释说，“一个柜子有50个部件，每天上万个柜子，以前是分类在车间里按批次流动，由一个工序流动到下一个工序，但是现在不需要再按批等待，而是单片一直流动过去，速度很快。”

伴随着技术与路径的创新，维尚家具发展不断提速

“就好比城市车辆行驶能快速有序地通过一样。”付建平说，“单片流动与批量流动相比起来，可以减少零部件的等待时间，每一个工序都不浪费产能。”

从批量流动到单片流动，须通过使用自动化智能审单、拆单、排产、供应系统以及基于二维码的过程控制系统进行流程控制，并运用物联网技术获取每个生产设备的状况，实现生产资源与生产任务的动态匹配，最后通过电子开料锯、CNC 数控加工中心设备信息化改造技术来实现最终的生产。简而言之，通过数据判断哪台机器有空、部件往哪里走，让生产线不需要停顿而一直运作，这对于个性化定制的生产线来说是非常有利的。

“单片流大幅提升了机器利用率、材料利用率、人力利用率。”付建平说，“只要留出合理保养时间，机器工作时间就可以不受限制，从而解决机器设备‘忙闲不均’的问题。”在此带动下，维尚家具 2019 年产能比前年增长 20%—30%，员工人数减少 10%。而随着单片流在更多的生产线推广，产值预计还将进一步增加，而员工数量也将进一步减少。

背靠800万个家庭数据
推动智能设计和二代全屋定制

作为定制家居企业，维尚家具的人工智能并非只应用在生产制造环节，也应用在设计环节。“我们大概从5年前就开始储备人工智能研究，从2018年就开始从智能制造向智能设计进阶，布局云端。”付建平说，维尚家居在全国有2000多个实体店，约10 000名设计师，但是每个设计师的水平和能力不一样，如何保持设计师设计水平的稳定是一个亟待解决的难点和痛点。

在此背景下，维尚家具开始切入人工智能设计。而一个存有全国800万个家庭数据的数据库成为维尚家具推动智能设计的关键支撑。付建平说，大多数消费者的功能性需求占80%，视觉上的美观需求占20%。机器会推荐最适合客户的方案让设计师选择。如此一来，每个设计师设计出来的方案起点都在70分以上，在保证品质的同时提升了成交率。

与智能设计相配合的还有光速云渲染。传统技术渲染一幅图需要40—50小时，光速云渲染只需要几分钟，甚至几秒钟，消费者现场就可以看到效果图。

基于各项智能升级的支撑，维尚家具目前已经推出第二代全屋定制，实现家装主辅材、装配式背景墙、全屋定制家具及配套家居产品、电器等家居全品类的一站式配套，同步实现消费互联网与工业互联网无缝衔接、AI（人工智能）智能交互云设计、智能家居解决方案等功能。

“这并非简单地扩品类，而是从消费者的消费服务升级的需求出发，可以说是一体化的生活美学、生活方式的定制。”付建平说，“第二代全屋定制可以根据大量用户的消费习惯、消费喜好，以用户为中心，以用户数据驱动产品和服务的研发、推广。”

实现供应链一体化
依托技术输出创新海外投资路径

依托在IT及信息系统技术领域的强大优势，维尚家具全屋家具定制产业路径开始整体向海外合作客户输出，实现其海外扩张的第一步。

事实上，早在2014年，维尚家具就在思考如何把自身的商业模式推广到亚太地区。“与一般企业选择在海外买地、合作建厂的方式不一样，我们选择的是技术出口。”付建平认为，海外收购、买地建厂等方式过程漫长，而且面临着文化差异等现实难题，让海外合作客户的制造车间、生产系统等按照维尚家具的生产线来改造，同时利用自身较强的供应链管理能力，向海外合作客户输出定制家具生产所需原材料、设备，并提供泛家居各类配套供应则是维尚家具的策略。

“当然，产品信息经由互联网传递，在维尚家具总部进行虚拟制造处理。”付建平强调，数据处理完毕后，国内工厂的电脑发送软件自动指令到合作方的工厂设备里，从而实现远程控制下大规模定制家具生产。

从 2017 年开始，维尚家具与一家泰国排名前三的传统家具企业达成合作。依托软件上的优势，维尚家具在国内为泰国企业进行虚拟制造，再同步把生产计划发给泰国的工厂。与此同时，由于掌握了这些生产计划，维尚家具还会帮助泰国的企业在国内采购原材料。

另外，考虑到海外合作客户在实现大规模家具生产定制过程中的供应链痛点，比如需要建立庞大的供应链体系，需要寻商、打样、来料质检、做好库存计划等，维尚家具利用自身较强的供应链管理能力，结合虚拟制造数据，为海外合作客户进行原材料等需求的预估，实现供应链的一体化和快速反应。

如今，维尚家具的海外拓展方式有了质的变化，也提高了当地合作公司的销售额与竞争优势。付建平说，与泰国客户合作 3 年间，泰国客户有些门店月收入可达几千万泰铢。

目前该策略已成功输出到泰国、波兰、印度、印度尼西亚、新加坡等国家，维尚家具实现了从传统的出口走向以技术为核心依托的深度产业路径。更为关键的是，维尚家具的供应链体系也随之延伸到海外，成为维尚家具全球业务扩张迈出的极富创造性的一步。

值得一提的是，这一全球化扩张的风险非常低，维尚家具与合作客户之间按部件收费，每个部件上都有条码。此举也规避了很多境外投资的风险和出口关税等问题。此外，维尚家具已与美国最大的家居公司签订了合作协议，工厂正在安装设备。

“从 2017 年开始派驻员工到海外指导车间改造，3 年时间里，维尚家具的海外部一共派出 200 多人到各个国家和地区，提供技术支持。”付建平说，虽然目前海外市场整体占比还不多，但这种纯技术输出、低风险的策略在未来将会成为维尚家具走向海外的一个重要路径，成为企业未来新的盈利增长点。

调研手记

自我超越成就国内家具龙头

维尚家具过去6年的发展速度，令人惊叹。2014—2019年，尚品宅配的营业收入分别为19.12亿元、30.87亿元、40.26亿元、53.23亿元、66.45亿元和72.65亿元，在如此大的基数之下，每年还实现如此高的增长率，这绝非创新就能实现的。

而从维尚家具的发展步伐可见，其并非简单依靠销售模式、自动化生产或者软件提升，而是依靠每一关键节点上企业整个体系的优化提升。可以说，维尚家具每走一步，都能看到其对自我超越的追求。

而当外界还在观望维尚家具如何进一步拓展国内市场的时候，令人惊喜的是，维尚家具依托技术出口的形式已经走出国门，把这种策略复制到全球。在全球经济形势复杂、出口面临着诸多不确定风险因素的时候，维尚家具的技术出口让人眼前一亮。如今的维尚家具，早已成长为国内定制家具的龙头企业，凭借其深厚的互联网基因，维尚家具的未来值得期待。

蒙娜丽莎：
围绕拳头产品加速“裂变”创新

厨房灶台桌面可采用一体成型的陶瓷岩板制造，不仅外型、颜色、花纹均可自由定制，而且防污染性强，不易变色，一体化成型。

这样的陶瓷岩板在蒙娜丽莎集团股份有限公司（下称“蒙娜丽莎”）的研发攻关下正加速走向市场。基于企业的拳头产品——陶瓷薄板的研发技术积累，蒙娜丽莎于近两年推出了新一代岩板产品，进一步创新陶瓷板的应用领域，加速向整体家居定制领域进军。

蒙娜丽莎是首批南海制造业全国隐形冠军企业之一。自成立以来，其长期坚守品质把控，并持续加大自主创新的投入，不仅在行业内创下多个“第一”，更以“壮士断腕”的决心攻坚环保，引领陶瓷行业走向高质量发展新阶段。

打破国外技术壁垒
革新设备推出超大规格陶瓷岩板

“一直以来，我们不断加大创新投入，加速生产设备的革新，并做好新技术的研发储备，由此加快推出领先行业的新产品。”蒙娜丽莎生产技术中心总经理谢志军说。

2018 年，蒙娜丽莎推出 15 款针对厨房板材应用领域的新一代岩板产品，并宣布向整体家居定制领域进军。仅 1 年后，蒙娜丽莎又在岩板产品上实现了突破，推出 3600 mm × 1600 mm 超大规格的陶瓷岩板。

新研发生产的岩板主要应用在哪些场景？作为一种新型饰面板材，岩板突破了传统瓷砖的应用范围，从传统的上墙、下地，到厨房台面、餐桌、橱柜、洗手台、书桌、茶几等产品表面以及柜体，未来甚至可应用至全家居领域。

一般来说，厨房装修的台面较常使用大理石、花岗岩、人造石以及石英石，而陶瓷岩板则延伸了厨房台面的可能性，因为它集耐高温、一体化成型、防污性强、不易变色、零甲醛、强度高以及丰富的图案装饰于一体。

实际上，早在2014年，意大利、西班牙陶瓷企业就提出了岩板的概念，并较长一段时间垄断大规格岩板的生产技术。为改变这一局面，蒙娜丽莎自2018年起开始投入岩板的研发生产，首先要突破的是原有生产线无法满足研发需求、设备亟待更新的问题。

拥有国内自主知识产权的蒙娜丽莎 3600 mm × 1600 mm 陶瓷大板生产线

经过1年多的技术攻关，2019年7月，蒙娜丽莎与恒力泰公司合作研发的首台HT36000压机在蒙娜丽莎西樵生产基地上线运行，成功压制出3600mm×1600mm超大规格陶瓷大板，成为国内最大的陶瓷大板。据介绍，这是迄今为止国产首台超大吨位压机，对中国建陶行业而言，是一项标志性的技术创新。

压机从运行到投产只用了不到1个月时间。“我们将很多准备工作前置施行，无论是最初的构想还是实验、配方的技术储备。”相关负责人说，另一方面，项目组由总裁亲自挂帅，研发中心和生产技术中心牵头，其他职能部门参与。

不仅高性能的生产装备以及完整的加工系统缺一不可，多年来在陶瓷薄板上的应用积累也为蒙娜丽莎研发陶瓷大板提供了技术配方基础。“配方研发大概持续了半年多，一方面我们每年都在开展技术研发储备，另一方面，蒙娜丽莎薄板的研发创新也为此次岩板的开发积累了一定的技术经验。”谢志军说。

加大创新投入
企业每年科技立项超40个

要在短时间内实现产品的研发创新，离不开蒙娜丽莎长期以来的技术积累与投入。

来自蒙娜丽莎的数据显示，2019年，企业共投入1.4亿元用于研发，占企业销售收入的3.79%；多台先进的研发检测设备，如衍射仪等众多百万元以上的试验设备，大多从德国进口……

“每年我们都会进行技术科技项目立项，同时依托企业现有的几大平台召开企业科技工作会议，并邀请专家团队、大学教授、科研院所、顾问团队等参加。会后，则对过去一年的科技工作进行结题和评价，并对新一年的科技工作提出方向和项目进度安排、考评要求，进而编发布年度科技报告。”谢志军说。

为保障企业的创新发展，近年来，蒙娜丽莎每年科技立项超40个，包括对现有技术的改进、新产品开发、新技术的储备等。

除了从资金上加大投入，蒙娜丽莎也十分重视硬件设施的提升。“随着未来对科研要求的不断提高，目前公司正在加紧升级企业的研发大楼，致力于改善科技干部的创作环境，从硬件、功能等多方面保障企业创新工作的开展。”谢志军说。

对于如何留住创新型人才，蒙娜丽莎也有自己的高招。“我们会对有突出贡献的科技干部进行绩效奖励，包括申请专利、发表论文等；如晋升到相应的职称，蒙娜丽莎还会对其每月补贴不同额度的津贴；不仅如此，如果员工有提高学历的意愿，如报读硕士、博士等，学费基本由公司支付。”

自2007年开始做陶瓷薄板以来，蒙娜丽莎积累了相对丰富的行业经验，并逐步建立起高水平的技术团队和平台，包括国家企业技术中心、院士工作站、博士后工作站、无机材料重点实验室等。来自蒙娜丽莎的数据显示，企业目前拥有博士4人、教授级高级工程师2人以及一大批高级工程师、工程师、南海区高层次人才和佛山市、南海区“大城工匠”等。

不仅如此，企业每年都会进行社招和校招，为新老员工制订完善的培训计划，并带领技术干部外出参观交流学习等。谢志军介绍，刚进入企业的新员工将实行师徒制，同时还将与大学合办大专班，为有意愿提升学历的老员工疏通渠道。

提升品牌影响力
借力研究院碰撞更多新思路

实际上，除了一如既往地坚持创新投入外，蒙娜丽莎还从加快产品销售渠道下沉等方面着手，不断提升品牌影响力。

而在传统陶瓷产业的发展短板——环保领域，蒙娜丽莎也做了不少突破和创新，并长期将其作为企业实现可持续发展的重要一环。数据显示，2014年至今，企业在环保方面投入超2亿元，而且经过两轮技术试点，企业建立的尾气治理技术成为陶瓷行业在环保提升方面的示范技术。

在自2015年起启动的佛山市环境信用评价中，蒙娜丽莎连续4年获得“环保诚信企业”（环保绿牌），成为佛山制造业唯一获评的企业。“其实企业一开始也没有太多的头绪，我们就去请教政府的相关部门、专业机构等，一步步探讨制定环保治理方案。”谢志军说。

基于已有的发展基础，蒙娜丽莎有着更高的目标。“我们希望引领世界陶瓷技术，做陶瓷岩板的国际领跑者。”在谢志军看来，如果说2007年做陶瓷薄板是“从无到有”的过程，如今要研制更多系列的陶瓷薄板、陶瓷岩板，对于生产设备的要求则更高，但企业仍希望基于此前已有的技术积累实现更好的突破。

但另一方面，随着创新研发投入的不断加大，企业在引才、留才等方面仍存在一定的困难。“在这方面，除了企业自身须不断完善福利待遇、工作环境外，仍离不开政府、社会各界共同努力，营造适宜人才落地、发展的环境。”谢志军说。

作为“南海隐形冠军”企业的实体服务机构，隐形冠军研究院的成立或将为蒙娜丽莎等冠军企业带来新的碰撞。“我们希望企业诉求可以通过研究院反映给相关政府部门，也希望研究院能利用其资源和影响力，帮助我们进行人才引进，拓宽人才招聘渠道。”谢志军说，“此外，陶瓷企业不能只做陶瓷，也可以尝试其他可能性，研究院可以组织多家企业互动交流，帮助企业之间碰撞出新思路、新项目”。

调研手记

做好技术研发储备　及时把握发展机遇

说起陶瓷企业，相信不少人的第一反应是在传统、老旧的厂房里做着传统的活计。但蒙娜丽莎的陶瓷薄板生产车间，或许会颠覆你的刻板印象：整洁有序的车间找不到一丝尘土，高度智能化、自动化的生产设备早已替代传统人工。

不仅多个行业领先的陶瓷产品从蒙娜丽莎的生产车间销往世界各地，随着品牌影响力的逐步提升，蒙娜丽莎还实现了“从我为意大利贴牌到意大利为我贴牌”的转变：诞生于意大利的 GRUPPO ROMANI 陶瓷以印着蒙娜丽莎商标的产品销往全球。

由从零起步实现新产品研发的快速落地，到围绕拳头产品推出更优质、引领行业发展的陶瓷产品，蒙娜丽莎的研发周期不断缩短，离不开其长期以来的创新投入与技术研发储备。

俗话说，“机会总是留给有准备的人”。这句话在蒙娜丽莎身上体现得尤为深刻。长期坚守创新，注重人才培养，敢于啃下行业“硬骨头”……将这些工作一步步做好，做到极致，才能及时把握行业发展机遇，或许这正是蒙娜丽莎实现华丽转型的法宝。

精铟海工：“定海神针”成就“大国重器”

粤西阳江海域，包揽了多个“国际领先”“国内第一”的风电安装平台“海龙兴业号”，让星星点点的风力发电机如“定海神针”般牢固伫立于大海之中；江苏沿海，搭载着国内首创液压升降系统的“精铟 01”（KOE－01）风电安装平台，在日复一日的作业中，精准快速地完成平台的上升与下降……这两座有着“佛山制造”印记的“海洋重器”，均来自广东精铟海洋工程股份有限公司（下称“精铟海工”）。

作为首批南海制造业全国隐形冠军企业的一员，精铟海工自 2007 年进入海洋工程领域，目前已成为国内海洋工程核心设备的第一梯队企业。

自 2018 年起，进入海上风电领域的精铟海工更迎来快速发展。从设备制造走向平台整合，从填补国内技术空白到填补行业标准空白，从设备制造商到提供商，精铟海工正踏入更深的海域，在海洋工程这一领域发出更响亮的佛山声音。

创下多个国内之“最”
风电安装平台在广东海域“站稳脚跟”

桁架式桩腿、齿轮齿条升降设计，配置 96 套变频电动齿轮式升降装置，最大起升速度 0.46 米/分钟，最大作业水深达 60 米，配置 1200 吨变频绕桩吊，自带 DP1 动力定位装置可用于 8 兆瓦及以下海上风机的安装作业及运维工作……这台创下多个国内之“最”的“海龙兴业号”风电安装平台，正是出自精铟海工。

2019 年 4 月，精铟海工自主研发投建的“海龙兴业号”风电安装平台，在中船黄埔文冲船舶有限公司龙穴造船基地交付给中广核集团使用，它也是目前国内最先进、最大深水作业、最大绕桩吊重、抗风抗海流强的多功能海上作业平台。

在此之前，精铟海工已经首创全国第一台海洋工程平台升降系统，填补了国内技术空白，其自主研发的“精铟01”自升式海上风电安装运维平台2017年刚一出厂就奔赴江苏海域进行风场作业。

与“精铟01”相比，“海龙兴业号”作业水深增加了15米以上，吊重能力增加了400吨。而另一个创新，则是“海龙兴业号”的桁架式桩腿。

精铟海工自主研发投建的“海龙兴业号”风电安装平台

广东海域浪涌较大，要攻下这块“处女地”并不容易。精铟海工造的风电安装运维平台的桁架式桩腿，可以在较深的淤泥中自由伸缩，让安装平台可以直接站立在海上作业，大大降低了环境因素对作业的影响，使得“海龙兴业号”成为国内首座桁架式风电安装平台，也是目前少数适合在广东海域作业的风电安装平台之一。

从首台国产化海洋工程平台升降系统，到创下多个国内之“最”的风电安装平台，在海洋工程领域，精铟海工是当之无愧的“隐形冠军”。

聚焦于海上油气装备和海上风电装备两大板块，精铟海工首创的国产海工“三件套”在国内市场占有率均达到了第一，并进入中石油、中海油在国内外各个海上油田的作业中。2017年，精铟海工因自升式海洋工程平台升降锁紧系统，获评工信部第二批制造业单项冠军示范企业。

钻研技术抢占话语权
主持编定多项国家标准填补空白

一家成立仅10余年的年轻企业，为何能迅速成长为中国海洋工程核心设备市场的领先企业？“关键在于我们视研发为企业的核心优势。”精铟海工董事会秘书邓达纮说。

即使没有直接参与研发过程，邓达纮至今也印象深刻，在研发海洋石油自升式钻井平台升降系统核心部件时，要将钢锭磨成齿轮进行测试以选择最合适的材料，“每当齿轮载荷几百吨重力突然崩坏的瞬间，就会产生炸雷般的巨响，那段时间最怕听到这种响声，让人心慌。”邓达纮说。

经过长达半年的反复试验—分析—验证—再试验—再分析，精铟海工终于找到了合适的材料配方和工艺，然而这项预计投入500多万元的项目，光硬件的损耗就“砸”入近千万元。

也正是这种锲而不舍的坚持，让作为民营企业的精铟海工，在偌大的海洋工程核心设备市场站稳了脚跟，拥有了话语权，为行业的标准化做了贡献。

在经济全球化发展趋势之下，技术标准在贸易活动中越来越重要，高科技市场的竞争已经从单纯的成本、质量、商标、品牌之争演化到标准之争。

早在2013年，精铟海工就获批组建了广东省海洋石油工程重型装备工程技术研究中心。公司作为第一起草人，与中国船级社合作制定海工装备产品的国家标准，结合自身在设计生产领域的经验，逐步填补完善我国海洋装备设计制造标准的空白。

2019年12月1日，由精铟海工主持编定的GB/T 37455—2019《海洋平台液压环梁升降装置》标准和GB/T3 7456—2019《海洋平台电动驱动齿轮齿条升降装置》标准在全国正式实施，结束了我国在海洋平台升降装备领域无标准的局面，标志着中国首次建立了海洋平台升降装备领域的准入门槛。

此前，海上油气装备和海上风电装备等领域的生产和销售都是由国外公司垄断。“我们也希望随着标准的出台，能更好地引导和促进中国海洋平台升降装备产业的健康有序发展。”精铟海工总经理吴平平说，“公司一直把建立国家行业标准，树立行业标杆，践行国家的核心装备自主化研发生产目标作为主要的社会责任。”

业绩呈几何倍数增长 探索海洋工程服务新商业模式

伴随着企业的快速发展，精铟海工近年的业绩也呈现几何倍数增长。

精铟海工 2019 年年报显示，企业 2019 年营业总收入约 5.05 亿元人民币，比 2018 年同期增长了 847%；归属于公司股东净利润为 3354 万元人民币，比 2018 年同期增长 1276%。

这一增长态势从 2018 年就开始奠定，报告显示，2018 年上半年精铟海工营业收入比 2017 年同期增长 843.26%，净利润比 2017 年同期增长 75.15%。2018 年全年，精铟海工营业收入也比 2017 年同期增长 203.52%，净利润同比增长 83.94%。

“一方面，公司完成了‘海龙兴业号’各项主要设备的调试及试航，准时交付；另一方面，不断拓展业务市场，取得新订单的同时，‘精铟 01’自升式海上风电安装平台持续保持安全高效作业，为公司贡献稳定收入。”邓达纮说。

全球风能理事会预计，到 2023 年，风能发电将占世界风力发电量的近四分之一，海上风电市场主要由英国、德国和中国这三个国家主导。庞大的风电市场，也让精铟海工有了新的思考。除主攻海洋工程核心设备市场外，精铟海工也将产业链延伸至海洋工程服务领域。

“平台交付后我们还会提供后续的维护和管理服务。”邓达纮透露，目前精铟海工正借鉴欧洲的经验，在商业模式上进行新的拓展，“我们目前正观察两种模式，一种是以类似物业管理的角色介入海上平台的管理当中；另一种，就像英国的打印机行业，这个行业并不是靠卖机器赚钱，而是通过卖耗材来赚取利润，那么我们作为民企能否也通过把最好装备提供给海上平台的做法来开拓服务的市场呢?”

同时，通过海上油气核心装备起家，精铟海工在北海、波斯湾、墨西哥湾等多个海域有多年的海上服务经验和现场工程师团队，也正考虑通过工程师资源的整合为海上平台的维护提供各类后续技术服务。“如果说精铟海工之前只是一个单纯的设备提供商，那么现在就是兼具了设备和服务的产业链，我们希望能在海洋经济市场探索更多的可能性。”邓达纮说。

调研手记

心存敬畏才能不断创新

在海洋工程这一大领域，仅成立10余年的精铟海工还是个年轻人。但正因为年轻，这家企业迸发出无限的活力，也获得了多个第一，荣誉加身：迅速崛起成为国内海洋工程核心设备“三件套”市场占有率领先企业，成功交付两大风电安装平台，主持编定多项国家标准填补完善我国海洋装备设计制造的标准空白……

年轻的企业，却并不骄傲。在介绍自己的国际领先技术及付出大量心血打造的风电平台过程中，精铟海工一直以一种学习的心态进行交流。“对于我们来说，更重要的目标是‘活下去’。”邓达纮反复强调这一句话。

一个新锐的企业，以“活下去”作为企业口号，或许会让很多人费解。但在笔者看来，正是对海洋工程这个领域、对海洋工程这一行业心存敬畏，始终虚心向学，认真钻研技术，才能让精铟海工在那么短的时间内脱颖而出；也正是心存敬畏，精铟海工能拨开眼前迷雾，看清方向，一步一个脚印，在普遍以国外企业为主导的行业中“杀”出一条“血路”，不断探索更多的创新。

奔达模具：从"全国冠军"到"世界冠军"

从佛山一环桃园路驱车，约15分钟就到狮山镇松夏工业园内的佛山市南海奔达模具有限公司（下称"奔达模具"），略显低调的厂房并没有特别引人注意，然而，奔达模具却是全球汽车铝合金铸造模具行业的龙头企业。

每年，占据全国产量60%的开发性OEM（代工）汽车铝合金轮毂模具从这家低调的企业中"走"出来，被运往全球最大的铝合金车轮供应商中信戴卡股份有限公司（下称"中信戴卡"）、中国最大的铝合金车轮制造企业之一的立中集团，以及东芝、威富集团等。这就意味着，奔驰、宝马、奥迪、福特……全球大部分知名汽车产品，都在使用奔达的轮毂模具生产的汽车轮毂。

近两年来，随着汽车轻量化的转型，这家中国最大的开发性OEM汽车铝合金轮毂模具供应商，从原来的机械化、自动化、信息化转变为轻量化、国际化、智能化企业。"希望能成为铝合金铸造行业跨技术领域的领导者，从国内细分领域冠军成长为世界冠军。"奔达模具创始人、董事长简伟文说。

30年积累沉淀
成国内铝轮毂水冷模具最大制造企业

轮毂是汽车的重要零部件，影响着汽车的安全性和操控性，而汽车轮毂模具则是汽车产业当中不可或缺的特殊基础装备，影响和决定着汽车轮毂的外形和质量等。1990年成立的奔达模具，已经在行业内打拼了30年，从当年打破轮毂模具依赖进口，到如今朝着世界第一进发，奔达模具厚积薄发。

在中信戴卡、立中集团位于中国、美国、泰国等地的汽车铝合金轮毂生产车间内，奔达制造的模具或以滚烫的金属液体充填，或以拍、压、锻造将铝锭、铝棒变成轮毂，安装进轮胎，支撑汽车安全行驶。

作为首批“南海全国制造业隐形冠军”企业之一的奔达模具在过去两年多时间里保持着增长的发展态势，2019 年产值为 3.56 亿元，纳税额达 3200 多万元。

“但是企业并没有刻意追求做大。”在简伟文看来，把企业做强才是关键，因为只有强大了才能给客户创造更大的价值，比竞争对手提供更好的产品和服务，这才是检验企业的重要标准。

经过 30 年的积累和沉淀，奔达模具累计生产各类金属型铸造模具 2 万多套，目前铝合金铸造模具的年产能达 3000 多套，主导产品包括汽车铝合金轮毂模具、汽车铝合金脚踏板模具、汽车铝合金底盘结构件铸造模具，是丰田、东芝、中信戴卡、立中集团、中兴、DEE ZEE 等国内外客户的主要供应商，并成为国内铝轮毂水冷模具的最大制造企业，成为当之无愧的轮毂模具制造业细分市场的全国隐形冠军企业。

奔达模具生产车间

“这样的成绩和地位来之不易。”在简伟文看来，奔达模具成为“隐形冠军”比德国等国外的企业要难很多。国外企业只要在其专注的领域成为冠军即可，但是中国企业的供应商和设备外部环境都面临不少挑战，在此背景下，企业要成为“隐形冠军”就必须付出更大的努力。

把握轻量化机遇
以新领域业务挖掘新增长点

在过去几年里，由于环保和节能的需要，汽车的轻量化已经成为世界汽车发展的潮流。与之相对应的是，汽车轮毂也必须开始轻量化，而改变首先要从模具开始。

简伟文坦言，未来10年，奔达模具将把握汽车轻量化的机遇，通过大量投入研发来推进企业的健康快速发展。据悉，目前奔达模具每年固定资产投入2000万元，在研发投入方面，每年都会投入销售收入的4%，约1200—1600万元。

与此同时，从2015年开始，奔达模具就承担广东省应用型科技研发专项，2016年起承担佛山市企业核心技术攻关项目，目前正在承担客户委托的技术攻关项目达20多项，是名副其实的行业工程技术中心。截至2019年年底，奔达模具共完成科技成果转化71项，获得授权专利112件，其中发明专利10件。

“轻量化带来很多机会，以前轮毂都是以铝带钢、带铁，轻量化之后对铝合金铸件需求井喷式增加，事实上，不仅是汽车轮毂，包括汽车底盘铸件等都面临着更新换代。”简伟文说，随着汽车轻量化的到来，奔达模具凭借20多年的工艺经验，逐渐把业务范围扩大到铝合金底盘结构件铸造模具等新业务上面，并逐渐将其作为业务的重要组成部分。

比如，其最新的一款产品是大型铝合金副车架低压铸造模具，产品长度超过1 m，一模多腔，铸件壁厚5 mm，内部放置有砂芯。该产品对模具的工艺设计、结构设计和模具预防变形措施提出了较高的要求。

实际上，奔达模具从2013年就开始设立新部门聚焦铝合金底盘结构件铸造模具等新业务，并不断开拓新能源汽车领域的业务，包括新能源汽车的铝合金铸造件、电池壳等。

“其实模具从设计到销售过程很漫长，以年为单位。经过之前的积累，我们现在跟上海汇众、红旗和特斯拉等企业都已经开展合作。”简伟文说，未来奔达模具主要聚焦三大块业务，其中汽车轮毂模具和压铸件的业务比例会有所下调，而底盘结构件的业务比例则会上升。目前这些新领域业务已经逐渐成为奔达模具新的增长点。2019年达6000多万元，预计2021年的产值规模将会超亿元。

汽车轻量化不仅在材料等方面对企业提出了新要求，企业的生产工艺、生产线也面临着新的挑战。为此，奔达模具也大力推广智能制造，包括推动智能制造技术应用，如机器人打磨生产线、模具水道机器自动焊接、模具加工生产线自动化等，缩短生产周期，提高产品质量稳定性。

同时，在铸造工艺设计创新方面，奔达模具针对产品特点，采用变化的模具壁厚设计，组合应用强水冷、水雾冷、风冷和电加热等措施，同时应用 CAE（计算机辅助工程）模拟分析验证，提高一次试模合格率。

在这一过程中，借力“外脑”尤为重要。从 2018 年起，奔达模具就聘请了香港生产力促进局担任顾问，正式启动了奔达 2025 的智能制造工程，依靠信息化、机械化、自动化的有机融合来实现高水平的精益生产，逐步迈向先进制造企业的行列。

打造压铸模具 4S 店
成为行业跨技术领域领导者

如今，奔达模具正从国内冠军向世界冠军迈进，但在轮毂模具的世界舞台上，奔达模具的对手都是来自英国、意大利和法国的企业。如果不能实现智能化和国际化，奔达模具将无法在全球舞台上立足。

“现在奔达模具到国外参展的时候都会重点突出是中国第一家专业的轮毂模具厂，是亚洲最大规模轮毂模具厂。”简伟文说，奔达模具在国外的对手不少是上百年的轮毂厂，他们此前都是自给自足不对外开放的，而要撬开他们的“大门”，唯一办法就是让他们知道用奔达模具的产品可以提高企业的生产效率。

“单单在材料和精度上我们不一定比国外企业好，但从综合工艺还有性价比来说，我们就会比他们更加有竞争力。”简伟文说，相比之下，奔达模具的优势在于能实现材料性能、产品设具和设备配套、模具技术，同时具备高压和低压的熔铸工艺。

在简伟文看来，一般模具厂只是侧重数控加工，而奔达模具则在材料性能、熔铸工艺、制造等全链条都是领先的。简而言之，奔达模具的综合性价比是最高的，产品的价值覆盖到了每一个维度。

奔达模具的目标没有止步于综合领先水平。从 2018 年开始，奔达模具挑战了一个新项目——研究压铸模具使用过程中的变形机理和规律。“这个项目目前世界上没有几家企业或机构敢挑战，一般科研机构不敢挑战，因为他们没有使用场景。企业也不敢挑战，因为需要很高的科研理论水平支撑。”简伟文说，如果这个项目研发成功，可以预测轮毂模具在使用过程中怎么变形，那么就可以提前介入去维护和修补，从而延长模具的精度和使用寿命。

在简伟文看来，目前的维护是被动的，而这个项目研发成功后则可以变被动为主动。不仅如此，该项目还可以衍生出一个全新的商业模式。“我们甚至可以成为压铸模具的4S店，其他模具在使用了一段时间后都可以拿过来进行维护，而目前这个领域还是空白。”简伟文说，该项目课题的研发也得到了佛山市科技局的支持，目前奔达模具已经得到100万元专项资金支持。

面对未来，奔达模具目标清晰。“我们希望成为铝合金铸造行业跨技术领域的领导者。”简伟文说，未来5年，奔达模具的销售收入目标是以平均每年10%—11%的幅度增长，2023年的收入规模达到5.5亿元，利润达到1亿元。

调研手记

人才是奔达模具领先的最大“秘诀”

从白手起家到全国产量最大的汽车铝合金轮毂模具厂，奔达模具的成长离不开人才。作为企业的领头羊，创始人简伟文是华南理工大学硕士生，就专攻压力加工专业。

技术型老板最大的特征之一就是重视技术并舍得投入。简伟文毫不掩饰他对各个领域的熟悉：我懂材料性能，我懂熔铸工艺，我懂智能化，我懂模具的设计，我也懂产品营销和企业管理，所以我能给客户最优的方案和最高效的产品。

单单依靠带头人没有好的执行者同样难以落地。为此，简伟文重视企业文化和团队建设。他有一个习惯，就是每个月会到车间与基层干部谈心，跟他们强化奔达模具成为行业世界冠军的目标，并探讨如何为之努力。

专注于企业的目标也同样重要。毕业至今 30 多年了，简伟文一直专注于模具加工行业，而没有选择跨界发展分散精力。“如果你跨了几大行业，试问还如何超越你的对手?”

朝野科技：抢占5G新风口　掘金万物互联蓝海

带手机充电功能和显示屏的电子咖啡桌，扫一扫二维码就可随意切换语言的电子欢迎屏……佛山高新区松夏工业园内，广东朝野科技有限公司（下称“朝野科技”）的展厅中各类新颖的显示屏产品引起不少外来客商的兴趣。“朝野科技现在每年能保持10%—20%的利润增长率。”朝野科技董事长吴燕平兴奋地说。

作为首批南海制造业全国隐形冠军企业之一，朝野科技生产的32英寸电视机在印度市场占有量居第一位，占京东方该类显示屏供货量的第一。每天，有1万多台液晶电视从这里运出，发往印度、埃及和南美等国家和地区。

始终深耕电视显示屏领域，朝野科技针对不同市场打造最有竞争力的产品，自主开发新系统推动实现个性化生产。而随着5G时代的到来，朝野科技正紧抓这一机遇，推出智能产品抢占万物互联的蓝海。从贴牌生产到推出自主品牌，如今，朝野智能电视正打开俄罗斯等欧洲市场。

智能电视产品畅销俄罗斯

在吴燕平的办公室内，一块86英寸的大显示屏很是显眼，这正是朝野科技近年推出的拳头产品——多功能智能电视。

用手轻轻一拍，显示屏就被叫醒。吴燕平点击进入电子白板界面，屏幕马上变成一块硕大的“白板”，用手指可以在上面写字，还可以让字放大、缩小或者移动，一旦需要修改，在字上画个圈就可以擦掉，或者点击一下下方的工具栏，选择“橡皮擦”功能。整个操作与在平板电脑上一样顺畅。

除了白板功能，“这款智能电视还可以用于开高清的视频远程会议，还具备电脑功能，甚至可以进行卡拉OK。”吴燕平现场演示，在电脑上按一个键，智能电视显示屏立刻就切换成电脑桌面的模式，“同时，设备与设备之间还可以进行无线传输。”吴燕平介绍。

说起对智能电视的研究，朝野科技早在2016年就已开启。吴燕平回忆，当时受限于硬件和网络的问题，用起来并不流畅，“一方面系统的开发还未成熟，另一方面传输速度不高，使得系统在处理大量信息时速度很慢。直到近两年我们找到解决方法，智能电视才逐渐走向成熟。”吴燕平说。

5G的到来让吴燕平看到了巨大的商机。从2G到5G，频率越来越高，传输速度也越来越快。同时5G的时延性大大降低，每平方公里的最大连接数是4G的100倍，支持的最高移动速度是是4G的1.5倍，使得游戏、视频和数据电话等实时应用能产生很好的用户体验。再加上5G传输路径变化，使设备和设备之间可以直接进行传输，这些都让朝野科技的智能电视有了更好的支持。

同时，在内部研发过程中，朝野科技不断扩大产品的芯片容量，提高系统的流畅性，为产品有更强的可靠性持续做功能“减法”。

在硬件、软件的双重支持下，如今智能电视成为朝野科技最受欢迎的产品之一。“它可以作为学校的教育机，也正逐步走向各家庭。”吴燕平说，在俄罗斯市场上，由朝野科技提供的以及打上朝野科技“ΛSΛNO”品牌的电视及智能电视随处可见，占据了当地30%左右的市场份额。

针对不同市场打造最具竞争力产品

“技术革命影响非常大，如果没有5G的速度和带宽，智能家居也难以得到大范围的普及。”吴燕平说，正是出于对市场、对技术的深刻理解，在5G时代来临时，朝野科技已经做好了准备。

专注于中小电视显示屏领域，朝野科技紧抓市场需求，在研发路上深耕不辍。吴燕平介绍，朝野科技与深圳、广州多个研发团队建立了合作关系，并聘请了世界多地的设计师研究当地市场的需求点和痛点，针对不同市场打造最具竞争力的产品。

例如，对于印度市场，朝野科技专门进行需求分析发现，印度市场的需求非常个性化，喜欢厚屏幕、音量很大的电视机，而且歌舞节目很多，所以电视音响和音质会直接影响到他们的购买选择。为此，朝野科技花费年薪100万元聘请了印度的高级工程师进行研发，并收购了一家在深圳做高级音响的企业。朝野科技研发出的

朝野科技生产车间

带有“专业级别音响”的电视机在2017年一推出，就备受市场追捧，累计为朝野科技增加了几千万元的营业收入。

为了给客户“量身定做”，朝野科技还与华南理工大学共同研发了基于“互联网+”技术的“朝野全球专业电视定制系统”。利用新技术将个性定制系统化、流程化，以此实现真正的生产个性化，并疏通与全球客户的营销对接渠道。

在这一系统中，电视产品的各种特征会分门别类显示在系统中，客户只需要按需选配来进行组装，系统就会根据客户选择的功能、零部件等信息，显示出产品的效果。客户确认后，系统会依照客户订单生成一份产品3D效果图；未来这份订单数据会输入企业资源计划（ERP）系统里，为客户提供报价，同时方便业务员按照订单跟踪产品的生产。

“我们的目标就是在终端能做精做专。”吴燕平说，“正因此，为了让智能电视产品产生更好的使用体验，早就开始研究智能电视的朝野科技选择与视源股份合作。而后者是液晶显示主控板卡和交互智能平板的设计、研发与销售的市场领导者。”

探索与“南海制造”合作大空间

从个性定制专业电视到智能化电视的大批量生产，朝野科技紧抓市场的最新动向，意欲携手“南海制造”，以一台电视机串起全屋的“万物互联”。

“打开全部的灯，打开风扇。”当吴燕平对电视的指示话音刚落，全屋的灯依次亮起，角落的风扇呼呼作响。“5G的到来，让人和设备有着更多的交互可能性，万物互联有着更为广阔的应用场景。”吴燕平说。在未来5G时代的智能家居应用场景中，各类智能家电将通过5G网络连入云端，而电视屏幕将作为一个入口。

如今，在佛山，不少家电企业都推出了基于5G的智能产品。像万和集团就在实验大楼里专门设立了5G智能家电体验空间，包括热水器、烤炉等产品均可以用5G实现网络连接。

而以显示屏为入口，朝野科技正探索与“南海制造”的更多合作空间。吴燕平透露，目前朝野科技正寻求和南海的一些家电企业合作。“例如风扇就是与电视机黏性很强的一个产品，我们可能会尝试能否通过屏幕去实现风扇的调速等功能。”吴燕平说。

不过，从2G到5G，从2K到8K，数字经济时代正给朝野科技带来更多想象空间，一直主攻家用市场的朝野科技正瞄准商用显示这一大市场。根据奥维睿沃（AVC Revo）的分析，2020年商用显示市场规模有望突破千万亿元。

“像户外广告、联欢晚会等终端显示的需求量正在逐步增加。”在吴燕平看来，家用电视市场的增长空间有限，而在物联网和智慧社会的需求带动下，在以大尺寸液晶为中心的显示技术革新大潮下，商用显示正全面爆发。“虽然商用显示需要更多的配合支持，相对家用显示更为复杂，但我们很看好这一市场的发展空间。”吴燕平说。

调研手记

深耕市场方可先行一步

阿里巴巴副总裁刘松说过，数字技术是应对全球面临的增长压力中的非常重要的、极其正能量的一种模式。任何一个企业在数字化转型、迈向数字经济的过程中都需要培养一种原来所没有的数字引导力。对于中小企业来说，最大的机遇在于普惠型的数字科技与垂直行业的深度融合。

朝野科技这次则是紧紧抓住了5G这一风口。而要抢占这一风口势必要做好准备，朝野科技能推出这一成熟的智能电视，也是源于3年前的准备。蓄势待发，正是基于朝野科技对显示屏电视领域的深耕做出的提前预测。

在朝野科技的工厂里，生产线运作不息，制造着数百种电视机产品。充足的生产能力让朝野科技中小屏液晶电视的生产在民营企业里面做到最大。从打造“专业级音响”电视机占领印度市场，到研发专业定制系统抢占个性化生产，再到如今联合“南海制造”抢占智能家电市场，朝野科技每次先行一步，都是把优势做到极致发挥出最大的竞争优势的结果。这正与“隐形冠军”的特质非常吻合。

承安铜业：制造业冠军再造“环保冠军”

占据细分领域全球1/3市场、年销售额超20亿元、产品远销全球多个国家和地区……如此高成就还如何持续创新，继续扮演先锋角色？南海制造业全国隐形冠军企业——佛山市承安铜业有限公司（下称“承安铜业”）正在给出答案。

承安铜业是PCB线路板磷铜阳极领域的“隐形冠军”。1992年，承安铜业董事长周腾芳带领团队生产出国内第一个磷铜阳极。从一颗铜球出发，不断打破传统工艺，甚至不断跨行业吸收技术灵感，多次引发材料革命。承安铜业将这一涉及汽车、手机、智能家居等多类产品质量稳定性的核心零部件做到极致。

磷铜阳极，外观看只是一个普通的小铜球

“2017年，我们获得了‘南海制造业全国隐形冠军’的称号，但要想保持优势，只有不断创新、自我革命。”承安铜业总经理周建新说。意识到环保产业正在成为风口，周建新决定改变单一工厂、单一行业、单一产品的现状，延伸现有产业链，向 PCB 环保、新材料等领域拓展。

2017 年，面向 PCB 蚀刻液回收处理领域的广东德同环保科技有限公司（下称“德同环保”）应运而生，并在两年内完成了量化生产、技术升级、业务大幅拓展的“三级跳”。“我们期待将其打造成为集团内第二家‘隐形冠军’。”周建新说。

寻找新赛道
高起点上的自我革命

说起磷铜阳极，绝大多数的消费者尚显陌生。但生活中所使用的手机、汽车、电脑等日常工具却都离不开它。

“以汽车为例，一辆汽车上装有三四十块电路板，汽车的安全、娱乐等多种功能都是通过电路板实现。如果电路板的铜材不好，造成导电不良，那么照明系统、娱乐系统甚至安全系统等都可能产生问题，后果严重。”周建新介绍，这里的铜材指的就是磷铜阳极，从外观看它只是一个普通的小铜球。

“作为国内第一家磷铜阳极生产企业，可以说我们公司从成立的那天开始已经是冠军了。”周建新说。

居安而思危。在连续多年占据中国印刷电路板行业百强排行榜专用材料的第一名之后，周建新开始思考一个问题：由于市场变化等原因，铜球业务增长趋向缓慢，未来提升空间和方向在哪里？

“跟对手比赛的时候很容易变成同质化竞争，当下一波浪潮来临，也很容易被对手赶超。”周建新坦言，从问世至今，铜球已经是有超 50 年历史的产品，而承安铜业发明的微晶磷铜球也已面世 10 余年，利用率超过 99%，带给客户的价值已经很难进行革命性创新。

站在行业金字塔顶端的企业更应该明白创新的含义。另找赛道突围的想法浮现在周建新的脑海中。2017 年下半年，在南海制造业全国隐形冠军寻访启动的同时，周建新也开始了一场新的企业革命。

“每家企业在运行的过程中都需要环保公司来解决问题。”在 PCB 行业深耕多年的承安铜业更清楚这个行业对解决环保问题的迫切需求。基于对行业的预判，周建新决定改变现状，向 PCB 环保等领域拓展，成立广东德同环保科技有限公司。

德国环保蚀刻废液处理设备和技术，既能有效提取危废蚀刻液中的贵金属，也将蚀刻废液重新调配后循环利用，不但为线路板厂从源头上降低90%以上的危废蚀刻液的排放，也创造了巨大的经济效益和社会效益。

创新运营方略
把原有客户变成合作方

“线路板厂在生产过程中需要我们承安铜业的铜球产品，而生产过程中产生的大量蚀刻废液，则需要我们德同环保的设备和技术进行处理。可以说，承安铜业和德同环保的客户是共享的。”周建新介绍说。

印刷电路板行业令人关心、头痛的问题就是废液处理问题。蚀刻废液中富含的铜具有较高的经济价值。有统计分析，每10吨蚀刻废液可以提炼出1吨铜。

此前，线路板企业处理废液的办法是把失效后的蚀刻废液廉价卖给有回收资质的单位。有业内人士介绍，这种方式不仅处理效果不好，而且还很容易造成污染源转移。

转换赛道，其实也为承安铜业打开了新的市场空间。

德同环保所生产的环保设备能将铜从蚀刻废液中提取出来，制作成纯度较高的铜板，而铜板则可以作为原料直接生产承安铜业铜球。此外，废液还可以继续回收利用，提取做电路板所需要的盐酸，从而将上下游连接，形成闭循环，即铜回收的闭循环和蚀刻液的循环。下游利用了市场，上游则利用了原材料。

与此同时，德同环保还开创了一个新的销售路径。客户无须出资购买环保设备，仅须与德同环保签订合约，允许环保设备及其维护与运营进驻。从客户的废液里提取出来的铜，德同环保参与分享。

“这其实是一个双赢的局面，严格来说，我的客户也是我的合作方。”周建新举例，“一个电路板厂生产过程中一个月可以产生百吨乃至千吨废液，利用环保设备可以解决九成以上废液。而如果没有环保设备进驻，将会造成大量的资源浪费与环境污染问题。”

在2019年“创客中国”广东省中小企业创新创业大赛暨第三届“创客广东”大赛上，凭借“新一代PCB线路板加工蚀刻废液再生循环和提铜装备”项目，德同环保拿下了该赛事环保组别广东省第一名的成绩，并于第八届中国创新创业大赛（广东佛山赛区）中获得成长组第一名。

坚守创业梦想
加力技术研发保证项目质量

2019 年，周建新参加了佛山市工商联发起的“品质革命 对标世界”2019 年佛山企业迈向高质量发展跨省跨国活动。在这个由专家学者、政府领导、企业家组成的队伍里，周建新清晰了自己的方向。

“有一天我坐在著名经济学家周其仁教授旁边，周教授问我，我做企业想要达到什么目标。我的回答是影响力。”周建新说。

如今，承安铜业技术仍然在不断更新，既有“隐形冠军”企业与新生企业共同发展的局面，也实现了资源共享和互相成长。一方面，承安铜业的资源和积累帮助了德同环保的成长，另一方面，德同环保也让承安铜业的发展变得更全面。

“一家行业领军企业必然有一定的瓶颈，例如该如何激发老员工积极性。”周建新介绍，德同环保成立之后，员工有了另外一个崭新的发展平台和获得成就的新途径，实现业绩、工资双增长。“这是一件很鼓舞人心的事情，也让整个集团焕发了新的活力。”

正如承安铜业赶上了中国电子产业发展的时机，德同环保也赶上了中国环保产业的风口。随着近年来中央到地方对环保问题的高度重视，德同环保一直处于“满单”的状态。

与此同时，众多社会资本也在切入这一领域，竞争对手不断增加，不少企业都希望短期内抢到更多订单。行业技术不断提升，专业人才相对短缺。面临着“牺牲质量抢市场”还是“牺牲短期利益抓质量”的选择时，周建新选择控制发展速度，保证项目质量，加快技术研发和人才储备培养。

从 2018 年 9 月开始，德同环保暂缓开发省外客户，2019 年 4 月开始暂时不主动接触新客户，以已经签约的客户需求为主，服务好每一个客户，同时建立研发中心，招募技术人员，大力进行该领域的技术研发。目前，德同环保每个季度公司员工的数量都在快速增长。

“坦白说，我个人非常痛苦，订单很多却不能接。因为高速发展的时候，真正回报是在后期。但我相信只要坚持品质，未来一定会更好，德同环保必须要做集团内第二家‘隐形冠军’。”周建新说。

调研手记

有冠军实力更要有创新勇气

2008年，周建新从国外学成归国并参与到承安铜业的经营当中。父辈创造了承安铜业在磷铜阳极领域的成功，作为企业的接班人，如何守正创新，是一直萦绕在周建新心中的疑问。

作为一家行业领军企业，承安铜业有其固有优势也面临一定的挑战。拓展承安铜业现有业务，完善上下游产业链，向环保产业进军正是周建新的突围与创新。

从1992年成立以来，承安铜业一直坚持做好一颗铜球。但当意识到可能已经触碰到行业天花板的时候，承安铜业毅然调整战略，把握机遇，将新兴产业和技术引入到原有产业链中，将自身优势发挥到最大。

在这场自我革命中，最困难的是如何用原有企业的思维模式、人力等因素去做新的企业，实现转换思维，取其精华，去其糟粕。但难能可贵的是承安铜业和它的新一代掌门人依旧坚守品质，坚持创新，实现了新一极的增长优势，也为原有产品打开了一扇窗。

粤海汽车：
“超级工程”背后的守护神

每天，港珠澳大桥上车辆川流不息。鲜为人知的是，这座大桥的正常运转，离不开一家南海企业的保驾护航。来自佛山市南海区九江镇的广东粤海汽车有限公司（下称“粤海汽车”）提供清障设备，可及时、高效、快速、有序地清理交通障碍，最大限度保障港珠澳大桥高速公路的畅通运行。

这并不是粤海汽车第一次服务于国家重大项目和活动。在2017年金砖国家峰会、2010年广州亚运会、2008年北京奥运会中，粤海汽车都为道路救援保障工作提供了清障车设备。

“在国内，每销售出4辆清障车，就有1辆诞生于粤海汽车。”粤海汽车常务副总经理彭铭雄介绍。深耕清障车行业多年，这家企业早已位居全国清障车企业之首，占整个市场约30%的份额。

2017年，粤海汽车成为首批南海制造业全国隐形冠军企业之一。获得这一荣誉2年多来，粤海汽车始终坚持“术业有专攻”，不断在清障车领域创新开拓，发挥着“隐形冠军”的示范效应。

清障车行业龙头
产品远销20多个国家和地区

每天，一辆辆清障车“走下”粤海汽车的生产线，从南海出发被运往大江南北，在不同城市的道路上肩负起重要的救援使命。

清障车，是一个非常冷门，但现代都市又必不可少的特种汽车产品。在国内清障车市场，粤海汽车无人不知、无人不晓。

国内每销售出 4 辆清障车，就有 1 辆诞生于粤海汽车

时间回到 1994 年，粤海汽车还名为粤海改装厂。当时，清华大学一位教授建议，粤海可以走一条新路，改为生产清障车。彭铭雄回忆，也是在这一年，父亲彭添成经过一番思考后，认为这个行业大有可为，决定立项试做清障车，并努力朝着行业最好的水平前行。

在那个年代，国内的清障车十分简陋。“只是简单在货车上搭架子，用手动葫芦将汽车的前部吊起来，然后拉走就算成功。但我们的不一样。”彭铭雄说。

生产伊始，粤海汽车就参考了发达国家的清障车技术，不断消化和吸收最先进的清障车设计和生产技术，持续研发适应我国公路特点的高标准清障车。

粤海汽车坚持不懈的努力与始终坚持创新的理念，就是从当时开始成形。“国内的汽车尤其是货车，经常出现严重超载现象，托举能力不足的清障车很快会损坏。但粤海汽车的清障车可以轻松托举这些超载的故障车。”彭铭雄说。

“我们可以为了一个部件开展上千次试验。”他介绍，以自主研发的冲压式平板为例，为了摸清金属“脾性”，粤海汽车的研发团队反复试验超 8000 次。

就在不断调整与试验中，粤海汽车生产出轻量化设计的冲压式平板，在提高产品承载能力的同时，还大大减轻了整车的重量。

追求创新和品质的粤海，不断把产品做到极致。在清障车领域，有一句话在业内流传已久：“粤海的车用不坏。”简单的话语印证了粤海汽车多年的江湖地位。

历经重重考验
成为港珠澳大桥守护者

粤海汽车的成功，与两代“掌门人”的传承与不断创新有着紧密关系。2010年，从澳洲留学归来的彭铭雄开始接管粤海汽车。工商管理专业出身的他，对于企业有着更多自己的理解。

为了提高粤海汽车的品牌认可度和知名度，2011年，彭铭雄主导创办了中国清障车操作技能争霸赛。

“举办第一届的时候只有100多人参加，到2018年举办第七届的时候参赛人数已经超千人。”彭铭雄介绍，这场比赛吸引了20个省（市、区）的多支清障救援队同台比拼，来自中国香港、澳门以及日本的同行也前来观摩交流。

多年来，中国清障车操作技能争霸赛已成为清障救援行业水平较高的竞技赛事，粤海汽车的品牌知名度与认可度也越来越高。

就在2018年，这项赛事被升格为省级职业技能大赛。“我们期待能在以后升级为全国性的职业技能大赛。”彭铭雄说。

除了利用技能赛事提升自身的品牌影响力，与此同时，越来越多的国家级、世界级项目和盛事也在选择粤海汽车，为粤海汽车打下良好口碑。

2017年12月，港珠澳大桥管理局公开招标主体工程第一批拯救及养护设备。凭借多款自主研发生产的产品和整体解决方案，粤海汽车脱颖而出，成为港珠澳大桥主体工程首批拯救及养护设备的服务商，一同入选的还有中联重科等企业。

“针对港珠澳大桥工作环境要求，我们加强了此次供应产品的防锈处理。”彭铭雄说，此前，粤海汽车的清障车产品也在香港青马大桥上“服役”。港珠澳大桥相关负责人前去青马大桥考察后，选定粤海汽车成为港珠澳大桥拯救及养护设备的首批服务商。

2018年4月，港珠澳大桥主体工程首批45辆拯救及养护设备，由中铁物资集团交付港珠澳大桥管理局。其中，由粤海汽车提供的共有17辆，包括平板型清障车、全落地型平板清障车等多种类型。

“我们提供的多种清障车型和完整解决方案，能在一定程度上提高高速道路交通事故发生时的应急快速处理能力及效率，最大限度地保障港珠澳大桥高速公路的畅通运行。”彭铭雄说。

2018年10月24日上午9时，港珠澳大桥正式通车，这也成为粤海汽车的高光时刻。

管理机制不断创新
全力迈向新的生产模式

如今，经过20多年的发展，粤海汽车已从最初学习借鉴发达国家的技术，成为具有自主研发实力、拥有40多项国家专利技术的企业，产品更远销日本、美国、加拿大等20多个国家和地区，并成为国家清障车行业标准起草与修订的主笔单位。

“2017年，粤海实现产值4亿多元，2018和2019年超5亿元。支撑增长的不仅是坚守技术创新，近年来，粤海汽车也在不断优化生产与管理环节。”彭铭雄说，在其看来，传统制造业要顺应时代的发展潮流，用科学管理走上现代化企业的道路。

彭铭雄的期待是推动公司执行制造企业生产过程执行系统，即MES系统。该系统可以为企业提供包括计划排产管理、生产调度管理、库存管理、质量管理、人力资源管理、设备管理、采购管理、生产过程控制等管理模块，帮助公司实现管理规范化，提高生产效率。

“比如说我看到各汽车制造厂的机器人自动化焊接，我就想我的企业也要实现焊接自动化。”彭铭雄说。

近年来，佛山对推动企业信息化、智能化改革实施政策优惠，彭铭雄制订了执行系统化生产的3年计划，具体分为三大步骤。第一步是测试阶段，让部分大零部件上MES系统，捋顺整个流程，同时改变工人的工作习惯和操作习惯。2019年年中，第一步已经成功。

彭铭雄说，第二步是让主要零部件上MES系统，打通从销售到生产、售后的环节。同时，彭铭雄还优化了车间的工位和工序，提升生产效率。“如果整个计划实施完成，我们的生产工序将会得到提升。”他说。

“多年来，粤海汽车打造百年老店的决心从未变过。”在彭铭雄看来，捍卫国内清障车第一生产商的位置，不被诱惑，坚持创新，只做本业是粤海汽车迈向百年老店的方式。

调研手记

构建具有国际竞争力的产业集群
呼唤更多“粤海式”企业

从一家默默无闻的乡镇企业成长为国内知名的清障车品牌，从学习发达国家的技术到成为国家清障车行业标准的起草、修订主笔单位，粤海汽车堪称一家真正具有国际竞争力的企业。

国际竞争力，也是当前佛山经济发展的新关键词。2019 年 8 月，中共佛山市委十二届八次全会的全会报告指出：“佛山要加快构建具有国际竞争力的先进制造业产业集群。”

产业集群是由企业个体所组成的。只有一家家企业的科研实力、产品品质足够坚实可靠，佛山发展先进制造产业集群才真正有底气，能够打造出逐鹿世界市场的影响力；只有培育更多“粤海式”企业，佛山才能完成这一宏大的目标。

走出粤海看南海，这片土地已经孕育了不少类似的企业。这类企业各有各的精彩，但也有共同的特点——始终心怀高远，始终对标国际最优秀的企业，认准一条道路就咬着牙坚持到底。他们可能长期默默无闻，但终有一日能以实打实的市场竞争力，成为万众瞩目的明星企业。

今天，佛山民营经济发展面临着新的机遇和挑战。在新的竞争形势下，如何优化资源配置，打造更加优质的配套环境，培育更多具有国际竞争力的企业，将成为南海为佛山制造业做出的重要探索。

百合医疗：
20余载营收年均增速超20%

南海区狮山镇广东百合医疗科技股份有限公司（下称“百合医疗”）展厅内，陈列着血透插管、中心静脉导管等在行业内领先的创新产品。对于这些产品的核心技术，百合医疗总经理李明如数家珍：“儿童用的导管中所用的导丝结合了J形头端设计与软头设计，具有较好的柔顺性，置入时尽可能减少推送力，保护儿童血管内壁。新一代的血管透析导管采用了特殊材料，生物相容性好，留置人体内能自动软化。”

自1999年成立至今，百合医疗保持每年20%以上的营收增速。在2019年，百合医疗营收突破7亿元，同比增长27%。在营收迅猛增长的背后，除了清晰的产品战略以外，技术创新一直发挥着重要的作用。

在2017年被评选为首批南海制造业全国隐形冠军企业之一后，百合医疗一直专注于中高端市场，不断加大研发投入，并走向智能制造。仅2019年，百合医疗就投入近亿元，用于研发高新技术产品，进行自动化生产线改造，以及研制先进检测装备。

填补多项技术空白
年均增长保持两位数

医用导丝是医用导管中必不可少的部分，在临床上主要起引导和支持的作用。

传统导丝尽管在头端使用了柔软材料，但如果导丝头端插入血管并陷入其内不能滑出时，医生再用力推进导丝，很容易刺破患者腔道。对此，百合医疗生产的芯轴导丝头端在软头设计的基础上进行了改进。

百合医疗最新研发的芯轴导丝头端由弹簧圈、钢丝外绕线圈和微钢丝内芯组

百合医疗凭借技术创新抢占市场发展先机

成。经过手动拉升，导丝头端还可以弯曲成圆滑的曲线状。“置入时，如果头端受压，头端会发生形变，起到缓冲作用，避免腔壁损坏。”李明说。据介绍，该产品已经面市，市场反应良好。

从一根比人体血管还细的导丝，可窥探出百合医疗对于细分领域中技术创新的重视。在21年的发展历程中，百合医疗凭借技术创新，填补技术空白，并抢占市场发展先机的案例比比皆是。

除了中心静脉导管，百合医疗3年前研发的海藻酸盐敷料也是明星产品。据介绍，海藻酸盐敷料形成的凝胶可以给伤口提供合适的湿润环境，能够有效促进伤口愈合。并且，敷料不易与伤口粘连，易移除，撕下后不会引起患者疼痛。

在技术创新不断发展的同时，百合医疗的市场份额和销量也在不断增长。“中心静脉导管在全中国销售最好，占全国市场份额20%以上，在全世界销量排第六。血液透析插管销量位列全国第一，最高市场占比达35%，现在在25%左右。过滤器全国第二，引流管第一。”李明说。

在李明看来，企业竞争的核心在于技术创新和产品创新。在经济下行的情况下，百合医疗依然凭借领先技术实现了20%以上的营收增长。

实行“三高”战略
“让市场找上门”

2009年，百合医疗与美国ICU医学公司关于一次性无菌输液的“正压接头”产品的一场较量引发广泛关注。

历经4年，百合医疗最终打赢了这场与美国跨国公司的专利官司。而这场官司胜诉背后，正是百合医疗一直以来所保持的创新精神和长远的战略眼光。

虽说11年前的这场官司以胜利告终，但还是给百合医疗带来了一个警示：要在竞争激烈的国际市场中争得主动权，就要坚持差异化竞争，不断进行产品创新。

“德鲁克作为管理学家有一个名言，做企业‘要么成本领先，要么与众不同’，这是企业存活、成长最核心的理念和原则。要和别人做得不一样，让市场找上门，而不仅仅是自己去找市场。”李明说。

考虑顶端产品市场需求有限，市场不成熟，周期长，而做低端产品消费群体购买力差，价格上不去。在成立之初，百合医疗就将目光投向了中高端市场，并坚持以高技术、高门槛、高附加值的标准进行产品研发。

为加速产品更新换代，百合医疗与暨南大学、中山大学、清华大学、中国科学院等建立良好的合作关系，开展产学研合作，推动科研成果转化。与此同时，百合医疗还凭借技术创新跻身高端市场，以期在同质化竞争中杀出一条血路。

因此，在国际形势较为紧张的当下，百合医疗出口销量依然持有30%增长，产品远销欧盟地区。李明认为，要解决进口替代的问题，一是要抢占竞争者市场，同时要增强市场竞争能力。企业生产的产品除了在功能上要与进口品牌相匹敌，还需要做出自己的特色。

“以中心静脉导管为例，除了做标准装，百合医疗还提供了导管穿刺之前和之后缝合包扎的组件，满足临床需求，及时解决客户痛点。”他说。

除了技术创新，百合医疗还在不断探索管理模式和营销方式创新。从过去依靠传统营销方式确定经销商转变为集中投标的方式；从过去通过全球展销会进行产品推广，转变为通过小型学术会、学术展、学术年会等平台向医生推介产品，实现精准性投放。

走向智能化
投入上亿元研发自动生产线

为实现生物相容性，百合医疗很多产品都使用了聚氨酯材料。但由于聚氨酯材料是小众产品，国内鲜有标准化生产设备，百合医疗开始在工业设备上进行改造，制造出可实现标准化生产的医疗设备。

在李明看来，医疗设备研发并非一蹴而就，“过去是半自动化、单个装备手工制造。但要解决效率问题，就要用自动化代替半自动化，用流水线实现效率提升，通过模具、工艺创新提高效率”。

为此，百合医疗自主研发生产设备，并开发了多个自动化生产线，投放在不同的车间。据了解，2019 年 1—4 月，百合医疗投入的自动化改造费用就超过 3000 万元，后续研发将投入超过 5000 万元，全年投入科技创新的资金超过 8000 万元，长年注重技改与研发的红利逐步释放。

李明表示，企业要发展、提高效率，就必须走自动化、智能化道路。“自动化、机械化可以让生产效率得以成倍提高，并让产品合格率得到很大提升，因为每个环节都增加了自检环节，不合格的就被丢掉，不会留到下个环节。”

随着生产设备的可控，百合医疗聚焦静脉输液耗材、血液净化耗材、护创敷料耗材三大领域，陆续研发出新的产品，例如留置针、海藻酸盐伤口敷料、血液灌流器、胆红素吸附柱等，产品达 40 多种。

其中，百合医疗取得 CE 认证的产品有 20 余个，包括中心静脉导管、血液透析导管、输液接头、留置针、血液灌流器和海藻酸盐伤口敷料等；取得美国 FDA 认证的产品有 4 个，包括中心静脉导管、血液透析导管和导尿管；拥有有效专利 213 件，其中发明专利近 40 件，其中英国发明专利 1 件、欧盟专利 1 件、外观专利 3 件、实用新型 144 件。

回顾 21 年前，国内医疗器械有 90% 是依靠进口；发展到如今，国内医疗机械产品已有几十个品类几千种规格上万种产品，95% 以上实现国产，从跟跑转变为并跑。

前瞻产业研究院数据显示，2017 年，中国医疗器械市场规模约 4450 亿元，相比 2016 年的 3700 亿元，增长约 20.27%。而近 5 年，国内医疗器械市场规模增速远高于全球增速，国内市场空间依然很大。

面对国内外医疗器械的巨大市场，百合医疗正继续加大在中高端医疗器械方面的研发投入，并将与国内外高端科研机构展开合作，放眼全球，进一步拓展海外市场。

调研手记

用技术创新实现“逆势突围”

在成立之初，百合医疗便确立了“百年基业，合作共赢，科学发展，技术领先”的发展理念。李明深知，要实现可持续发展，就要避免同质化竞争，不然只会陷入价格战的泥沼中。

于是，在同行纷纷投入低端医疗耗材，凭借低价优势收获第一波红利时，百合医疗转战高门槛的医疗器械细分领域，走出一条差异化发展道路。

面对医疗器械高准入门槛，百合医疗通过技术创新来提升产品安全性、可靠性。与此同时，紧跟市场需求，不断丰富产品线，推动产品更新迭代，填补国内多项技术空白，成为南海区首家凭借技术出口获利的企业。

成功的背后有着鲜为人知的艰辛与汗水。众所周知，在高端医疗耗材领域，一个产品研发成本少至几百万元，多至上千万元，风险较大，对安全性的要求也很苛刻，有的产品临床可能要做2—3年。而正是因为对技术创新的坚守，让百合医疗在国际贸易形势紧张的情况下，依然保持了良好增长趋势，实现了“逆势突围”。

坚美集团：过硬品质“征服”亚投行

位于北四环的奥林匹克公园核心区域，2019 年刚刚完成幕墙施工的亚洲基础设施投资银行（下称“亚投行”）总部大楼熠熠生辉。它的设计灵感来自于鲁班锁，层层错落有致，幕墙采用铝型材与玻璃，随着阳光照射角度的不同，时而呈现晶蓝色，时而又呈现赤橙色，映衬着白天的万里晴空和傍晚的如火晚霞，与不远处的鸟巢、瞭望塔一起，扮靓了首都的天际线。

鲜为人知的是，亚投行大楼幕墙，大量地采用了坚美集团生产的铝型材，也正是这些铝型材赋予了它“渐变色”的神奇效果。

2017 年，坚美集团成为首批南海制造业全国隐形冠军企业之一。两年多来，市场环境不断变化，消费需求不断变迁，但坚美集团不但保住了产品的竞争力，还加快转型升级步伐，投入超过 2 亿元研发铝合金新材料，成为特斯拉、比亚迪、华为等企业的供应商。

“拿下”亚投行 坚美品质经受国家级考验

回忆起亚投行项目，坚美集团行政总裁刘建辉依然感慨万分。

“这个项目加工难度大、技术要求高、订单工期短，可以说，为了完成任务，我们再一次创造了‘坚美速度’。”刘建辉说。

轻描淡写的话语背后，是坚美集团上下一心付出的辛勤血汗。

亚投行是政府性质的亚洲区域多边开发机构，是首个由中国倡议设立的多边金融机构，对于加强中国及其他亚洲国家和地区的合作，推动亚洲经济体持续增长及“一带一路”沿线发展具有重要意义。

为了让建筑的外观与其功能定位相匹配，北京市与亚投行选择了融合现代理念和古代榫卯结构的总体设计语言，且幕墙采用渐变色材料，让幕墙随阳光投射角度变化而产生不同的视觉效果，稳重中增添灵动色彩。

众多铝型材供应商望而却步，坚美集团却迎难而上。凭借国家企业技术中心、博士后科研工作站、国家认可实验室等研发检测平台，坚美集团不断改进铝型材表面着色喷涂工艺，把喷涂膜厚控制在40—120μm标准范围内，通过精确控制型材同一平面不同膜厚，首创了行业渐变色处理工艺，产品质量及安全性能也符合亚投行要求。

坚美喷涂生产线

从客户下单到拿出样板，坚美只用了15天。

更大的考验还在后面。2018年10月，客户临时增加了一笔大额订单，让原本只有3个月的交付期更加紧张。为此，坚美拨出一条专属生产线，集结一批熟手工人，如期完成所有订单。

坚美铝型材的按期交付保证了亚投行总部的建设进度。2019年6月，亚投行总部大楼外部幕墙顺利完工；同年10月，亚投行总部大楼暨亚洲金融大厦正式竣工。

“从前期坚美体现出的诚信，到供货期间坚美对质量、货期、服务等的重视，以及安装效果，客户和业主都很满意。”刘建辉说。

亚投行总部大楼，只是众多使用坚美铝材的大型建筑之一。

如今，在中国300米以上的标志性建筑中，每3幢中有1幢选择坚美铝型材；全球10座超高层著名的地标性建筑，有5座选用坚美铝材。马来西亚吉隆坡默迪卡PNB 118大楼，中国上海中心、平安国际金融中心、港珠澳大桥口岸旅检大楼等国际一流项目，都可以看到坚美铝材的身影。

应对市场波动
战略布局系统门窗和工业铝型材

从2017年开始，随着宏观经济增速放缓、房地产调控升级，中国铝材市场流露饱和迹象。2018年，来自国家统计局的数据显示，中国铝材的产量达到4554.6万吨，相比2017年的5832.4万吨显著降低。

一边是传统市场走向饱和，另一边，则是粗放式发展导致的高端产品缺位，片面倚重建材消费导致消费结构不合理。统计显示，中国人均年用铝量仅为24.1kg，美国则为60kg，并且我国超过6成的铝用于建筑行业，交通运输、电子设备和包装等领域的铝材消费占比较低。

“经常可以在报道中看到，有门窗在台风中被吹落；有些面积很大的玻璃幕墙，看起来华丽，夏天却不隔热，冬天也不保暖。”坚美集团行政总裁刘建辉说。

在刘建辉看来，能解决上述弊端的唯有系统门窗。坚美系统门窗，是整合了设备、型材、配件、玻璃、黏胶、密封件、五金件等各部分的门窗，相比于传统的组合式门窗，它在水密性、气密性、抗风压、隔热隔音、防盗遮阳、耐候性和操作手感等方面具有显著优势。

业界认为，随着消费者对居住环境提出更高要求，以及建筑环保节能标准的不断提高、老旧小区改造加速，系统门窗市场前景可观。

为此，坚美集团多年前即介入系统门窗领域，近年来更是加快布局，组建了国内外近百人的专家研发团队，研发出6大系统80多款门窗系统产品，掌握150多项核心技术，多个系列在水密性、保温性方面领先国内外同类产品，还先后荣获国家重点新产品、中国门窗行业金奖及全国建材行业技术革新奖等殊荣。

根据刘建辉的介绍，近年来，坚美集团投入超过2亿元用于铝合金新材料的研发，研制出铝制车用踏板、电池托盘、电机壳、门槛梁、行李架、纵梁等部件，产品终端应用于一汽解放、比亚迪、长城、东风、小鹏、吉利、本田、特斯拉等车企；凭借光伏逆变器、5G天线、5G基站散热材料及热传动解决方案等，公司也成为华为和爱立信的材料供应商。

2019年9月，坚美集团还获得了上海经信委、上海市汽车工程学会、上海有色金属协会等组织颁发的“2019最具潜力汽车材料创新奖”。

既有业务的稳健和新兴业务的快速增长，共同支撑起坚美集团近年的业绩。据坚美定制门窗系统有限公司总经理于志龙透露，2018年坚美定制营收增长达到50%，2019年全年订单量又同比增长约40%；刘建辉则透露，在全行业减产的2018年，坚美集团依然取得了超过9%的增长率，2019年销售额为47.63亿元，同比增长7%，“隐形冠军”的桂冠正越擦越亮。

累计投5亿元自动化改造
化身“多面手”应对未来挑战

在位于南海桂城荣耀国际四楼的坚美定制系统门窗旗舰店内，风暴体验室里风雨呼啸，一窗之隔的房间却滴水不漏，几乎听不到外面大作的风声和雨声；一旁的隔热体验室则热浪逼人，几台暖风机铆足了劲地吹着热风，把房间外面加热到近50℃，室内却只有27℃，可谓凉爽宜人。

像这样的体验店，坚美集团已在全国开了近百家，未来将扩大到1000家。

如同开体验店一样，最近两年，在转型升级方面，坚美集团祭出了诸多新举措。行业深化转型的大潮下，这些与坚美集团历史一脉相承的举措，正在帮助它获得更多的竞争力和生命力。

数据显示，截至2020年，坚美集团拥有的博士、硕士、高工、工程师等专职研发人员达到300多人，作为国家技术创新示范企业，坚美集团还组建了国家认定企业技术中心、博士后科研工作站、国家认可实验室等研发检测平台，与中国科学院过程工程研究所、北京科技大学、华南理工大学建立了长期合作关系。

2018年，坚美还与阿里云合作，以“铝材表面瑕疵识别”为课题展开合作研究，最终形成了全国民用铝型材行业内的首个铝材图像质检数据集，推进了行业质检自动化的进程。

“现在，坚美每年都拿出不低于销售额3%的资金，投入到挤压设备燃料置换术改造、环境友好型门窗系统生产升级技术改造、铝型材挤压机及模具仓储智能自动化升级技术改造等10多项改造当中，至今累计投入近5亿元。”刘建辉介绍说。

2017年以来，坚美集团开发的新产品达到100多种，工厂的智能化、自动化水平也得到新的提升：自主研发制造的铝材自动包装机将包装速度提高4倍多，每台机器却减少2名劳动力；自行研发的“智能化挤压生产管理系统”，将挤压成品率提高了3%，每吨挤压半成品节电80 kW·h，产能却提升13%以上，操作人员由每机台原来的6人降低至4人；高温高热的熔铸车间，已经实现了电动材料助送，仓储物流环节也普及了AGV（自动搬运车），极大降低了员工作业负担。

技术改造，带来的是成本的下降和效益的提升。仅2018年，坚美全员劳动生产率提高10%以上，仅是通过水、电、气等能源的节约就实现了经济效益将近3000万元的提升。

然而，“酒香也怕巷子深”，作为泛家居行业，门窗产业也面临互联网等新零售渠道的竞争，消费者对消费场景、消费体验和服务体验前所未有的重视，也可能颠覆传统企业的竞争优势。

为此，今天的坚美集团正通过互联网、实体店及智能工厂的结合，构建O2O服务平台，实现“专业、面对面、一对一”的个性化需求定制服务，引领门窗行业向服务业延伸；每一扇定制门窗都会有独立的二维码，顾客通过扫码就能享受到快捷的售后服务。

“未来，我们不会放弃在建材领域的深耕，毕竟这是我们的名片。在定制系统门窗和工业铝材领域我们也将不断下功夫，加大对新材料和新技术的研发力度，持续提高产品附加值。”刘建辉说。

调研手记

向新市场进军

若干年前，随着中国城镇化的狂飙突进和房地产市场的火热增长，铝材行业凭借在建筑领域的广泛应用迎来爆炸式发展，尤其在有色金属名镇——佛山市南海区大沥镇，涌现出坚美、华昌、伟业等铝材巨头，中小型民营加工企业更是数不胜数。

近年来，由于宏观经济增速的放缓和国内房地产市场的不景气，铝材行业似乎被浇了一盆冷水，许多公司大喊“狼来了”，更有一些企业选择关门大吉。

其实，中国市场远未饱和。正如坚美集团看到的那样，中国人均用铝量不到美国的一半，铝材在交通、通讯、家居等领域的应用仍有较大拓展空间。做好转型升级，从单一的建筑用铝材转向综合性铝材生产，研发符合其他行业需求的新技术、新产品，铝材企业依然大有作为。信心比黄金更重要，坚美，是中国铝材行业成功转型的样本，更应该成为铝材企业坚持下去的信心来源。

仕诚机械：
“流延膜大王”的市场开拓术

在狮山镇广东仕诚塑料机械有限公司（下称“仕诚机械”）生产车间里，工人正在组装、调试机械，在完成调试后，这些设备将会运往国内甚至国外的生产厂家，用于生产各种流延膜。日常生活中最为常见的食品包装膜也大多出自这些设备。

仕诚机械流延膜生产设备在国内市场占有率已连续10年达70%以上，设备产量位列全球第一，堪称“流延膜大王”。作为首批南海制造业全国隐形冠军企业之

仕诚机械厂房

一，仕诚机械每台设备每天最高产能已达 30 万吨，出口的流延膜设备达到总销量的 30%。

然而，立志成为全球第一的仕诚机械并没有满足眼前的成就，而是通过与国内外顶尖科研机构合作，不断提升科研水平，更新产品，开拓新的市场。

继 5 年前建立技术研发中心之后，2018 年，仕诚机械与德国顶尖研发机构弗劳恩霍夫协会 LBF 研究所（下称“LBF 研究所”）进行了一次跨年度合作，双方建立了 5 年技术合作关系。这对于仕诚机械产品优化以及进一步拓展海外市场都具有十分重要的意义。与此同时，仕诚机械还在努力打造一个无人工厂，推动企业转型升级。

市场地位领先
业务版图不断扩张

很难想象，国内超市里随处可见的食品包装膜中 80% 以上产自仕诚机械制造的流延膜设备。仕诚机械副总经理林超琪表示：“国内对于流延膜的需求一直在扩大，而全球生产流延膜设备上规模的厂家不超过 5 间。”

因此，面对紧张的国际形势，尽管仕诚机械销量在 2019 年有一些波动，但整体销售收入仍然略有上涨，达到 1.38 亿元。以印度市场为例，仕诚机械已实现市场占有率第一。

事实上，流延膜应用非常广泛，除食品包装外，还用于太阳能背板膜、防弹玻璃膜、电子产品保护膜，以及油性线路板等。“不同的材料和工艺对机器的结构和特点有不同要求，每一种膜都需要有专用设备。”仕诚机械市场部经理陈伟伦说。

鉴于市场逐渐饱和，仕诚机械这两年逐步从食品薄膜延伸至更多领域。

以特种玻璃为例，汽车、飞机、高铁的挡风玻璃需要通过防爆膜实现防爆、防紫外线、隔音、隔热等功能。此前，国内只能买到进口防爆膜，并没有相应的生产设备，难以实现自产自销。如今，仕诚机械生产的防爆膜已实现进口替代。同样产自仕诚机械流延膜设备的进口替代产品还有用于纸尿片的透气膜。

仕诚机械涉足的领域不止传统领域。在新能源领域，仕诚机械设备已被国内 5 大新能源汽车厂商采用，用于生产电池隔膜。

2019 年，仕诚机械与广东省科学院材料所合作，共同研发电晕辊陶瓷涂层。林超琪介绍，电晕处理是一种电击处理，它使承印物的表面具有更高的附着性。例如食品包装的文字、图案等就是通过电晕处理附着在包装膜的表面。传统的电晕辊外层为橡胶，因表层太过光滑易渗墨水。为解决这个问题，仕诚机械设备将薄膜进行静电处理，通过静电将墨水吸附住。

另一方面，陶瓷涂层还运用于飞机的发动机中。陈伟伦表示，国产飞机发动机所用的金属材料并不耐高温，因此只能飞行几百个小时，而陶瓷涂层可使其飞行时长延长 2000—3000 小时。

凭借技术创新，仕诚机械在不断推出新产品的同时，业务版图也在进一步扩张。

携手顶尖科研机构打入中高端市场

2003 年之前，大型流延膜设备几乎全靠进口。在此背景下，仕诚机械在成立之初就设立了实现进口设备替代的目标。

然而，在相当长的一段时间里，仕诚机械技术与国外还有一定差距，只能凭借价格优势参与国际市场竞争，产品质量亟待提升。

于是，仕诚机械首先瞄准领域内世界技术前沿地德国，在德国设立技术研发中心，为进军欧洲市场做准备。2018 年底，仕诚机械与德国 LBF 研究所合作，推动产品在性能、轻量化以及工艺设计上进一步优化。

仕诚机械还联合日本顶级行业专家，在产品操作上的安全性、人性化等方面展开一系列的研发项目。

顶尖专家的加入为仕诚机械产品创新注入了新活力。“德国专家对设备做了整体优化，使得整个设备设计和性能有相对明显的提升。”林超琪说。

除了在德国设有技术研发中心，该公司还在俄罗斯、印度、墨西哥、日本等国拥有市场与服务支持中心，负责本土及周边国家的市场开拓及产品服务工作。

流延膜生产设备作为一个细分领域，总体市场规模不大，市场竞争激烈。在林超琪看来，只有不断保持技术的领先和品质提升，才能在激烈的市场竞争中占据一席之地。“我们每年都会加大研发投入，就算不赚钱也要研发”。

2019 年，仕诚机械和广东省科学院材料所成立企业合作站，致力于新材料的研发。与国内外顶尖科研院所的合作，让仕诚机械设备品质取得进一步突破。

另一方面，产品品质的提升让海外很多企业向仕诚机械抛来了绣球。林超琪称，新加坡、马来西亚等国家的中高端企业购买了仕诚机械的产品后，成了其忠实的客户。

“之前东南亚地区很多企业对于中国制造的印象都是‘价格便宜、产品品质差’，更倾向于使用欧洲设备，而现在我们的产品不仅得到了他们的认可，也在一定程度上转变了他们对中国制造的看法。”林超琪说。

一边不断追求技术创新和产品质量的提升，一边步履不停地拓展中高端市场，仕诚机械不断巩固其在流延膜装备这一细分领域的冠军地位。

上云上平台打造“无人工厂”

在海外市场进一步扩大的同时，仕诚机械也面临新的问题。为出口的设备提供售后服务往往需要投入大量的时间成本和人力成本，随着材料价格上涨，市场竞争白热化，如何降本增效成为摆在仕诚机械面前的一道重要的命题。

工业信息化以及工业化互联网的到来为企业管理效率提供了新的方向。仕诚机械较早意识到了信息化管理的重要性，于 2014 年开始引入企业资源计划（ERP）系统。

经过 4 年多时间的发展，仕诚机械企业信息化水平已达到较高水平。2018 年 3 月，仕诚机械与中国联通开始探讨“上云”方案，并签订战略合作协议，决定围绕智能薄膜装备产品，建立贯穿产品规划、设计、制造、部件采购和产品销售服务全过程的工业互联网云平台系统。

目前，仕诚机械的每一台出厂设备上都安装了工业网端。通过互联网云平台，仕诚机械技术人员能实时跟踪出口设备的动态和运行情况，如发现机器运行疲劳、相关部件损坏等，就向客户及时反馈，实现维保预判。“以前，如果客户有人为操作失误，需要师傅到现场进行指导和维修。现在技术人员已经可以对相应设备进行远程维修，对机器设备进行远程‘微创手术’，大大节省了时间成本。”林超琪说。

从企业管理信息化，到生产环节经营全流程的“上云上平台”，仕诚机械站在新的风口，迎来了新的机遇。借助工业互联网平台，仕诚机械为海外用户提供更为精准的服务，产生新一轮的转型升级。

在“上云上平台”工作稳步进行的同时，仕诚机械还在研发自动化生产设备，以期在未来让无人工厂成为现实。

传统薄膜业通常采用流水式的生产模式，根据客户需求通过生产设备进行流延、多种拉伸等，制成不同用途的薄膜之后，再通过设备分切下来的膜卷再进行包装。

目前国内普遍使用人工包装的方式，但人工包装劳动强度大、安全风险高、招工难等问题日益凸显；此外，国内最新设备已经实现高速高产，人工已经无法满足正常生产，机械自动化取代人工劳动已成为主流趋势。

对此，仕诚机械研发出薄膜卷材自动包装机，针对包装运输需求，将分切好的薄膜产品进行自动化包装，降低人工成本，提高整个生产线的效率。预计投用薄膜卷材自动包装机后，一个生产车间只需要一名管理人员。该设备将在 2020 年年底投产，并接受订单。

实现自动化生产只是仕诚机械的第一步。未来，仕诚机械还将建设无人工厂，并将运用机器人及人工智能技术实现自动化生产，进一步提升生产效率。

调研手记

精准分析研发产品　掘金世界市场

在成立之初，国内流延膜装备领域还是一片空白，仕诚机械是“摸着石头过河”。如今，仕诚机械已从名不见经传的小企业成为细分领域销量第一的“隐形冠军”，从工业互联网再到自动化设备，仕诚机械总能居安思危，顺应工业发展的洪流，迎接新一轮的挑战。

仕诚机械副总经理林超琪反复强调，企业“上云”、机器智能化均属于探索阶段，是否会有实际成效还属未知，但不探索就永远不会成功。

为确立正确的市场战略，仕诚机械引入国外顶尖科研机构德国 LBF 研究所，研发出一套模拟数据系统，通过建立数据模型精准分析市场形势，确定未来的研发方向，从而在瞬息万变的国际市场中拿下主动权。

正如该企业总经理助理秦志红所言，要想做到全方位的世界第一，首先就要承担起相应的责任，如领先的技术、开放的心态。正因如此，仕诚机械逐渐从“探路者”转变为“引路人”。

新元素板业：
创新产品挺进国内外地标建筑

位于湖北荆州的新元素（湖北）新型墙材有限公司里，车间一派如火如荼的生产景象。这家由广东新元素板业有限公司（下称“新元素板业”）投资建设的公司，在2020年5月22日开始试产。计划投资3亿元人民币，占地200亩，预计4年内可达到年产量2000万标准平方米的规模。作为新元素板业的一个生产基地，未来这里将承担重要角色。

新元素板业是全国唯一可生产低、中、高密度硅酸钙板的企业，也是全国首家不采用石棉作为主要原材料的硅酸钙板生产企业。其产品应用在雄安新区行政服务中心、北京国家体育馆、广州塔、英国BBC总部大楼等国内外重要工程中。但是，新元素板业没有满足眼前的成就，而是通过与国内顶尖科研机构合作，不断提升科研水平，来研发更多新产品，开拓国际、国内的市场。

作为首批南海制造业全国隐形冠军企业之一，新元素板业没有停止前进的步伐。“不断研发新型材料、不断增加产品的高附加值是我们企业能够保持每年销售额增长率达到20%—30%的秘诀。”新元素板业董事长罗仲高说，“未来新元素板业将布局全国，并且将防爆泄爆板产品应用系统作为新元素板业的新研究方向。”

聚焦防爆产品
抢占安全生产领域制高点

“只有做到‘人无我有，人有我优’才能立于市场不败之地。”罗仲高说。

新元素板业是一家年轻的企业，创建于2003年。“企业最初定位是以装修室内为主，生产室内装修用的板材，逐渐进入硅酸板、外墙板领域。”罗仲高说，如今，已经拥有了3条源自欧洲的流浆法工艺、高度机械化的生产线。

据了解，新元素板业能同时进行低、中、高密度产品的生产，在行业处于领先水平，北京国家体育馆、天津地下交通枢纽、广州塔等工程里都有新元素板材的身影。

安全产业作为国家重点支持的战略性产业，近年来国内发展态势良好。“现在我们整个工厂都在满负荷运作，企业近年销售额的增速都超过20%。”罗仲高说。

新元素板业财务总监冯艳红介绍说，目前新元素板业的产品在国内份额占65%，国外市场占35%。产品远销美国、英国、瑞典、澳大利亚、新加坡等20多个国家。此外，新元素板业继续坚持内外销市场同步，开拓、开发产品的新应用领域，特别是在集成建筑、功能性建筑、装配式建筑、钢结构建筑领域投入更多开发资源。

新元素板业自动烘干线

罗仲高透露，目前，防爆泄爆板产品应用系统是新元素板业的新研究方向。所谓防爆板，指的是在两块钢板中间加无石棉纤维。这种板材主要应对重化工工业，比如核电、军工等方面，若发生爆炸时，防爆泄爆板能迅速释放爆炸能量，使建筑承重结构所受的压力得以减轻而免遭破坏。

罗仲高指出，新元素板业之所以能够抢占安全生产领域的制高点，一个重要因素是企业生产的高附加值产品。“我们不拼价格，更多的是在产品附加值上下功夫。”罗仲高说，“我们不单单是卖板材。在营销团队的背后配套有技术人员，使得客户从设计到安装，从外形到功能，都能了解我们的产品。”

携手国家级科研机构
为企业高速发展奠定基础

“自2015年起，我们开始与中国科学院密切沟通，在材料、产品、工艺研发等方面合作，进行了一系列的材料基础研究和产品开发，为以后推出更多的新产品打下坚实的基础。”冯艳红介绍说。

2019年5月，中科·新元素联合实验室正式揭牌，此次共建实验室，合作项目主要来自以下4方面：新型的功能性产品开发、完善被动防火产品系列、外墙及屋面产品更新、现有工艺的更新和原材料替代。中科院的科研力量将为产业高速发展奠定坚实的基础。

“目前，我们的研发团队共有30多人，人才在技术层面也与过去不同了。”冯艳红说，“以前我们的研发团队研发的产品主要应用于生产，但是现在一方面是应用于生产、服务生产，另一方面还要做研究。”

新元素板业拥有业内唯一的省级研发中心，并与华南理工大学、广东省建筑材料研究院等机构开展产学研合作，研发经费投入占年营业额的5%—6%。

冯艳红指出，以中科·新元素联合实验室为例，实验室的多项标准已经得到了行业内许多厂家的认可。“目前，我们已经开始承接其他厂家提供的板材进行检验。接下来，我们还将争取向重点实验室迈进。”冯艳红说。

原来，新元素板业自研发中心成立以来，便购置了一系列的检测设备，例如从国外引进的小型生产试验线，耐火极限检测炉，防火板不燃性、热值、高温导热系数等检测仪器，外墙板的冻融循环、耐紫外线、耐盐雾、耐霉菌、碳化试验等检测仪器，成为国内同行业中唯一一家具有完善检测设备的企业。

如今，新元素板业已经获得广东省高新技术企业、广东省院士专家企业工作站、佛山市市级企业技术中心等代表高技术含量企业的称号。

在罗仲高看来，行业快速发展的同时，新元素板业也面临着新的挑战。他表示，目前无论是防火板还是防爆产品都正在朝着轻量化转变，在达到同样安全性能情况下，防火板和泄爆板都是越轻越好，特别是高层建筑，负荷材料越轻越好，这就要求企业不断研发、升级新材料。

版图新布局
迈向创建绿色工厂新征程

据了解，新元素板业在成立之初就明确了企业发展方向：绿色、创新。

“生产过程中，我们会把所有材料，包括生产过程中产生的污水都收集起来，实现再利用。”罗仲高说，“这既减少了污染，又实现了企业成本控制。”新元素板业的研发中心装设了产品研发和检测设备，例如可对产品的耐候性冻融循环、耐紫外线、耐盐雾、高温导热系数、板材的不燃性、防火结构的耐火极限、力学性能弹性模量等进行检验的设备，生产工厂装设了工艺参数控制的检测和成品出厂检验设备，保证了生产活动正常运作。

新元素板业取得的无生产废水向外排放和空气净化的节能、减排环保成果荣获全国建材行业和工会授予的技术革新二等奖。

据了解，从2006年起，新元素板业的环境与产品生产，依国家环境标志产品技术条件严格审核获得双优评定，全部产品100%不含石棉，放射性A级安全，应用不受任何限制，获中国环境标志产品认证（十环认证），2007年开始全部产品进入环保部、财政部推荐的环境标志产品目录推荐优先选用。

“我们坚持科研创新、绿色发展的理念。通过中科·新元素联合实验室的建设，将工农业的固体废料转化为原料生产产品。”冯艳红表示，双方将结合各自的优势和长处，以工业废弃物制取的CSH（硅酸钙）凝胶、以农业废弃物制取的纤维作为原材料，从新材料开发到板材配方及工艺，实现全流程贯通。

罗仲高说，新元素板业从2010年开始注重实施低碳战略促企业可持续发展。近年来，在能源管理体系建设、产品碳促进研究领域，以绿色工厂为目标的创建工作在加速进行。2020年5月投产的湖北产业基地主要制造的产品是无石棉纤维增强硅酸钙/水泥板，预计年产超过1000万标准平方米。“这个项目分两期建设，共占地200亩。其中，一期占地100亩，预计投产后将达到1.5—2亿元的产值。”罗仲高说。

调研手记

跳出同质化泥潭　产品创新是唯一出路

现阶段，板材行业的竞争愈加激烈，然而，同质化现象也是整个行业关注的问题。

纵观众多板材企业，不仅发展模式雷同，产品也是千篇一律，在“价格战”的道路上步履蹒跚。如何才能跳出同质化泥潭，走出自己的路呢？

新元素板业以产品创新和高附加值回答了这一问题。

罗仲高说，新元素板业一直以来就相当注重与科研机构、高校合作，不断研发新产品，追求产品核心技术、不断创新是企业生存的必然之路。罗仲高多次强调，企业要提高竞争力，就需要正视创新的重要性。

板材市场上有着非常多的产品，不管是从技术上，还是原料上，或者是工艺上，都有很多不同的规格、等级和层次。根据产品的不同，价格自然也不一样。产品功能对客户有着很大的影响，所以增加附加值才是解决这一问题的重要途径。新元素几年前痛下决心调整了营销模式，将营销与技术相结合，不是简单地卖板材，而是让客户买到含高技术、高附加值的产品。

正因如此，新元素板业才走出了一条自己的升级之路。

中南机械：续写“上天入海”制造传奇

熟悉佛山市南海中南机械有限公司（下称“中南机械”）的人，往往用“上天入海”来形容它：它生产的零部件，应用在“雪龙号”科考船、国产大飞机等“大国重器”身上，更出现在全球无数台船用柴油机里，扮演着船用柴油机电喷系统等领域的“隐形冠军”角色。

在2017年成为首批南海制造业全国隐形冠军企业之一后，中南机械开始向海洋更深处进发。2018年，在它的支持下，某央企自主研发的某型旋转导向钻井系统和随钻测井系统成功实现量产，使得海上钻探关键设备的深度国产化迈出坚实一步。

截至2020年5月，首批60多套海上钻探设备已经下线，双方初步达成合作意向，未来有望携手在南海打造生产基地，扩大生产规模。此外，通过这次与央企的合作，中南机械找到了全新的商业模式，打造精密加工连锁店的远期愿景更加可期。

潜入深海
携手央企量产关键钻探设备

茫茫海洋上，一座座海上钻探平台，矗立在翻滚的浪花之间，探索着大陆架蕴含的丰富油气资源。

在钻探平台下方，一根长长的金属钻头在岩层中长驱直入，随着它的掘进，钻头携带的各类精密仪器实时探测着岩层的自然伽马、电阻率、地层密度、中子孔隙度等物理参数，同时不断感应着钻头的井斜、方位、钻井压力等工程参数，帮助钻头在黑暗的岩层中精准定向。

中南机械团队生产的海上钻探关键设备

这些物理参数，正是指引人们找到油气资源的密码。科学家研究表明，通过观察地球各岩层物理参数的差异，可更方便确定岩层的范围、厚度及其起伏形态，从而发现可能蕴含石油的高阻岩层或高阻异常体。

因此，如果钻头能够实现随钻随探、精确定向，将大大加快探测进度，提高钻井作业时效，并减小钻井安全风险。

然而，在原油进口量长期位居世界第一的中国，海上钻探设备市场长期被美国斯伦贝谢等国际供应商占据。为了满足能源需求、保障能源安全，我国亟待开发南海、东海等地丰富的油气资源，因此海上钻探关键设备亟待国产化。

这就是某型旋转导向钻井系统和随钻测井系统存在的意义。前者携带有3片液压方向舵，可提供矢量精确推力，实现对钻头轨迹的精确控制，完成定向钻探作业；后者装有实时随钻测量（MWD）和随钻测井（LWD）仪器，可在钻井过程中提供定向测量、地层评价、地质导向和井下钻具状态等多种物理参数，帮助人们发现油气资源。

这一套关键设备，正是在中南机械进驻后的某央企北方基地实现量产的。2018

年3月，中南机械常务副总经理、高级工程师余小圃和副总经理胡建武带领20多位资深技师进驻当地，中南机械常务副总经理、高级工程师毛卫东则在广东组织招聘各类人才不断输送到当地，与当地原有团队通力合作，破解了制造工艺、产品质量、生产效率、制造成本等诸多量产难关。

截至2020年5月，在中南机械团队带领下，上述生产基地共产出60多套钻探设备的关键零部件。

发挥优势
民企获邀与央企合作

目前，为了进一步扩大生产，该央企表示，希望与中南机械合作在佛山市南海区建立更大规模的生产基地，满足国内和国际市场的需求。

围绕这一合作，这家央企计划出资比例或为40%，中南机械出资比例达到30%，余下30%股份由佛山本地资金投资，也就是说，来自佛山这片土地的投资加起来超过了60%。

央企成功牵手地方民企，背后是中南机械和南海制造的过硬综合实力。

早在2014年前后，这家央企就启动了随钻测井和测量设备的国产化攻坚，虽然成功制造出了产品，但其品质和造价长期处于不受控状态，量产遇到阻碍，设备出现闲置。

2018年3月，应对方邀请，中南机械团队抵达该企业在北方的生产基地。

团队中不乏在中南机械工作了20多年的资深技师，工龄最短的也有12年。在技师们的努力下，原有的精密加工设备被重新编程，以更好地适应特殊加工的要求；一些设备还被修复和调整，使其生产能力和精度达到标准。

随后，中南机械团队将视线投向了设计方案的优化。

例如，在原始设计中，某型旋转导向钻井系统某两个关键零部件之间的贴合间隙太小，配合O形圈之后虽然密封性能较好，设备却也几乎安装不上了，更不用说加工难度。通过精密测算和试验，中南机械团队决定将贴合间隙提高到合理范围，装配难的问题和加工难度大的问题都解决了，对其密封性能却并无丝毫影响。

中南机械还千方百计降低生产造价。钻探系统原料为高强度的镍基高温合金、钛合金，加工难度大，对机床要求高、机床刀具磨损大，仅刀具磨损成本占成本比例就超过10%。为此，中南机械经过不断地摸索，采用国产和性价比较高的日韩刀具替换价格高昂的欧美刀具，将刀具磨损成本占比降低到8%以下；团队还优化了工装夹具的设计，提高生产效率，进一步降低了生产成本。

依托子公司佛威机械，中南机械还为上述生产基地补充了一批全新设备，大大提高了该生产基地的生产能力。2018年8月，在中南机械团队进驻5个月后，首套全新制造的设备诞生；截至2020年，新生产的设备总数超过60多套，年产能比中南机械进驻前提高了1倍，未来还有望持续增加。

随着国家加快重点领域央企改革试点，围绕产业链整合升级、优化国有资本布局、提升国际竞争力等目的，央企混改、央地联动案例不断涌现。以中南机械为代表的民营企业，凭借灵活机动、紧跟市场、性价比突出的优势，恰好与这家央企的需求不谋而合。

中南机械董事长许冠透露，双方合作正在顺利推进中，更大规模的海上钻探关键设备生产基地有望很快落户南海。

寻找转型
新业态打造精密加工连锁店

这一成功合作，帮助中南机械找到了全新的商业模式。

“通过合作，我们找到了一种结合大型企业和明确市场需求的研发平台模式。我们的远期愿景是打造精密加工连锁店，服务所有有大型机械的行业，军工、食品机械、电力、汽车等，凡是有机械的行业都是我们的客户。”许冠说。

1990年，许冠带领十几个人的团队，开始攻坚大型柴油发电机机组关键零部件的国产化，成为中南机械的起点。近年来，从船用柴油机到航空发动机的关键零部件，中南机械均有涉猎，产品市场占有率走在全国前列，成为多家世界500强公司的合作伙伴，还被认定为国家级高新技术企业，并跻身南海区首批70家“制造业全国隐形冠军”企业名单。

然而，由于宏观经济增速放缓、欧美国家金融危机等因素，近年来全球船用市场陷入低迷。所幸，中南机械实力过硬。“一招鲜吃遍天”，中南机械不但以过硬的技术实力接到了央企的订单，开辟了海上钻探设备的新市场，还通过布局3D打印业务等进行转型，并着手打造中峪智能机械智能装备孵化中心。

“我认为，3D打印背后的定制化和智能化趋势，代表了工业未来的发展方向，发展前景广阔，所以在它还没大面积推广的情况下，我们要提前做好各种技术准备。”许冠说。

根据许冠透露，中南机械与佛山科技学院医学院合作的3D打印牙齿项目正在推进中，还引进了华南理工大学团队，用钛合金粉末制造义齿，有望极大降低种植牙的成本。

对新业务的布局也在反哺主业。许冠认为，相关技术首先可带动佛威机械向定制数控机床和智能化机床转变。中南机械全资子公司广东信达雅三维科技有限公司副总经理易建豪则透露，其团队用3D打印技术制造的随形冷却系统，也被应用在中南机械的柴油机喷嘴上，大幅改善了喷嘴的降温性能。

在许冠看来，中峪智能机械智能装备孵化中心还可帮助企业建立系统合理的员工培训体系。

“依托孵化器建立技师学院，一个刚毕业的学生经过半年培训可以上岗，经过2年培训可以成为高级工人，经过5年培训可以成为技师，经过8年培训可以成为高级技师。可以说，通过这种定制设备+技术人才，中南机械正在建立新的转型生态。”许冠说。

调研手记

转型升级 民企优势不能丢

一个关键部位，两个零部件之间的贴合间隙太小；一个价格高昂的进口刀头，仅仅用了几次就会被磨损；加工过程中用于固定产品的工装夹具，设计不尽合理……

在“财大气粗”的央企看来，这些小问题都不值一提，殊不知，它们却是阻碍关键设备批量国产化的一道道坎。即使忽略这些小问题成功量产，产品的成本也极其昂贵，不利于市场推广，更无法撼动国外同类型产品的市场份额。

解决这些小毛病，正需要民企大显身手。常年在市场一线摸爬滚打，民企深知产品贵一分钱都可能丢掉顾客；残酷的优胜劣汰法则，更迫使民企在把成本压榨到最低限度的同时，还要保证产品的质量。近年来，从美的到小米，从长城到吉利，一批中国民企都在亮出中国制造“好用不贵”的绝活。

如今，当转型升级的浪潮滚滚来袭，企业纷纷走向“更快、更高、更强”之时，民企们是否也应守住原有的成功之道？在中南机械，人们看到的正是这种坚守，而正是这种坚守，帮助中南机械收获了央企的合作绣球。

转型升级，民企的优势不能丢，贴近市场、倾听需求的“初心”更不能忘。

润成创展：喷涂提速超4430倍的效率大变革

“通过设备的全面升级，我们将原本最少需要64小时的面漆喷涂时间减至52秒，效率提升4430倍。”广东润成创展木业有限公司（下称“润成创展”）总经理关伟灿说。

2017年，润成创展成为首批南海制造业全国隐形冠军企业之一。在过去的两年里，润成创展销售额实现稳步增长，2019年销售收入为1.59亿元。

作为传统的木门制造业，润成创展通过工艺技术改造、系统化设备升级等一系列的动作提升了效率，在企业转型升级的同时探索出了一条可持续发展的路径。

润成创展不断自我革命，走出一条创新之路

效率变革
企业享受高效与品质红利

成立于2001年的润成创展就坐落于西樵科技工业园内，毗邻西樵山，是一家集设计、开发和生产于一体的专业生产室内木门等装饰配套产品的大型现代化企业。

关伟灿说，近两年来，润成创展的发展得益于工作效率的变革和产品品质的提升。“我们木工精度得到大幅的提升，此外，门扇制作从过去单纯压合需要3小时，提升到压合、锯边、封边、打孔加起来共80秒，效率提升了135倍。”关伟灿说，“木门行业的整个制作流程很漫长，我们通过设备升级，成为了全国首家底漆全面升级为LED UV蓝光技术的企业。”

升级为LED UV蓝光技术作业后，不但产品高光度有了提升，而且以前最少需要64小时才能做完的面漆，现在只需要52秒。据介绍，升级为LED UV蓝光技术后，油漆固化不产生臭氧，提升了环保水平，而固化温度低则有效减少了复合产品的脱胶、起泡等隐患，耗电量也仅为过去的10%。

回顾润成创展的发展历程，“升级”“开拓”一直是引人注目的关键词。

2015年，自动化辊涂线正式投产，油漆研究中心成立，生产车间全面升级。2016年，生产系统分线规划，明确责任，让管理更公平、公正、公开。与华工精益签订合作协议，润成创展正式踏入全面数据化管理。此外，事业版图逐步开拓至整木家装板块，并逐渐趋向体系化发展，并于2017年斥巨资先后建成新标准化厂房、办公大楼和员工宿舍楼。

关伟灿表示，在保证产品质量的前提下，润成创展不断探索让产品制作周期缩减以及降低产品制作成本的方法。而这种“脱胎换骨”的效率变革，不仅仅是来自设备的升级，还融入到了每一名员工的生产过程中。

“我们借鉴了德国先进的IE（工业工程）管理，让员工工作操作流程更加规范。”关伟灿说，“经过调整，我们的员工工作运动范围控制在1米内，操作台升高也减少了员工弯腰和走动消耗的时间。”

“过去我们是按照产值、销量作为指标衡量企业的发展，但2020年我们将以人均产值作为重要指标。我们希望通过减能和增加个人效率来提升企业效益，目标是人均产值每年至少能够达到30%的提升。”关伟灿表示。

技术革新
释放一线员工创新动力

木门行业的竞争压力，原料成本、用工成本的增加等因素，令润成创展需要面对许多思考：是做一个小作坊还是一家规模化生产的大企业？是生产同质化的低端产品还是做规模化的中高端产品？

在明确了自身定位后，润成创展不断自我革命，走出一条创新之路。

“科技创展是我们未来的目标。”关伟灿说。

然而，润成创展并没有专门的研发部门。关伟灿表示，“研发不是停留在实验室里的东西，润成创展的研发源已经融入日常工作的方方面面。每个工序都有研发的可能性，员工长期活跃于生产一线，他们最清楚怎样更快速地生产出一个产品。”

基于此，润成创展的许多流程改造来源于生产一线。比如，原本有一道工序是需要人工观察产品表面，每次员工要弯腰、侧头观察很累。技术改良后，只是在工作台的侧上方增加了几盏小射灯，员工就可以轻松检查产品是否合格。

润成创展不断努力突破束缚产品发展的桎梏，上游供应商也可能参与到他们的研发之中。

“有一名同事提出白漆的成本高于同行的问题。为了突破白漆成本问题，这名同事主动找到供应商开会、联动，一起思考如何降低成本，目前准备提交的方案，涉及设备调整、成本降低、产品样板等方面。”关伟灿说。

如何让员工保持创新动力？润成创展提出了“跨界学习”的概念。

“2020 年我们公司管理层将赴日本 MK 出租车、TOTO 洁具等公司参观学习。参观过程中，我们强调‘感悟’二字。”关伟灿表示，他们希望在不同的行业中看到不同的规划和服务，或是先进的大数据管理，期待通过“跨界学习”提升木门行业的水平。

品牌格局
让“佛山制造”剑指海外市场

“2020 年润成创展将在澳大利亚、美国、柬埔寨、印度、马来西亚等国建立自主品牌的展厅。”润成创展董事长关润开说，“我们要将好的产品带出去。”

据了解，润成创展2019年8月参加了休斯敦展会，产品质量、油漆效果、用料等得到了当地企业一致认可。同年10月，润成创展还参加了第24届澳门国际贸易投资展览会（24th MIF）。

此外，润成创展还将建立中德技术转移中心，把先进的德国制造技术落地到润成创展，进一步提升企业和行业的生产技术。“中德技术转移中心的建立还能够将德国的技术及订单转移到我们公司。未来有可能与世界名牌刀具双立人实现嫁接，让全球双立人刀具底座都出自润成创展；与世界顶级音响哈曼卡顿合作，让哈曼卡顿的木质音响出自润成创展。”关伟灿说，希望将“中国制造”“佛山制造”带向世界。

“有一次我在国外考察市场时发现，很多陶瓷砖都是来自我们佛山陶瓷。虽然我能从花色、型号、包装认出来。但是，这些产品到国外后用的是某些出口公司的名。”关伟灿说。同样的问题在木门行业也存在。关伟灿表示，“我们有强烈的使命感要刷新‘中国制造’的定义，今年开始，我们木门要用润成创展这个名走出去，设立自主品牌展厅。”

此前，润成创展主要是依靠国内的零售和工程“两条腿”走路。2019年，北京大兴国际机场项目、广西荣和地产项目都有润成创展的身影。“未来，加上海外自主品牌之路，润成创展将实现‘三条腿走路’，企业发展将更稳健。”关润开说。

调研手记

以非研发创新塑造持续竞争力

谈到创新，大家往往联想到高新技术和巨额研发投入，而润成创展却在生产过程中运用了符合企业特质的技术革新。

其中，工艺的创新就让企业实现了木工精度的提升和门扇制作的效率提高，再加上系统化设备升级，可以说，润成创展迎来了一场全新的突破。

关伟灿说，这一切的动力源于企业的自我革命。当同行业的大多数企业还处于价格的恶性竞争、行业整体盈利能力的大幅下降时，润成创展早已经未雨绸缪。当别的木门企业还在沿袭旧的生产模式时，润成创展就大手笔地投入1000多万元购买最新设备，使其拥有全国木门行业唯一一条静电喷涂生产线。新设备、新工艺的投入，使润成创展制造精度提升，产品质量更优，工作效率提升，也让润成创展尝到了新的红利。

与此同时，在激烈的市场竞争环境下，润成创展抓住机遇，与外部伙伴合作，弥补自身研发能力的不足，走出了一条自己的可持续发展路径。

阳晨厨具：挺进高端 不粘厨具风靡海外

走进位于广东阳晨厨具有限公司（下称“阳晨厨具”）的产品展厅，琳琅满目的炊具、烘焙模具让人眼花缭乱。作为中国内地第一家、目前国内最大的铁质不粘锅生产企业，阳晨厨具生产的产品从佛山市南海区丹灶镇走向世界各地。

数据显示，阳晨厨具的不粘厨具目前已遍及欧美、东南亚60多个国家和地区，并于2017年成为首批南海制造业全国隐形冠军企业之一。

面向未来，阳晨厨具正在不断加大智能化设备研发的投入，希望通过生产设备的革新，在推动产品品质提升的同时加快研发智能化产品，由此带动企业可持续发展。2019年阳晨厨具的销售收入为1.73亿元，同比增长11.51%。

参与制定多项标准
超80%为海外市场订单

阳晨集团成立于1993年，集团总部及核心企业阳晨厨具位于丹灶镇，集团下属6个分公司，覆盖国际贸易、五金厨具、精密压铸、汽车缓速器等领域。

在1994年，阳晨厨具董事长姚中沃借了25万美元，进口第一条不粘生产线，由此成为中国内地第一家铁质不粘炊具制造企业。1年后，阳晨厨具铁质不粘炊具开始进军欧美市场，市场份额迅速提高。

经过20多年的发展，阳晨厨具如今已是国内最大的铁质不粘锅生产企业，有上千种烹饪产品，可满足烘焙、蒸、煮、煎、炒等各种用途，产品销往全球60多个国家和地区，公司超80%为海外市场订单。目前，阳晨厨具在美国、加拿大、英国、俄罗斯等地均建有市场服务机构。

姚中沃介绍，目前阳晨厨具的产品在澳洲高端市场中占比超95%，而在欧美同类产品中高端市场占有率已超过30%，部分产品主要面向白领等人群。

“近两年，企业利润平均增长约30%，产值2亿元。”姚中沃说。数据显示，阳晨厨具2017年销售额为9693万元，2018年销售收入为15 478万元，增长率近60%。

“我们的产品多是由企业设计研发，在产品的设计、性能等方面进行创新。同时，基于原有的产品不断提升其档次，比如在产品表面立体化、性能等方面进行更大的提升。”姚中沃说。

从出口国际市场开始，姚中沃就带领企业主攻海外中高端市场。在他看来，低端产品难以实现企业的可持续发展。因此，产品创新、品质是企业生产发展的重要根基。

资料显示，阳晨厨具早于1994年制定不粘锅生产企业标准，2008年制定了不粘锅联盟标准，2014年参与制定不粘炊具国家标准，2015年参与制定中国不粘锅国家标准并获中国不粘锅十大知名品牌。作为广东省表面处理研发依托单位，阳晨厨具建有阳晨技术中心和工程研发中心，并与多所高校和研究所开展合作。数据显示，该公司近年来获得专利100多项。

引进国内外专家资源
推进车间信息化改造与产品质量提升

要在海外中高端市场中站稳脚跟，持续不断地自主研发创新投入尤为重要。

近年来，阳晨厨具积极整合企业内外资源，先后与天津大学、南京理工大学、华南理工大学签订了产学研合作协议，并在多项产品研发项目上开展合作。

不仅如此，阳晨厨具还引进了多名国内外专家，培养了一批技术创新领军人才。同时在2011年联合培训机构在公司内部成立了广东阳晨商学院，开展实施了技术人员职业生涯规划和成长通道设计，定期开展各产业领域技术创新专家小组的交流活动，坚持组织研发人员开展专业培训，提升在职研发人员的技术和管理水平。

为逐步扩大海外市场份额的占有率，2001年，香港阳晨厨具公司成立，开始全面进军全球市场。2010年，阳晨厨具成立广东省首家表面处理工程技术研究开发中心，这也带动了企业产品品质的全面升级，成为进入欧美市场的中高端品牌。

硬件设施的提升与员工培养同样不可或缺。2000年起，阳晨厨具就布局信息化建设，十几年间升级了几代信息化管理技术。而从2007年开始，阳晨厨具就推行先进的管理模式，每个月都有专业培训人员对企业员工进行为期3天的指导。

值得一提的是，阳晨厨具在同行业中较早建立ISO质量管理体系，通过中国食品卫生标准、美国FDA标准和欧洲食品卫生标准，是全国第二家与日本中产连合作推行丰田生产模式的公司。

长期的坚守也让阳晨厨具获得了更好的发展。2014年，阳晨厨具在广东金融高新区股权交易中心挂牌，成为广东不粘厨具行业首家提出申请并成功挂牌的企业。

加大研发创新投入
力促实现高精度智能化生产

面向未来，阳晨厨具希望进一步扩大国内市场份额，对于企业生产效率的提升也有了更多的期待。“企业想做两件事情，一是生产的智能化，二是产品的智能化。”姚中沃说。

在姚中沃的发展规划中，生产的智能化是产品智能化实现的第一步。近年来，随着人工成本的不断提高，阳晨厨具专注生产设备的智能化，对生产线进行改造革新，由此提高生产效率和产品良品率。

“再过10年，制造业自动化水平将逐步提高，企业现在走得更快一点、加快更新步伐才能挤出未来的发展空间。”姚中沃说，企业必须从战略上加快推进生产设备的智能化改造，降低材料损耗、节约人力资源成本流出的利润空间，转而加大研发投入实现高精度智能化生产，从而提高生产效率。

2016年，综合考虑技术水平、创新因素、工艺匹配、地理区位等原则，阳晨厨具与佛山华数机器人有限公司合作，投入10台机器人改造两条冲压生产线，每条生产线上用5个机器人，包括冲压、切边等工序，应对人力成本上升、招工难等问题。

2017年，阳晨厨具逐步引进烤盘静电自动涂装生产线，进一步推动生产车间的自动化革命。升级改造后的生产线采用喷淋、浸泡结合式前处理，既保留了喷淋的处理速度，又具有浸泡过程，使工件所有部位均可得到有效处理，具有自动化程度高、节能、低成本运行的特点。据悉，包括两条静电自动涂装生产线在内，阳晨厨具至今已完成6条自动化涂装生产线的改造。

“目前，企业正加紧与德国相关合作伙伴进行接洽，拟推进包装组装生产线的

经过自动化改造，阳晨厨具的涂装生产线已减少大量人工

自动化、智能化改造。”姚中沃说。

在加速实现生产智能化的同时，阳晨厨具还将目标瞄准了产品的智能化。“产品需要不断更新迭代，根据消费者需求实现更多的功能。”姚中沃说。为了更准确地把握市场需求，阳晨厨具在加大研发力度的同时，还在全国多个城市派发问卷调查，通过对消费结构的精准分析，针对客户需求设计新产品。

调研手记

从海外中高端市场做起
倒逼企业品质把控与提升

与大部分以国内市场为主阵地的传统企业不一样，阳晨厨具早在20世纪90年代就将目光瞄准了海外中高端市场。这对于企业而言，既需要大胆“走出去”的勇气和信心，更离不开对企业产品品质的严格把关。

企业“掌门人”姚中沃很早就意识到，做低端产品是不利于企业长远发展的。在这样的经营理念背景下，直到现在，阳晨厨具依然使用着进口的高品质原料。其产品成本价虽然比市场高出约10%，但产品的使用寿命、使用体验是同类产品中相对较优的。

起初为了拿下英国订单，阳晨厨具的团队没日没夜地研发产品表面处理的配方，工厂试验、加工至凌晨两三点是常态。最终，该公司在没有任何经验的情况下，研发出产品工艺标准达到欧洲品质的不粘锅。

经过长期的创新投入，姚中沃带领企业参与多项标准制定工作，他本人已是6项不粘炊具国家标准主要起草人、两项国家发明专利发明人，公司还先后获得8项国家高新产品证书。

从原材料使用到加工，再到全链条生产品质的严格把控，阳晨厨具不仅在海外市场站稳了脚跟，部分业务占企业总订单超80%，产品远销澳大利亚、欧洲等地，还在国内建立自己的经销商体系，同时在电商上发力。如今，阳晨厨具仍在大力进行产品研发和创新，提升产品的档次和附加值。

实际上，以欧美地区为代表的海外市场，对产品品质的高要求、高标准，也反过来不断促进了生产企业产品品质的把控与提升。笔者认为，正是凭借胆识、勇气与信心，做出早期进入海外中高端市场的决定，并长期坚守对产品品质的把控，加大研发创新、积极参与行业标准制定，才让阳晨厨具在行业内占据了一席之地。

科日超声：超声雾化“新赛道”上的领军者

在佛山市南海科日超声电子有限公司（下称“科日超声”）的产品测试房里面，不同类型的雾化配件正在进行寿命测试，旁边厚厚的青苔显示出他们已经测试了相当长一段时间。在通过各项测试后，雾化配件将会作为核心技术配件使用到市民熟悉的超声波雾化香薰机、加湿器等产品里面。

成立于2001年的科日超声，一直专注于超声雾化应用产品核心部件及器件的研发与生产。早在2005年，科日超声自主研发了全球首台超声雾化香薰机，至今已形成数十亿的香薰机市场规模，产品远销几十个国家和地区。同时，科日超声首创的大功率组群式雾化配件在国内有着70%的市场占有率，更成为欧洲知名仿真壁炉公司雾化核心部件的唯一供应商。

作为首批南海制造业全国隐形冠军企业之一，科日超声这两年发展稳健。2019年，科日超声销售收入为2.07亿元。面对竞争激烈的市场，科日超声从2018年开始把公司战略重新定义为“为健康生活加分”，并把专业技术、产品创新和大健康领域作为未来几年的主要发展方向。

调整业务产品比例
安全和健康比发展速度更重要

在科日超声的产品测试房里，两组正在测试的产品引起笔者注意：一组是6个喷头的雾化片，另外一组是10个喷头的雾化片，但是6个喷头的雾化片的雾化量明显要多于10个喷头的。

“这是我们研究了两年时间，即将推出的最新产品，用来取代之前10个喷头的雾化片，在目前市场上也是非常有竞争力的。”科日超声总经理叶卫忠说，这款新产品1小时可以雾化8公斤的水，喷雾可用于激光投影、阳台氧吧、工业除尘、养殖消毒等，未来这款产品将会通过一条全新的自动线来实现自动化生产。

事实上，围绕雾化片不断创新产品是科日超声坚持不懈的事情，这从科日超声过去十几年的发展历程也可看出。在成立之初，科日超声最早推出的是雾化装饰灯、园艺类雾化器等产品，然而，受国内假冒伪劣产品冲击，科日超声的发展面临很大挑战。在连续亏损3年之后，科日超声决定从香薰机入手，把超声波雾化器和香薰机结合，通过超声波雾化的精油得以在常温中扩散，不会被破坏，也不会散失。

最终，经由法国设计师设计的超声波雾化香薰机大受好评，各大企业更是争相模仿。在十几年间，科日超声开发出多款香薰机产品，其中既有调节儿童睡眠的儿童香薰机，也有直接放入精油、不必另外加水即可使用的“懒人”香薰机，可以满足不同用户群体的需求。在此基础上，科日超声逐渐形成3大核心业务板块：高性能雾化片、集成化雾化配件、成品香薰机。

逆水行舟，不进则退。在稳健发展的基础上，科日超声要保持优势与地位，需要不断的自我突破。“这两年科日超声的营收都比较平稳，略有增长，同时我们不断调整减少做低附加值的产品。”叶卫忠说，在过去10年里，科日超声陆续淘汰了雾化装饰灯和出口欧洲的水池园艺雾化器等产品，同时开始进军高端加湿器的ODM（原始设计制造商）产品。

“我认为公司安全和健康比发展速度更重要。”叶卫忠认为，一个公司最大的失误就是战略失误，目前企业正在调整战略，加大高附加值的产品比例。他解释说，香薰灯是休闲产品，而加湿器是家电产品，鉴于科日超声的核心技术在于雾化片，接下来将会继续生产设备部件和家电部件产品，保持香薰机产品的同时略微减少家电产品，并向大健康产品的方向进行转型发展。

提出“为健康生活加分”
瞄准大健康产业新战略

在保持香薰机、加湿器等产品研发的同时，科日超声把目光投向了大健康领域。“2019年，我们把专业技术、产品创新、大健康领域定为未来几年的企业主要发展方向，简单来说就是‘为健康生活加分’。”叶卫忠说。

依托于超声雾化技术，科日超声得以往医疗保健方向不断探索。“超声雾化涉及三个元素——液体、雾化量、雾化颗粒大小。其中，不同的液体有不同的功能。”叶卫忠说，最近几年，科日超声在广西、云南等地方不断收集有机液体，例如茶树油一类的纯天然植物提取物，希望能够开发一系列雾化保健产品。目前，预防流感、提神和植物杀菌等产品都已纳入科日超声的产品开发行列。

近两年，科日超声研制出一款超高频的超声波雾化器，功率可以达到3.5 MHz，而市面上常见的超声波雾化器功率仅为1.7 MHz和2 MHz。3.5 MHz的雾化器具有低电压启动、雾化颗粒超小等特点，可以应用于肺部治疗。

“未来大健康领域的应用会非常广泛。”叶卫忠说，比如针对非洲猪瘟、禽流感等养殖业，可以用超声雾化进行消毒，因为颗粒非常小，消毒会更加均匀。未来，包括在农业、医用、工业设备、商用电器、家用电器、舞台烟雾等领域，都大有可为。

要抢占市场，技术储备必不可少。事实上，科日超声一直以来均以技术取胜于市场。在早期突破超声雾化核心技术时候，科日超声就花费了近千万元进行设备开发、采购，并且专门邀请日本TDK创业元老、退休后创办公司的神原正治作为顾问。在此推动下，2015年，科日超声的实验室数据与生产线实现了可量化的生产对接，使用时长为8000小时、10 000小时的超声雾化片实现投产，日产能最高可达到10万片。这也意味着，科日超声成为了国内掌握超声雾化片关键核心技术的企业，并打破外资企业的技术垄断。

“科日超声每年都将销售额的5%作为创新研发经费，在此推动下，企业至今已经累计获得国家专利授权153项，其中行业突破性发明专利11项。”叶卫忠说。

在新的发展阶段，科日超声也同样注重与科研院校的合作。目前已与云南大理大学、洛可可工业设计公司等开展3方合作，其中云南大理大学提供医用制剂，科日超声提供超声雾化技术的方式进行，而洛可可工业设计公司则提供产品的外观设计，通过形成3方合作来开发有效且受大众欢迎的健康产品。

参与制定国家标准
首批产品通过检测抢占市场新空间

多年的技术储备让科日超声对未来的市场有着更多的想象空间。数据显示，近年来我国加湿器产品一直处于稳步增长状态，销售规模逐年走高。2018年加湿器零售量达到1420万台，零售额达到38亿元。2019年上半年，加湿器零售额规模为

14.2 亿元，同比增长 27.5%。

2019 年 7 月，GB/T 23332—2018 加湿器新国标正式实施，为加湿器的发展指明道路，科日超声的 KR003 型超声波加湿器被评为首批通过新国标检测的轻工对标产品。可以预见，随着新的国标出台及整个行业加快开展供给侧结构性改革，科日超声将迎来新的增长空间。

作为主力编制单位之一，科日超声全程参与了新国标的制定工作。“标准组开了 3 次会，都是在科日超声的检测中心做测试。”叶卫忠说，科日超声的检测中心是目前全国最大的，所以新国标的很多数据指标都是在这里完成。

他介绍说，检测中心分别对雾化片的寿命、性能等连续不间断地做测试，中心还拥有 SGS（安规）目击实验室资格，也是国内超声雾化行业首个 CNAS（中国合格评定国家认可委员会）认证的实验室，检测报告可在美国、欧盟等全球 70 多个国家和地区得到国际互认。其中，最长的一个测试从 2015 年开始持续至 2019 年底超过 3 万个小时，创造了新的世界纪录。

面对即将爆发或增长的新市场，科日超声已经做好了储备。为防治局部小空间的雾霾、粉尘情况，目前科日超声已经与湘潭大学成立湘大·科日（超声环境）科学研究中心和超声环境院士工作站。此项目的重点研究方向包括大气污染治理、环境监测专用仪器仪表研制等，项目成果有望用于工业除尘、城市公交车站等，通过改善局部小气候，达到除尘目的。

湘大·科日（超声环境）科学研究中心

此外，科日超声还开展了负离子的相关研究课题。研究结果表明，自然界中产生的或通过模仿自然原理生成的负离子具有较好的疗养功效。为此，科日超声运用下雨、瀑布等原理，用超声波撞击水流，做成雾化水墙，并利用水的物理撞击获得有效负离子，从而打造城市中的“天然氧吧”。在此基础上，科日超声目前正与华西医学中心合作，打造可修复呼吸系统的负离子康复仪。

调研手记

紧抓研发与应用的“微笑曲线”两端

从传统加湿器、香薰机到大健康领域，科日超声看似产品很发散，但是这些产品最核心的技术均在超声雾化片。一块像硬币大小的雾化片往往决定了产品的雾化功能及加湿器的质量。也正因为如此，在近 20 年的创业生涯中，叶卫忠从没有放弃对雾化片的研发投入。

“即便在连续亏损的时候我都坚持，我不能让别人扼住产品的‘咽喉’，我们不能依赖进口雾化片。”叶卫忠说。也正源自这一坚持，目前科日超声的雾化技术已走在全球前列。

如果说，雾化片是一棵大树的根，那么产品的开发应用则可看作大树茂盛的枝叶。依托雾化片的领先技术，科日超声不仅是探索者，更是引领者。紧抓“微笑曲线”的两端，科日超声的路子越走越宽。

第三章　年轻的力量

——对话南海民营经济“创二代”

源田床具：解锁新玩法　冠军新路径

在里水镇岗联源田工业园的源田睡眠文化博物馆，参观者能领略到有关睡眠的一切：可以睡在古床，枕在古董枕头上亲身体验古法睡眠；可参与AR互动游戏，测试自己的睡姿；还可以看现代化床垫如何生产出来……

这是“创二代”、佛山市源田床具机械有限公司总经理李泓业解锁的新玩法。创建于1982年的佛山市源田床具机械有限公司（下称“源田床具”），30多年来坚守床垫机械生产，已经成为这一领域的“隐形冠军”，而李泓业则带领源田床具进一步实现了从卖产品到卖服务。

源田床具的智能生产车间

如何从卖产品到卖服务，如何将冠军的品牌与文化从隐形的后端发展到显形的前端，正是摆在李泓业面前的两个主要课题。导入MES系统（制造执行系统，是指面向制造企业车间执行层的生产信息化管理系统）完善生产管理，推动企业落实知识产权贯标体系，打造智能生产车间，建设博物馆塑造企业文化……李泓业正在围绕“产品—服务—品牌”打造床具机械的闭环。

起步：顶着压力与责任

接班父亲、继承家业，是李泓业既定的人生轨迹，然而，他本人也没想到这支“接力棒”来得如此突然。

2017 年中，李泓业的父亲、时任源田床具董事长兼总经理的李德锵，在带领员工外出学习时突发中风，刚刚进入源田床具工作半年的李泓业临危受命，接过企业经营的重任。那一年，李泓业才 25 岁。

“我当初回来没有想过这么快接手企业。”李泓业说，刚接手公司时，他不仅要尽快上手公司业务，还要照顾父亲，双重的压力突然加在他的肩膀上，让他一度感到崩溃。

李泓业二话不说挑起重担，离不开他身上的“源田基因”。他从小就在源田工业园长大，开会或到车间工作时父亲都会带上他，让他了解企业的生产流程。这种自小培养、言传身教，让李泓业得以快速上手。

扛下这一切，还有“责任”两个字。“当公司的命运交给自己时，感到最多的是责任。”李泓业说，自己是家中长子，有责任将父辈辛勤耕耘 30 多年的企业传承下去。同时，作为一家有社会责任的企业，也要为了保住员工的饭碗坚持下去，“若员工失去工作，影响的就不只是一个家庭了”。

“产品生产、人力资源管理、商务合作、对外关系等等，很多事情都要去接触，去了解。”就这样，李泓业和其他同龄人一样站在职业生涯的起点上出发了，只是他所要走的路，是一条处处是挑战的路，不仅要对自己负责，要对父辈负责，更要对数百名“源田人”负责。

转型：从卖产品到卖服务

事实上，李泓业在未正式接班时，便已经参与到企业的生产经营之中。引入 MES 系统，就是李泓业参与企业经营的第一项任务。

“当时工业 4.0 是比较火的概念，父亲让我去研究，我便开始接触 MES 系统。”

李泓业说，当时国内较少有民营企业应用这一套系统，源田床具引入该系统也就成为“饮头啖汤”的企业之一。

“从前在生产过程中，会出现缺少零件导致机械不能组装的现象，这是生产过程不够透明化导致的。”李泓业说，MES 系统弥补了 ERP 系统的不足。他表示，公司原来的管理系统是 ERP 系统，主管人财物、进销存、进与出，管的是整个物资的流动，缺少了对中间环节即生产过程的监测。

由于生产过程无法掌握，工人会选择避开生产难造的零件，导致零件无法整套生产出来，从而影响交货期。而源田床具导入 MES 系统后，就能够监测生产过程各个环节的所有数据，并依靠追溯功能，计算产能和绩效，补足 ERP 系统缺漏的生产过程管理。“有了 MES 系统后，可以规定工序和流程，确保准时交货。”李泓业说，使用 MES 系统后生产效率提升了 20%—30%，更实现了 100% 准时交货。

李泓业开玩笑说：“我们做得太早了，没拿到补贴。”但其实，从 MES 系统开始，源田床具便开始探索卖服务的方式，“我们将自己应用的 MES 系统，推广到下游客户，同时自己定制开发了床垫生产行业的系统，作为服务类产品销售”。

由此进化而来的就是当前源田床具主打的床垫制造智能车间，这是李泓业给出的整体工业解决方案。

访谈当日，在源田工业园智能车间内，一群客商正在参观了解其运作情况。而在观者面前的，就是一条“U”形的生产流水线。“现在经常有人来参观我们的智能车间。”李泓业说，2020 年落成的智能车间，硬件包括行业最先进的床垫制造设备、智能化的生产流水线，软件则有 MES 系统、数据看板以及设备管理云平台。

在生产线上，由源田床具研发的床垫双层围边机，能实现上下两层 2 张甚至 4 张床垫同时缝边。“目前这台机器全球只有 3 台，一台在国外，两台在国内，这就是其中一台。”李泓业说。

实际上，这个智能车间就是展示给客户的“样板间”。在这里，源田床具实现了从单纯卖设备，到设备与服务一起卖的转型升级。“我们打造的智能车间，可以根据客户需求，专门为他们定制、开发设备和生产管理软件。”李泓业说，源田床具可根据客户车间的实际环境设计生产线的布局，实现整条生产线的软硬件打包销售。

这需要强大的研发与服务能力。“通过智能车间的设备管理云平台，我们可以实现远程售后服务和维护，在线解决设备故障问题。”李泓业表示，云平台已经在发挥作用，此前，公司就通过远程服务为葡萄牙和西班牙的客户修正了系统程序。

文化：从“隐形”到“显形”

“我从2018年的时候就开始提出‘从卖产品到卖服务’的战略目标，从智能车间概念的提出到完成，总共用了大约6个月时间，再次体现了‘源田速度’。”李泓业说，2020年对企业文化的要求是“有深度、有行动和有感染力”。

在2020年5月1日《源田报》38周年厂庆致辞上，李泓业对企业的战略发展与企业文化打造，给出了自己的理解与目标。

作为第一批南海制造业全国隐形冠军企业成员之一，源田床具在李泓业的带领下，不仅实现了智能制造的升级、源田文化的塑造与输出，也在实现从“隐形冠军”到“显形品牌”的转变。

“时代精神创源田”，这是李德锵提出的理念。对此，李泓业的诠释是，源田床具之所以能经营38年，依赖的是不断适应新时代，不断认识和创造时代精神，不断在新时代中发光发热。

在对上述理念的理解下，李泓业总结了源田床具的企业价值观——厚德、自强、专业、创新。他解释，厚德是做人做事的道德准则，自强是不断向上的拼搏精神，专业是源田人专心、专注、专研的工匠品质，创新是企业发展前进的主要动力。

观其言，察其行。8字价值观既体现于源田的生产管理上的转型升级，也体现在品牌文化的塑造之上。

源田睡眠文化博物馆就是李泓业打造品牌文化交出的答卷。在他看来，与其建立一个企业文化馆，狭隘地展示本企业，不如将范围扩大至睡眠文化，实现从企业文化到公众文化的跨越。

“人的一生有1/3的时间在睡眠中度过，睡眠是极为重要的事情，成立源田睡眠文化博物馆的目的，是为了传播睡眠文化，让更多的人拥有睡眠。”在博物馆落成仪式上，李泓业表示，打造睡眠文化博物馆不仅是为了向公众展示睡眠产品，更是提升产品的文化价值和品牌价值的重要途径。

如今源田睡眠文化博物馆已经成为工业旅游的景点、青少年科普教育基地。走进博物馆，正厅里的“MOSA”（Museum of Sleeping Art）标志格外醒目，这是源田床具打造的新品牌。“我们将以新品牌、新公司的形式运作，往文化产业方向发展。”李泓业说，通过拓宽产品线，新品牌将包括床垫、枕头、睡衣等与睡眠相关的家居用品，并以线下体验+线上电商的模式，向“C端”拓展。

“作为‘隐形冠军’，企业以前是‘B2B’，以卖设备为主。”李泓业说，建成了睡眠文化博物馆后，企业可以直接面对消费者，让他们重新认识源田品牌，让源田从“隐形”走向“显形”。

承安铜业：二代创新业　制造新冠军

周建新是佛山市承安铜业有限公司（下称“承安铜业”）的总经理，同时也是“二代”企业家。

然而，周建新从来没把自己定义为“守业者”。站在父辈的肩膀上，接班的周建新将如何持续扮演先锋角色？“要想保持优势，只能不断创新、自我革命。”这是周建新一直以来思考的命题。

为此，2017 年周建新选择踏入环保行业，成立了广东德同环保科技有限公司（下称“德同环保”），并在两年内完成了量化生产、技术升级、业务大幅拓展的“三级跳”，由此改变了承安铜业一直以来单一行业、单一工厂、单一产品的状况。

通过新产业、新商业模式的引入，“隐形冠军”与新生企业共同发展，周建新让两者之间实现了资源共享和互相成长。“我们也在努力将德同环保打造成为集团内第二家‘隐形冠军’。”周建新说。

转换赛道打开新市场

2017 年正式“接棒”后，周建新做出了一个大胆的决定，围绕承安铜业的业务，他成立了德同环保，向 PCB 环保领域拓展。为了这一步，周建新已经准备了 3 年多。

承安铜业所生产的铜球，学名是磷铜阳极，其质量对线路板十分关键。

“做一颗合格的磷铜球简单，但多年来，承安铜业已出品超过 100 亿颗铜球，品质稳定，不曾失误，这并非易事。”周建新说。

这是承安铜业的优势，却也带来局限性。在占据全世界 1/3 市场份额之后，还要怎样提升？

周建新瞄准了环保这个切入口。

印刷电路板行业令人关心、头痛的问题就是其在生产过程中产生的废液处理问题。其中，蚀刻废液中富含的铜离子具有较高的经济价值。据统计分析，每10吨蚀刻废液里含有1吨铜。此前，线路板企业处理废液的办法是把失效后的蚀刻废液相对廉价地卖给有回收资质的单位。有业内人士介绍，这种方式不仅处理方式低效，而且还有可能造成污染源转移。

德同环保所生产的环保设备能将铜从蚀刻废液中提取出来，制作成纯度较高的铜板，而铜板则可以作为原料直接用于承安铜业铜球的生产。此外，废液经过调配，还可以继续循环利用，从而将上下游延伸开来，形成闭循环。

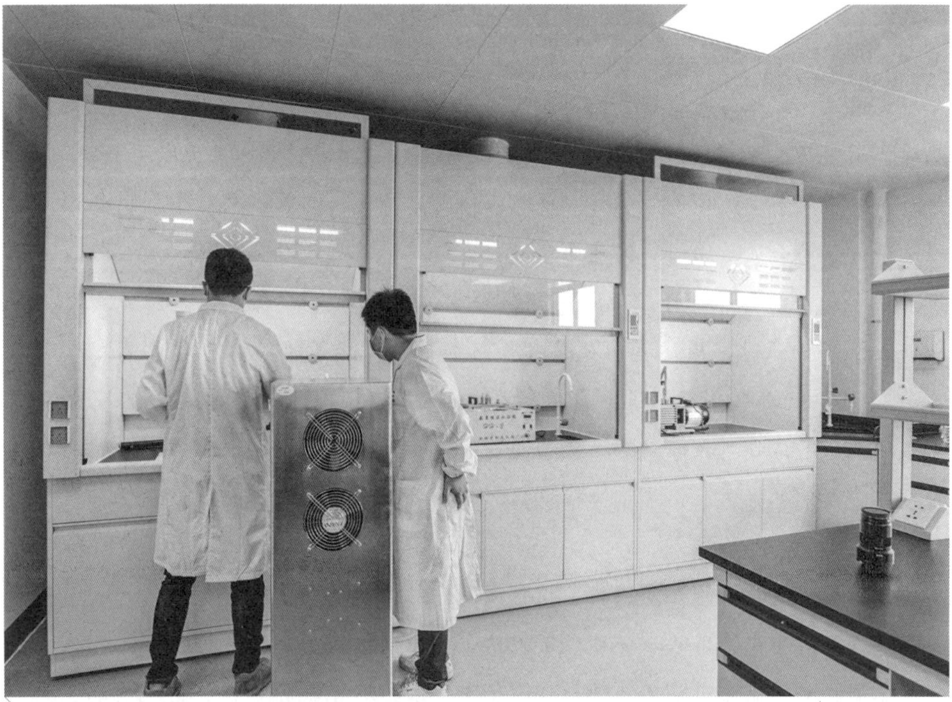

承安铜业研发室

从目前市场反应来看，这是一个正确的决定。正如承安铜业赶上了中国电子产业发展的时机，德同环保也赶上了中国环保产业的机遇。随着近年来中央到地方高度重视环保问题，德同环保一直处于“满单”的状态。

新商业模式将“桌子”延长

新企业的成立，也开启了一个新的销售路径：客户无须出资购买环保设备，仅需与德同环保签订合约，允许环保设备入驻，允许维护与运营也全部由德同环保派人进驻负责。然后从客户的废液里提取出来的铜，德同环保参与分享。

“这其实是一个双赢的局面，严格来说，我的客户也是我的合作方。”周建新举了个例子，一个电路板厂 1 个月可以产生过百吨乃至千吨废液，利用环保设备可以循环使用 9 成以上的废液。而如果没有环保设备进驻，将会造成大量的资源浪费与环境污染问题。“从近期一个客户披露的年报数据看，这一设备帮助他们利润提升至少 10%。”周建新说。

提出这一大胆的商业模式，与周建新的教育经历有关。从澳大利亚公立高中毕业后，周建新入读 Monash University（莫纳什大学，澳大利亚八大高校之一），攻读金融、应用数学、统计 3 个专业。回国后，周建新进入证券公司工作，带领 30 人的团队夺得了佛山第一的团队销售业绩。

留学背景加金融工作经历，周建新给承安铜业带来新的思路。其实，2013 年刚回到承安铜业时，周建新就在思考如何加强与客户间的黏性，建立强关系。

“铜业生产其实已经到了一个极微利，甚至负利润的阶段，销售团队的绩效也越来越低。怎么办？我们以铜球产品为纽带，可以进军环保，也可以延伸去推荐新的产品，例如把锡球、铝片等线路板耗材推荐给我们的客户，这就开发了新的模式和商机。”周建新说。

一方面，新产品的开发提高了销售团队积极性，为承安铜业聚拢人才；另一方面，在产品同质化泛滥的市场环境下，这一举措也增强了与客户间的黏性。

但周建新的商业布局不止于此，“有强关系的环保服务客户链，也有弱关系的产品平台。”凭借承安铜业在行业的全球优势，周建新还在韩国开设了子公司，将好的中国制造的线路板耗材，带到韩国去销售；下一步还会将韩国公司的经营模式复制到日本、泰国、中国台湾等国家和地区。

周建新很喜欢打一个比方：“父辈留下来的企业就像一张桌子，东西都有序摆放好了，但却是按父辈的习惯而摆放的，牵一发就会动全身。我可以做的，就是把这个桌子延长，那样才有空间重新摆放各种资源。”

汇聚人才打造成长性平台

接班，意味着不仅要做一个好创业者，也要做一个好管理者。

在企业管理上，周建新有一套自己的管理哲学。把承安铜业这张“桌子”延长，不仅拓宽了业务，还可以给老员工提供新的舞台。

“一家行业领军企业必然有一定的瓶颈，例如该如何激发老员工积极性。”周建新介绍，德同环保成立之后，员工有了另外一个崭新的发展平台和获得成就的新途径，实现业绩、工资双增长。“这是一件很鼓舞人心的事情，也让整个集团焕发了新的活力。”

不需要大刀阔斧“砍”哪些部门，周建新通过建立企业制度，给员工寻找合适的位置，自然淘汰不适合的员工。

“减少人治，增强法治。”这句话是周建新此前常在公司内部会议中提出的一个意见。在周建新看来，社会改变如此，公司传承如此，企业管理更需如此。新员工和老员工之间的界限，也可以通过“法”去模糊。

同时，周建新一直坚持这样的观点：“一个企业要值钱，人才是最重要的。正因此，我们要一起将承安铜业打造成一个有成长性的平台。”

每当有一批新员工入职，周建新都会讲两个自己身边的故事，去鼓励新员工快速进入状态，努力、充满正能量地面对人和事。

承安铜业作为传统企业，登陆资本市场会有一定的阻力；而德同环保的创新和发展，正是传统产业与新技术、新产业、新业态、新模式的深度融合，将助力承安集团登陆资本市场。

粤海汽车：一个“创二代”的百年目标

佛山市南海区九江镇龙高路旁，一辆辆清障车整齐排列，这里是广东粤海汽车有限公司（下称“粤海汽车”）。在中国，每销售4辆清障车，就有1辆诞生于此。

只要一有空，公司常务副总经理彭铭雄就会站在3楼办公室窗前，看着窗外各式清障车，不时会突发奇想，有时是一个新设计，一个新功能，有时是一个新的工序调整。

作为年轻的80后企业家，彭铭雄是一个“隐形冠军”企业的“守业者”，更是一个“创二代”：改革相关部门，引入自动化系统，为公司建立科学的管理制度；打通创新通道，改革公司休假制度，让员工更好平衡工作生活；主导创办中国清障

彭铭雄正带领粤海汽车朝着百年企业方向前进

车操作技能争霸赛，打响粤海汽车品牌……

接班10年，在彭铭雄看来，系列变革的关键是来自父辈的支持。如今的他仍在不断奋进，捍卫国内清障车第一生产商的位置，带领粤海汽车朝着百年企业方向前进。

掀起改革潮
从粗放式走向科学管理

接班10年，彭铭雄给粤海汽车带来的变化是明显的，一个是规范化，一个是人性化。

在佛山南海，有一大批“洗脚上田”的草根创业企业，在改革开放中受益，却缺乏制度、流程和控制，当企业发展到一定阶段，这无疑将会制约企业的持续发展。因此，推动企业制度化转型，是众多二代企业家的必经之路。

工商业管理硕士毕业的彭铭雄，来到粤海汽车的第一项工作，就是到各部门调研并进行改革，第一站走进的就是采购部门。

针对当时粤海汽车出现的采购权混乱、采购结构不合理等顽疾，彭铭雄重新制定了采购部门的权限，“砍”掉多余岗位，建立起一套规范的采购体系。

同时，彭铭雄又将目光放到了生产车间。此前，粤海汽车一直没有使用制造企业生产过程执行系统（MES系统）。这一系统，可以为企业提供包括计划排产管理、生产调度管理、库存管理、质量管理、人力资源管理、设备管理、采购管理、生产过程控制等管理模块，帮助公司实现管理规范化。

生产系统的优化由此成为彭铭雄这些年来的改革重点：先让部分大零部件上MES系统，捋顺流程，同时改变工人的使用习惯和操作习惯；接着让关键零部件上MES系统，打通销售到生产、售后等每个环节。同时，他接受了工人们的建议，优化了车间的工位和工序，提升了生产效率。

“生产一部车涉及到很多工艺，从调整生产，到调整采购，再到调整售后服务、销售，只能先从熟悉的事情入手。”在彭铭雄看来，这个从内部到外部的改革，10年时间仍嫌短，“就拿生产来说，每个时期都有不同的问题，我们可以做的，就是按照当初设立的目标一步一步地升级。”

从粗放式管理到建立科学管理制度，这是彭铭雄带给粤海汽车的新变化。“但如果问我给粤海带来的最大变化是什么，我觉得就是让员工多放假，他们都很欢迎。”彭铭雄笑着总结。

作为80后，彭铭雄能站在年轻人的角度做出改变。例如，开放上升渠道，鼓励所有员工参与创新，只要有想法、能解决问题，都能获得奖励；同时优化公司的休假制度，不要求员工穿工服上班。

在系列管理制度改善之下，粤海汽车的生产效率大幅提高，在员工没有增加甚至减少的情况下，年产量从1000多辆提升至近3000辆。

顺利接班
来自父辈的支持是关键

每天，去车间转一圈已经成为彭铭雄的常规动作，“去解决一些车间没法拍板的事情，例如生产和设计的冲突。”彭铭雄说。接班10年，他早已成为粤海汽车的掌权人，但回看走过的10年，“还是多亏父亲的支持。”说起来，彭铭雄很是感慨。

在接班问题上，长期从事家族企业管理研究的中山大学管理学院原院长、教授李新春观察到，创一代和创二代在知识结构、价值观、对家族事业的态度等方面都会有差异，“这将在经营理念上产生冲突，也会带来沟通上的困难。”在李新春看来，这可能是代际传承中最大的障碍。

“我身边会有很多这种冲突，但我很幸运，几乎每一次的改革，都有父亲的鼎力支持。”彭铭雄回忆，像当时采购部门的改革，触动了不少人的利益，阻力非常大，“最后怎么解决？其实还是缘于父亲的支持。”彭铭雄反复强调。

传承过程中，家族企业制度化变革要想顺利推进，关键在于老一代的认同。“其实有时回看自己当初的改革，现在的我未必敢去尝试。”彭铭雄笑着说，当时是初生牛犊不怕虎，而对于他做出的每一个决策、每一个尝试，父亲彭添成都不会过多干涉。

“父亲给了我一个很宽松的环境，让我自由发挥。”在正式做决策前，彭铭雄一般都会征询彭添成的意见，彭添成也会根据自己的经验进行一些指导：在彭铭雄改革急进时把他拉住，让他缓一缓；在彭铭雄考虑还不成熟时，给出自己的专业意见……“有时被否定肯定会不开心，但家里整体是很轻松的氛围。”彭铭雄说。

10年来，大大小小的改革，有对也有错，彭铭雄回过头看感觉自己的接班还是很顺利，“一是我本身很乐意去倾听别人意见，愿意多去沟通，当然更重要的还是父辈的放权和支持。”彭铭雄总结。

在父亲的支持下，彭铭雄主导创办了中国清障车操作技能争霸赛。从 2011 年第一届的 100 多人参加，到 2018 年第七届的超千人，20 个省、市、自治区的 83 支清障救援队同台比拼，日本、中国港澳同行前来观摩交流，粤海汽车的知名度与品牌认可度越来越高。

坚守初心
耳濡目染打造百年企业

如果问 10 年接班带给彭铭雄最大的变化是什么，“大概就是放不下心。”即使好不容易抽空在外旅游，彭铭雄还是会时不时掏出手机，生怕错过一个信息。“我父亲把粤海交给我时，它是国内清障车市场份额第一的企业，我一定要捍卫好这个地位。”彭铭雄说。

在办公室墙上挂满湖人队球衣的彭铭雄，其实是个十足的篮球迷，自己也组建了一支篮球队参加各种比赛，“这些都是爱好，主要精力还是要做好企业。”彭铭雄分得很清楚，做实业就是要沉下心，花心思不断钻研。

粤海汽车是南海制造业全国隐形冠军企业之一，之所以“隐形”是因为行业关注度低，但在彭铭雄看来，粤海汽车的宗旨始终是做好每一台清障车。“行业不分大小，再小的行业只要能做到最好就是成就，所以首先就要坚守主业。”彭铭雄说。

其实，在接班过程中，彭铭雄多少也羡慕过身边的朋友，“像做金融的、做房地产的，看起来自然比我们这些做实业的更容易赚钱。”但彭铭雄始终记得父亲的一句话“力不到不为财”。

站在行业金字塔尖，彭铭雄危机感更重，“越来越多的企业进入清障车这一行业，不停有人在后面追赶，随时都会有人打败你，所以我们要不断创新，掌握自主技术保证竞争优势”。

在每个员工的努力下，如今的粤海汽车，技术早已达到国际先进水平，成为国内行业技术的引领者，是国家清障车行业标准的起草与修订主笔单位，拥有全国唯一一家省级清障车工程技术研发中心，是目前“世界第二、亚洲第一”的道路清障车生产商。

一直以来，坚持创新，只做本业，彭铭雄坚守着把粤海汽车打造成百年企业的决心。同时，他也开始考虑下一代的传承。

21 年前，彭添成创办了粤海汽车。彼时 10 来岁的彭铭雄经常被父亲带到工厂玩耍，耳濡目染，对清障车这一行业有了认识，也有了责任感。21 年后，当彭铭雄的孩子在街上看到粤海的清障车时，大叫“爸爸快看，这是你们的清障车”，已经接班的彭铭雄会纠正，“不是的，这是我们的清障车”。

西屋康达：以百年企业标准培育接班人

2020年5月24日，南海区青年商会举行换届选举，在新一届理事会成员中，仅在副会长以上层面，就有多位企业家来自南海制造业全国隐形冠军企业。他们是南海制造业传承与发展的重要支撑力量。

企业的传承与发展是一个世界性课题，对于以民营企业为主的“南海制造业隐形冠军”企业来说，随着第一代创业者年龄的增长，如何培育企业接班人实现平稳过渡，成了一个现实问题。在此背景下，一批年轻管理者逐步走到企业经营管理的

西屋康达生产车间

舞台上，位于丹灶镇的广东西屋康达空调有限公司（下称“西屋康达”）就是其中的代表。

早在10年前，西屋康达就把培育企业接班人作为企业发展的一项重要工作。在公司董事长蔡湛文的安排下，企业的年轻接班人蔡浩标从最基础的区域渠道建设做起，历任人资、采购、财务、海外市场管理等多个部门，通过10年历练，成长为南海青年企业家的杰出代表，带领西屋康达不断开拓进取，持续引领细分领域发展。

10年栽培
为接班人成长创造空间

走进蔡湛文的办公室，墙上挂着的“盛德大业”的牌匾特别显眼，这4个字承载了他对企业发展的全部期望：企业要做大做强就要勇于承担社会责任，在开拓创新中实现基业长青。这是他数十年经营企业的行为准则，也是他对接班人的要求。

1993年，佛山澜石人蔡湛文创立了西屋康达公司，围绕商用中央空调和工业中央空调系统的主业不断开拓创新。经过近30年发展，西屋康达已经成长为中央空调细分领域的领军企业，由于主打的中央空调并不应用于寻常百姓家，西屋康达又有着“空调特种兵”之称。

随着企业的发展壮大和自身年龄的增长，如何实现企业的传承与发展成为蔡湛文必须思考的问题。为此，当2010年儿子蔡浩标从澳洲留学归国，他有意识地让儿子进入公司历练。

“对于接班人的培养我采用‘三三三’模式，3年在基层锻炼，3年担任中层，3年熟识企业整体的经营管理。”在此理念驱使下，当蔡浩标进入西屋康达后，蔡湛文就安排他到北京市场历练。

事后证明，在北京的3年工作经历成为蔡浩标的一笔宝贵财富，他不仅对公司所处细分行业有了深入了解，个人能力也得到了有效锻炼。其间，他通过加强区域市场渠道建设，促使北京办事处焕发新活力，业绩持续攀升，销量提升到3000万元。

2013年，蔡浩标被父亲召回佛山总部，开始涉足企业发展战略与管理，先后在人资、采购、财务、海外市场管理等部门历练，对公司的整体经营管理架构有了更深刻了解，对企业未来发展的方向有了更深入的思考。

2014 年底，蔡浩标带领企业聚焦细分领域，瞄准中央空调细分市场，将低温供暖、轨道交通、医疗净化 3 个行业确定为西屋康达战略方向。对于年轻人的想法，蔡湛文总是给予最大限度的支持。

“在公司我们就是上下级关系，他有好的思路和想法我们会共同探讨，同时大胆放手让他去干。”蔡湛文表示，在这个过程中，自己主要肩负起风险控制和确保企业价值取向不出现大波动的工作。

两代企业家由于阅历和理念存在差异，在经营管理中难免会有不同意见，在这个过程中蔡湛文会通过内部沟通尽量接受年轻人的想法。

比如在企业文化的塑造上，如果说父辈营造的是命令与服从的老板文化，那么蔡浩标要创造的是充满激情和创意的团队文化。塑造这种文化，需要完善职业经理人制度，建立畅通的意见沟通渠道，培养头脑风暴式的工作习惯，将企业带入健康发展的轨道。

对此，蔡湛文已经从“让他做”“教他做”过渡到“看他做”的阶段，企业从生产、经营到管理，都按照年轻接班人的既定线路图，走在革新求变的道路上。

注重研发
传承企业创新基因

虽然偶尔存在经营理念差异，但在企业发展一些大的战略方向上，蔡湛文和蔡浩标有着共同的目标，即希望把西屋康达打造成一家创新引领发展的企业，因此他们特别重视对于研发队伍的建设和研发费用的投入。

在竞争激烈的空调行业，仅有数百名员工的西屋康达规模上远不及那些动辄数千人的大企业；但是，在这数百人中，包括了研发人员 35 人、订单设计 20 多人，以及其他各类技术人员。这一比例远超同业。对技术创新的执着，让西屋康达成为了专业化的中央空调国际品牌企业。

经过几十年发展，西屋康达的产品得到广泛应用，从近在身边的广州白云国际机场，到中国航天科技集团、中国科学院等高精尖科研机构，再到国家京剧院、国家动漫园等大型公共设施，从中石油、中石化、华为、比亚迪等知名企业到南开大学、华中科技大学等高等学府，西屋康达都在默默提供服务。

此外，作为城市轨道交通空调节能系统的倡导者和先行者，西屋康达一直致力于轨道交通空调系统节能研究。针对其建筑和空调运行的特点，西屋康达推出全新城市轨道交通专用空调机组——磁悬浮水冷直接蒸发式空调机组、螺杆式水冷直接蒸发式空调机组、高效涡旋式水冷直接蒸发式空调机组等高效节能产品，并获得多种高技术专利。

其中，磁悬浮直膨式轨道交通专用空调属世界首创，螺杆式直膨式轨道交通专用空调性能位居国内前列。磁悬浮轨道交通节能技术、变频直膨净化技术、超低温热泵技术、自由热回收技术等一系列创新技术成果，奠定了西屋康达在行业内的领先地位。

2014 年，西屋康达成为国内首家实现城市轨道交通水冷直接蒸发系统大小系统全配套的中央空调综合节能研发企业，相比传统空调系统，水冷直接蒸发技术可节能 25% 以上。此外，这款地铁空调系统还能节省冷水机房的土建成本及设备管道费用，按照 10 个站点计算，可节约 3000 万元投资，总体效益十分可观。

“目前该技术已经应用在南宁地铁的建设中，此外，目前国内多个城市的地铁项目也正在洽谈中。”蔡湛文说。西屋康达高效水冷直接蒸发式空调机组凭着可靠安全、高效节能、安装与维护方便等优势特点，将代替城市轨道交通常规冷水机组＋组合式空调的系统，成为新型轨道交通空调系统。

立足民生需求
承担企业社会责任

2020 年，距离蔡浩标进入西屋康达已经过了 10 年。按照蔡湛文的设想，随着年轻接班人的成长，未来将逐步把企业经营管理的重任移交给他。为了减轻经营压力，蔡湛文有意识地降低企业负债率，为企业的顺利过渡铺路。

与此同时，受新冠疫情影响，西屋康达对于自身的发展战略也做出了调整，在巩固已有主业的同时，重点攻坚医疗净化细分领域。

在此之前，西屋康达在医疗净化领域已经进行了多年布局，公司生产的医用净化型空气处理机组应用在北京宣武医院、南方医科大学南方医院、河北阜平县中医医院、温州医科大学附属第一医院、深圳市妇幼保健院、北京西城区妇幼保健院、佛山第一人民医院保健中心等多家大型医院。

“疫情改变了人们的生活习惯，也改变了行业发展态势，为了降低交叉感染，医院和医疗行业对于空气净化有着巨大需求。”蔡湛文以新冠实验室为例，新冠实验室就对空调滤网的自动清洗提出了新需求。为此，西屋康达把一半的研发力量投入到新产品的研发中，解决市场痛点。

在蔡湛文看来，这种调整既是企业适应市场发展的需要，也是企业履行社会责任、立足解决民生问题的担当。早在2003年非典时，西屋康达就适时研发出相应的产品，满足市场的新需求。

这种应环境变化及时做出调整的经营策略，正是蔡湛文所认为的企业经营者需要具备的基本素质，也是他对接班人提出的要求，“作为经营者，需要对企业发展有清晰定位，务实创新，善于学习。更为重要的是要有一颗感恩的心，承担起一位经营者应有的责任和担当。”

新怡内衣：
新掌门人以创新瞄准百年老店

2020 年 5 月 19 日，佛山市南海区对第二批南海制造业全国隐形冠军企业进行授牌。其中，广东新怡内衣集团有限公司（下称“新怡内衣”）的执行董事、总裁何俊文成为台上不多见的年轻面孔。从 2012 年低调进入家族企业，到如今带领企业成为行业“隐形冠军”，何俊文已在新怡内衣深耕 8 年。

新怡内衣是一家有 30 多年历史、年销售数亿元的大型内衣企业。进入企业 8 年来，何俊文不断为企业注入新活力。

在民营企业大户南海，一大批年轻企业家正在走向企业掌门人的位置。“隐形冠军之父”赫尔曼·西蒙曾表示，“隐形冠军”企业真正的挑战来自于下一代接班人。而在南海“隐形冠军”企业的交接班中，新怡内衣是一个典型样本。

新怡内衣企业外观

“企业要做到品牌长青，离不开持续的改革和创新。我们希望将新怡内衣打造成百年老店。”何俊文说。

从基层起步
创二代逐步进入企业核心

不久前，南海发布了《南海区青年企业家2020发展报告》，对近200位青年企业家访谈调研的结果显示，相当一部分的青年企业家不仅受过良好的教育，其中不少在海外名校接受教育，也在企业外部和家族企业内部经历很好的历练，有着强烈的创新精神。

何俊文就是如此。2010年，何俊文从中山大学毕业，最开始时何俊文并没有选择直接回到家族企业，而是在汇丰银行完成毕业实习后，就职于一家光电企业，从事项目开发和项目管理工作。

“最开始想的就是先去外面历练一下，当初也没有接班这个计划，有考虑自己创业，但后来看到母亲一个人很辛苦觉得还是应该回来。”何俊文介绍，2012年，其最终决定返回家族企业。

“金融和工业其实是两个体系，最开始什么都不懂，不过好在我的心态很好，一直抱着学习的态度。”何俊文坦言，进入集团前，自己对内衣行业所知甚少，而从旁观者到参与者再到引领者的角色转变，离不开不断地摸索与实践。

2012年，何俊文正式进入公司时并未直接担任要职，而是从基层部门轮岗开始。从销售到市场再到研发、电商中心等多个公司重要的部门，何俊文用3年时间走完，也建立起了自己对企业运营的认知。

“最开始的时候我习惯亲力亲为，但是这损失了很多时间，也没有激发出员工的积极性。”在何俊文看来，作为企业的管理者，更重要的是做一个资源的调配者。

“把自己放在一个操盘手的位置，下放权力给中高管，这样自己才能有更多的时间，站在更高的位置去思考企业未来的发展方向。”何俊文说。

不过，在接班这条道路上，何俊文也走过不少弯路。“有一段时间二维码刚刚兴起，它作为流量导入的一个入口，我认为可以带来销量，针对二维码做了很多投放，但并没有达到很好的产出。”何俊文说。

“好在父母以足够开放的态度去看待这个问题，也给了我足够的自由和空间去试错。”何俊文坦言，此一役也让自己在后来的企业管理中更加注重细节与沟通。

当前，许多企业面临着“换血”“交班”的关键时刻。“我从一名助理做起，一步一步了解公司环节和业务流程，到2017年才正式全面接管。”何俊文坦言。其间，他也曾面临未知的恐惧、各方各面的质疑、心态的崩溃，以及对变革的阻挠等，这些都是需要新生代企业家去面对和克服的难题。

培育经济新增长点
以科技创新驱动发展之路

作为传统制造业重镇，南海乃至佛山产业转型升级和创新发展压力大，对家族接班人也提出更高要求。企二代，不仅仅是“守业者”，更要充当“创二代”的角色。

2020年，新怡内衣成为南海制造业全国隐形冠军企业之一，凭借的就是在负氧离子养护文胸市场占有率全国前三的底气。

当年轻群体成为消费者主力军，何俊文认为，企业的运行离不开持续的改革和创新，需要积极引进新技术、新设备，最重要的是需要以新思维、新模式与消费者对话。

在何俊文的主导下，这款经过两年多的研发才走入市场的负氧离子养护文胸，一上市便受到消费者的青睐。仅2019年，新怡内衣的负氧离子养护文胸单品销售额就达到数千万元，市场占有率居该类产品的全国前三位。

“2017年我正式接手企业以来，就非常重视创新。而这几年我们也一直在思考：传统劳动力密集型企业转型升级的路径到底在哪里?”何俊文介绍，经过一系列的探索，新怡内衣决定走一条以科技创新驱动发展之路。

近3年来，新怡内衣投入技术研发资金3000多万元，同时对传统生产工艺进行技术升级、技术改造。申请了60多个专利，同时在产品的外观、品牌、KPI（关键绩效指标）考核等方面都进行了创新。

目前，新怡内衣已经取得20多项内部技术改造成果，引进了力克全自动裁床、自动暗缝机、自动定型机等先进设备，提升了生产效能，大大提高了企业竞争力。

此外，何俊文还十分注重校企合作，与华南理工大学、广东工业大学、西安工程大学等院校合作开发功能性内衣。“唯有创新才能带来新的经济增长点。”何俊文说。

而早在2015年，何俊文就已为新怡内衣带来新的发展空间。这一年，由于互联网带来的冲击，很多服装厂倒闭，线下服装店关门，新怡内衣也同样受到严重影响。

当时，很多代理商年初交了定金下了订单，但恶劣的形势让其放弃定金不提货。上亿元的货品积压在新怡内衣的仓库，也积压在何俊文心头。“一般来说，内衣产品的生命周期是120天，错过了最好的季节销售就很成问题。”

在此背景下，何俊文主动要求担任电商经理一职。何俊文回忆，当时，他着手组建了电商小组，配置各方面资源，聘请人才。在经过一番学习与磨砺之后，2016年，何俊文带领的电商部门全年销售额近亿元，比前一年翻了一番。

传承南商精神
做社会责任担当者

企业迭代、财富传承，而最重要的是企业家精神的传承。佛山市委书记鲁毅曾多次在公开场合表示，佛山要掀起弘扬企业家精神的热潮，让工匠精神与企业家精神成为照亮佛山现代工业文明之路的“双子灯塔”。

每一家“隐形冠军”企业的成长都离不开初代企业家的艰苦创业。何俊文的母亲黄爱群是盐步最早的一批内衣技术工人。1987年，政府看准内衣行业的前途，筹备成立南海盐步制衣厂，黄爱群成为副厂长。而后1995年开始，国有企业逐步转制，盐步制衣厂也在1999年开始转制，2000年完成转制并注册成立南海新怡内衣有限公司。

作为新生代的企业家，何俊文深感企业家不仅是一个头衔，更是一种社会责任。“这不是简单的接班，而是精神的传承。”何俊文说。

“在和老一辈企业家共事的过程中，我感受到他们的敬业精神、谦虚礼让、成本意识和风险管控意识，这些都是我们需要不断学习的地方。”何俊文表示，作为南海新生代企业家，要做的是传承文化以及融合创新。

佛山市委常委、南海区委书记闫昊波同样对青年企业家寄予厚望：“青年企业家继往开来，勇做南商精神的传承者；把握机遇，勇做创新创业的引领者；脚踏实地，勇做实体经济的坚守者；义利并举，勇做社会责任的担当者。”

2020年春节，新冠肺炎疫情席卷全国，口罩等防护物资一度极为紧缺。由于正处春节，康得福医疗用品有限公司等生产企业一度面临用工短缺。

同处南海区的新怡内衣也加入其中，担起共同战疫的企业责任。南海大沥是改革开放后内地最早生产内衣的地区之一，已经形成内衣产业集群，这一产业集群也培育了一批熟练的工匠。

得知康德福用工短缺，何俊文召集工人火速集结，24 小时待命准备驰援救援物资生产，同时还为支援的工人每人额外提供300 块钱一天的补贴，诠释了一位企业家、一家龙头企业的担当。

事实证明，在一次次的考验与困难面前，年轻企业家正在展示自己的实力与社会担当。正如闫昊波所言：“南海青年企业家有条件、有能力成为引领创新发展的新一代企业家，扛起南海经济高质量发展的‘大旗’！”

第四章　担当的力量

——致敬南海制造业战“疫”先锋

必得福：战“疫”“幕后英雄”获国字号感谢信

2020 年春节伊始，新冠疫情笼罩华夏大地，位于佛山市南海区九江镇的南海必得福医疗用品有限公司（下称“必得福”）陆续为省、市、区调拨防护服 14.7 万套，国务院为此发出感谢信，为其所做出的突出贡献表示诚挚的谢意，并勉励企业为争取抗击新冠肺炎疫情全面胜利做出新的贡献。

创立于 1994 年的必得福专注于纺熔无纺布的研发制造和深加工产品生产，从曾经的 5 人小作坊，发展成为现今医用基材产量全国第一的企业，集团公司 2019 年总产值 9.6 亿元，生产的产品广泛应用于卫生材料、工业、医疗耗材 3 大领域。

紧急复工
除夕开3条口罩生产线

在佛山市南海区九江镇必得福的生产车间内，工人正有序操作生产线，一批批无纺布有序下线。

2020 年春节期间，必得福是佛山为数不多可以生产口罩、防护服等应急物资的企业之一。就在 2020 年除夕前夕，必得福接到紧急任务，须加快生产口罩和防护服。

由于疫情暴发突然，且在春节期间，大部分工厂均已放假，一时间，市面上口罩生产、供应处于相对紧张的状态。而对于抗疫一线的医护人员来说，防护服等应急物资同样十分紧缺。

口罩、防护服的主要原材料是无纺布。必得福正是一家无纺布企业，且是全国最大的非织造布研发、生产和销售的民营企业之一。

九江镇本是一个无纺布产业重镇。目前镇内医卫用非织造布行业企业年产值超

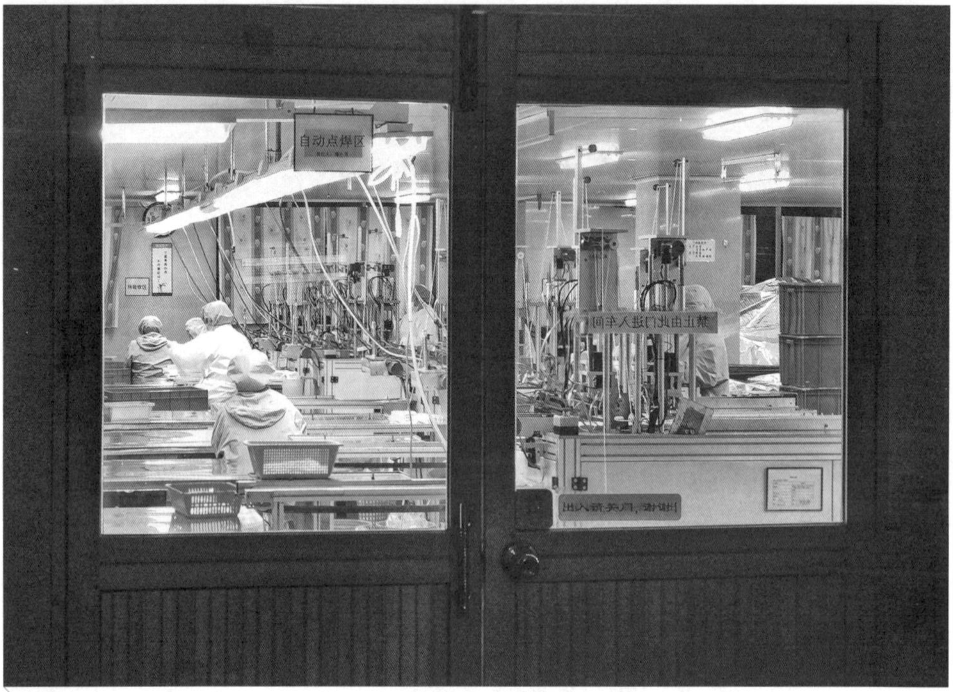

春节期间，必得福紧急复工，生产防疫物资支援抗疫前线

20 亿元。但春节期间要实现复工并非易事。“几乎每分钟都在打电话。”必得福董事长邓伟其一边紧急号召工人返厂，另一边加快调整生产设备，想尽办法提高有限的产能。除夕下午，必得福三条口罩生产线开始运作，工厂内 30 多名工人紧急复工。“本地员工几乎全部到场了，包括行政人员也回来了。”邓伟其说。

2020 年 1 月 25 日一早，邓伟其开车返回厂区，刚停好车，便与等候一旁的人力资源总监沟通，如何用现有的人力发挥最大的生产效能。前一晚，他已将想法写在了两张纸上，就是为了去到现场可立即开展相关工作。

由于正值春节，生产一线员工极为短缺，为提高有限的产能，邓伟其果断决定从厂区内的不同车间迅速调配多台机器设备，并召集厂长、生产总监等相关负责人，快速调整生产线布局。

一开始，厂长也对邓伟其的安排提出疑问。“我当场和他说先听我的。”邓伟其在生产一线多年，对于生产设备摆放在哪个车间，生产线如何布局能更进一步提高生产效率都烂熟于心。

为了保障企业全力投入口罩、防护服等应急物资生产，每天早晚，邓伟其都会走进车间一线，了解工作开展情况，遇到问题及时协调解决。

各方支援
2000件防护服3天内运往武汉

在加紧生产口罩的同时，必得福下属佛山市南海康得福医疗用品有限公司（下称“康得福”）的防护服生产线还存在较大的人力缺口。

大年初一，“紧急招募防护服生产线员工”的消息在佛山朋友圈广泛转发。随后，原本初定只招50人的计划很快有了着落，首批招聘就吸引了120多人前来应征。

54岁已退休的九江镇人朱爽萍正是其中报名的一员。1月26日上午，她与20位姐妹挤满了前往企业的中巴，随即投入紧张的生产中。

“在大年初二，一大批九江本土制衣女工积极报名，走进企业支援防护服生产，也不在意加班的工钱，只希望尽自己一份力；有的人还咨询是否要带上饭盒，做好了在生产一线长期加班的准备，让我十分感动。”邓伟其说。

现场，已来到企业“驻点”办公的政府相关部门，也在全力帮助企业在佛山市内外协调资源，号召九江制衣企业员工、盐步制衣协会工人加入，给必得福加紧恢复生产提供了很大的帮助。

正式复工后，必得福进入全速赶工的状态，工人们身穿白色工作服低头专注赶工，生产设备全速运转，一件件防护服从生产线下来被送到检验区，检验合格后再进行打包封装。在复工后的第3天，2000件防护服被装车发往国药集团（中央医药储备单位）并运往武汉。

即便到了如今，邓伟其仍然对春节期间箭在弦上的紧绷感记忆犹新。“紧急生产抗疫物资的那段时间，我瘦了近10斤，每晚只睡4小时。紧绷的神经一刻不敢松懈。”他说。

实际上，这并不是必得福首次冲在抗疫“前线”。此前，必得福曾因为抗击非典做出贡献而获得了“广东省医药行业抗击非典先进单位”称号。据了解，中国国内第一件埃博拉病毒防护服，以及供应日本福岛核电站工作人员的核辐射防护服，均由必得福生产制造。

在邓伟其看来，企业能快速响应、实现复工复产，除了自身积累的生产经验外，九江镇无纺布产业发展氛围起到了较大的积极作用。他表示，九江交通路网发达，物流通畅，工业用电供应充足，周边无纺布上下游产业链完整，在10公里范围内基本就可以配套生产所需的所有物资，这对于产业发展布局和产能提升都具有促进作用。

就在2020年2月19日，广东省工业和信息化厅相关负责人向邓伟其现场颁发技改奖励政策函，金额308万元。该项奖励针对康得福新增的医用一次性防护服生产线，奖励金额达到设备购置额的80%。

2020年4月，必得福收到国务院应对新冠肺炎疫情联防联控机制（医疗物资保障组）发出的感谢信，感谢企业在疫情期间完成国家调拨的国标医用防护服达9.6万件，为打赢疫情防控战做出了突出贡献。

一方制药：抗疫“战场”上的中医药力量

新冠肺炎疫情防控形势持续向好，人们的生活逐步回归正轨。若再回首四个多月前全国上下众志成城抗击疫情的时光和那些振奋人心的时刻，由一方制药负责生产的“肺炎1号方”（备案名为“透解祛瘟颗粒”）肯定是举国关注的一个产品。

“肺炎1号方”是广东省名中医、广州市第八人民医院谭行华医生的药方，本来是院内制剂，涉及16味中药。在此次疫情当中，“肺炎1号方”被新型冠状病毒感染的肺炎定点救治医院临床使用，是新冠肺炎疫情重要的“子弹”。

“我们在1月21日接到国药集团、中药控股相关工作部署通知后，就已经着手相关准备工作，1月24日（大年三十）公司研究决定于1月26日（大年初二）紧

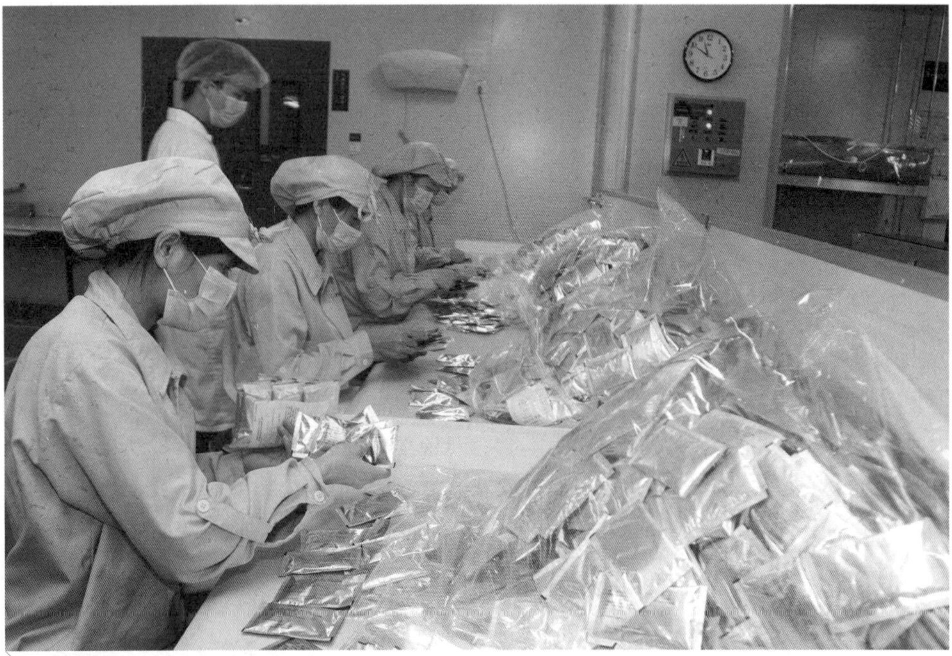

2020年春节期间“肺炎1号方”生产现场

急复工。”广东一方制药有限公司（下称“一方制药”）是“肺炎1号方”的生产企业，作为该公司分管中药配方颗粒科研及质量管理工作的副总经理，魏梅战“疫”期间全程参与并主导了“肺炎1号方”的生产工作。

“目前我们已被工信部纳入疫情防控重点企业，获得国开行6亿元的应急贷款，利率下浮了很多。”魏梅说，目前有税收方面的扶持政策，捐赠物资不再按销售计算增值税，一方面减轻企业负担，一方面也鼓励企业承担更多社会责任。

紧急复工生产
排除万难满足医院需求

在位于佛山里水镇和顺金逢路的一方制药车间里，工人们在“肺炎1号方”的原材料经过提取、浓缩、干燥、混合干压、制粒等步骤后，正将一袋袋中药配方颗粒装入箱中。“‘肺炎1号方’按相关规定，仅限于广东省内医院申请使用。只要医院有需求，企业就一定能足量生产。”魏梅说。

在1月26日紧急复工复产后，一方制药在1月27日就迅速调拨一批价值200多万元的中药配方颗粒，同时配备数套智能化配药设备，安排专车星夜兼程驰援武汉，于28日凌晨抵达武汉金银潭医院。同时该司两位配药设备操作人员主动申请前往武汉金银潭医院现场配合，协助国家中医医疗队开展中医药防治工作。

与此同时，一方制药在1月31日接到协助广州市第八人民医院申报医院制剂并负责配制的通知，迅速组织技术、质量、生产及市场相关人员成立了联合攻关小组，按照医疗机构制剂申报相关要求，加紧开展“肺炎1号方”医疗机构制剂的研究和申报工作。

彼时，广州市第八人民医院作为定点救治医院，已经在临床试验中证明了“肺炎1号方”对救治轻型新冠肺炎患者的作用。数据显示，广州市第八人民医院运用“肺炎1号方”治疗的184例确诊病人中，接受一个疗程（6天）或以上治疗患者121例，经临床观察，84%体温恢复正常，71%咳嗽症状好转，79%乏力症状好转，74%胸部CT好转。研究结果提示患者总体临床症状明显改善，总有效率达到94%。

魏梅说，“肺炎1号方”包含16味中药材，一方制药要做的，就是把这16种中药材进行加工提取，最终制成一包可直接用温水冲服的配方颗粒。从制备工艺上来看，生产并不是难事，最大的困难是春节期间人手严重不足，以及物流停运、药品无法运送至一线等情况。另外，一方制药的正常产品最大包装是1袋3克装，但

“肺炎1号方”是1袋11克装，这就要求公司必须马上找到合适的内包材，以及对应11克装的装置设备。

为了克服这些困难，魏梅带着工人翻遍了公司仓库，找到合适的库存后，又从里水工厂紧急调运对应的设备器材。

经过3天3夜奋战，魏梅带着攻关小组成功完成三批备案产品的生产和检验，2月3日向广东省药品监督管理局提交所有研究资料。

在广东省药监局的积极推动下，项目审批以火速推进。2月3日，针对“肺炎1号方”的联合专家论证会召开；2月4日，经广东省药监局审批同意，“肺炎1号方”正式委托一方制药生产，一方制药随即全力满足所需，并准备了至少80万袋的原料及包材。

2月8日，广东省药品监督管理局正式同意“肺炎1号方”在全省30家新型冠状病毒感染的肺炎定点救治医院临床使用。非定点医院申请调剂使用“肺炎1号方”的，由省药品监督管理局予以优先审批。获调剂的医疗机构可直接向一方制药申请提供配送。

严抓管理
建立高标准药材验收制度

“肺炎1号方”只有11克，患者拿到手时只是一小袋颗粒，但其制造过程却经过多个环节、层层严格把关，从原材料检验到饮片投料，再到提取半成品检验，最后干法制粒、成品检验，每一步都必须经过数道先进设备的高标准检验。

在这么短时间内，能够快速响应并且满足国家需求，魏梅认为首先是各级政府对企业在抗击疫情时的工作的重点支持。“当时我们是迅速组织员工紧急复工，并安排党员干部冲在生产第一线，满负荷运转，并安排储运部人员积极联络快递公司和各大用药单位，千方百计将药品及时送至医院。”魏梅说，一方制药的员工也对工作非常的配合和支持，一句召唤，数百名员工迅速响应，加班加点，保证了企业的基本正常运转。同时也得益于一方制药的库存管理制度。“我们每年在过年期间均会提前备好相对充足的原材料，正是因为有了这些库存，才使我们的抗疫药品能第一时间供应一线。”魏梅说。

自创办以来，一方制药就对科技创新非常重视。目前，一方制药拥有“国家企业技术中心”“国家CNAS实验室”“广东省中药配方颗粒工程技术研究开发中心”

等创新技术平台，每年以不低于销售额3.5%的经费投入研发。

2016年以来，为大力推动中药配方颗粒国家标准的制定，一方制药建立了中药配方颗粒产品专属的“特征图谱”，提高中药配方颗粒的整体质量。目前，国家药典委已经公示的160个中药配方颗粒国家标准中，有48个是由一方制药制定的。

“一方制药在2016年组建专项实验室，招聘生物医药、中药学等专业人员来研发攻坚，并购置全新的检测设备，至今已投资数亿元。”魏梅说，为制定中药配方颗粒国家标准，企业研究人员的数量翻了一番，企业的“中药配方颗粒国家标准研究”也获得佛山市重大科技立项。

如今，一方制药先后获得各级科研立项54项。其中，获省部级以上科技成果奖7项，“中药配方颗粒产业化关键技术研究与应用”获得国家科技进步二等奖、省科技进步一等奖，主编、参编国际、国家及地方标准253项。

景兴健护：贴心守护女性医护人员

整洁的湿巾生产车间内，间隔超1米的工人们，正在有序地完成产品包装盒制作等工作；打包完成的产品经过传输带运送，由码垛机器人拾起，一批转移至仓库存放，一批运往各大电商平台和超市门店……这是广东景兴健康护理实业股份有限公司（下称“景兴健护”）复工后加紧投入生产的一幕。

景兴健护位于佛山市南海区桂城街道，是2017年首批南海制造业全国隐形冠军企业之一。公司旗下产品有ABC、Free、EC、ABC's BB四大品牌，ABC和Free品牌旗下卫生巾、护垫的合计市场份额在国内细分市场位列前三。

2020年疫情期间，景兴健护在大年初一捐赠一批防护服，紧急送往佛山西站，随后，又分批捐赠裤型卫生巾至武汉各大医院，为前线女性医护工作人员提供防疫物资保障。

抗疫物资进一线
做好技术储备推出抑菌产品受欢迎

2020年春节前夕，一场突如其来的新冠肺炎疫情加速蔓延，牵动着全国人民的心。医护人员冲在了抗击疫情的最前线，来自佛山南海的景兴健护的产品也走向了抗疫前线。

上海市妇联曾从战斗在疫情最前线的医疗卫生机构获悉，医生中有50%以上为女性，一线女护士更是超90%。也就是说，一线医护人员中，女性占了大多数。

由于防护服穿脱一次就作废，而普通卫生巾吸量不够大，需要2—3小时一换，一线医护人员为了节省防护服甚至连纸尿裤都穿上了。虽然普通的纸尿裤能在一定程度上解决吸收量的问题，但普通纸尿裤并不是为女性生理期设计的，存在不透

景兴健护生产车间已实现高度自动化

气、不贴身等种种问题，给女性医护人员带来困扰。

为此，2月9日，景兴健护旗下ABC和Free共筹备裤型卫生巾28 800片，通过阿里旗下的公益基金，紧急发往武汉人民医院和武汉协和医院，并积极筹备第二、第三批物资。

“当时武汉已封城，我们公司远在广东佛山，无法通过商业物流直接将物资发往武汉。后面通过多方联系，终于对接上阿里旗下的菜鸟物流，才得以将货物顺利运往武汉各医院。”景兴健护相关负责人说。

除了发挥自身力量支援武汉，早在1月25日，景兴健护就为佛山西站送去了30套防护服以及200双防护手套，支持佛山西站前线工作人员开展旅客体温检测工作。2月9日、27日，景兴健护还分别向桂城街道办事处捐赠24万片消毒湿巾，向南海区政协捐赠9.6万片消毒湿巾、1000套医用防护服。

针对疫情期间市场对消毒、抑菌等产品不断增加的需求，景兴健护加强产品创新，其推出的抑菌湿巾受到了市场的欢迎。“实际上，我们一直有在做技术储备，包括根据市场需求调研，提前铺排相关产品生产。新产品一做出来，相关部门就会做好相应的质检报告准备，这样不仅有利于我们及时做出相关生产任务调整，也能缩短产品走向市场的周期。”上述负责人说。

科学有序复工
设定交货优先级全力投入生产

随着疫情防控工作逐步稳定，复工复产逐步走向正轨。2月10日，景兴健护已开始复工，并在3月中下旬实现全面复工。

“企业员工主要分布在广东、广西、湖南、河南等地。返回工厂后，他们会住在厂区提供的3人间宿舍内，吃、住等均在厂区内。”景兴健护厂长李道顺说。

为实现科学有序开展复工，景兴健护率先成立防疫办公室，统一调配防疫物资，防疫物资储备量可用7—10天。同时，员工返厂前将开展身体健康状况调查，返回厂区后将通过二维码登记，掌握员工每天的体温及健康状况，并将信息及时上报给有关部门。

不仅如此，景兴健护还对员工开展了疫情知识培训，通过微信群等方式实现对员工的全覆盖，让员工养成良好的生活习惯。对于饭堂、宿舍等区域进行严格要求，比如要求分批次、分小组组织员工就餐，在饭堂排队打饭，员工之间需间隔1米，不交谈，并面朝一个方向吃饭。宿舍不仅设立了隔离观察室，还对员工进行每天两次测温。

但与此同时，由于人手紧缺，企业也面临产能相对不足的难题。为了满足市场需求，景兴健护针对订单交货的紧急程度设定优先级，并从企业内3个生产车间着手，做好人员调配工作，全力投入生产。

李道顺表示，景兴健护已计划在本地招工，希望能在一定程度上满足企业的用工需求。为了加快生产，企业还鼓励行政人员走向车间一线，承担难度较低的相关生产工作。

“当地政府出台的‘撑企十条’十分接地气。政策所提到的保障用工、招聘增员等内容，对于企业加快复工能起到一定的促进作用。”李道顺表示，“此前，景兴健护已与政府相关部门对接，包括协调开具复工证明等，帮助企业员工返厂复工。相信在社会各界的支持下，企业将更好、更快地投入生产。”

牵手薇娅直播带货
借力电商平台拓宽销售渠道

疫情不仅改变了人们的生活方式，也让企业开始寻求新的发展思路。牵手当红淘宝带货女主播薇娅，景兴健护借力网红IP，将部分线下销售搬到了线上。

就在3月23日，广东景兴健康护理实业股份有限公司邀请薇娅带货，实现销售额约200万。“我们通过长期合作的广告公司供应商与薇娅接洽。经过一段时间的排期，最终敲定直播日期。此次带货的Free品牌在几分钟时间就实现了销售额破百万，在薇娅IP与自身品牌影响力的双重作用下，取得了不错的销量。”景兴健护相关负责人说。

实际上，这并不是景兴健护首次与网络主播合作。早在2019年年中，景兴健康护理已开始布局直播，并聘请了专职的主播。

上述负责人表示，如今，除了超市、便利店等线下卖场，电商平台已成为企业营销渠道的重要一环。市场部门会根据疫情和各地的消费复苏情况，及时调整线上线下的投入。

目前，景兴健护的电商团队已运作成熟，并与多个专业的电商合作伙伴建立合作，同时，企业还会配合电商平台的各类活动灵活调整公司的线上销售计划。

在扩大销路的同时，为保障产品的稳定出货，景兴健护在两年前投入超百万元对生产车间进行技术改造。如今，景兴健护的生产线上多个环节可用机械臂进行处理，并由机器人完成码垛、搬运等环节，实现产品的智能仓储。

景兴健护的仓储车间内，一箱箱已打包完成的产品整齐地摆放在一隅。纸箱上还贴有将送往天猫、京东等电商平台的字样。随着产能复苏，景兴健护正加快备战电商平台相关活动，并计划加大对市场需求的调研，不断推出受消费者认可的新产品，进一步提升品牌的影响力。

伟邦科技：零接触“黑科技”破题电梯防疫

2020年春天，新冠肺炎疫情爆发后，随处可见的电梯立刻成了很多人眼中的“禁地”。不少人千方百计避免接触电梯按钮，甚至用上了手套、面巾纸和牙签，全封闭的轿厢，也让人们在乘坐电梯时捂紧口罩，胆战心惊。

在南海，一家“隐形冠军”企业的产品解决了这个电梯难题。利用该公司生产的产品，乘客只须挥一挥手，电梯就会自动前来；轿厢内部，内置的紫外线消毒灯可在无人使用时自动启动，为乘客创造洁净除菌的乘坐环境。

伟邦电子产品生产线

这就是伟邦科技研发的电梯手势呼梯模块、带有测温功能的人脸识别机和电梯紫外线消毒系统等产品。如今，这些产品热销国内外，甚至出口到日本、意大利、英国、印度等国家。伟邦科技董事长潘伟欣透露，公司将继续加强研发，持续推广防疫产品，以科技手段促进公共健康水平的提升。

快速捕捉机遇
复工当天拿出新品设计方案

“很多国外的客商告诉我，这个是完全创新的产品，他们国内根本找不到。”潘伟欣说。

为何能够在短时间内推出上述防疫产品？原来，早在春节假期期间，潘伟欣和他的团队就为产品打了“腹稿”。

“疫情发生后，很多报道都在强调电梯是防疫的重要场所。我们在网上看到，很多网友用牙签、纸巾、一次性手套去按电梯，迅速意识到市场对‘手势呼唤’的需求，立刻在微信群里展开讨论。”潘伟欣说。

复工之前，伟邦科技就已经形成了初步方案。在2月10日，复工当天，公司就拿出了设计开发方案；2月12日，公司又拿出了“电梯智能紫外线病毒灭杀系统”方案，两天后，又推出了体温人脸识别终端。

潘伟欣透露，电梯手势呼梯模块采用红外线探测技术，可以感知到人手的动作，结合内置算法，还可以判断用户的意图；带有测温功能的人脸识别机，可自定义人脸算法校验阈值，支持戴口罩人脸识别，识别的速度为0.4秒左右，还采用了超声波动态测距，确保最有效的体温检测距离。而电梯紫外线消毒系统，可控制消毒灯在电梯停运和轿厢无人的状态下自动工作，并支持用户自定义消毒时间和频率。

因为反应迅速，伟邦科技的抗疫新品也迅速受到了用户的关注。2月中旬，就有住宅小区和开发商对“电梯手势呼梯模块”流露了兴趣，伟邦科技所在的瀚天科技城也提出想要采购。

进入5月，随着产能的逐步提升，伟邦科技开始在阿里巴巴国际站等B2B平台发布产品信息，扩大产品在国内外的曝光率。“疫情使得线上国际平台流量大增，不少国外客户、经销商通过线上渠道找上门来。”潘伟欣说。

手握10余项专利
“隐形冠军”企业以技术助力防疫

在潘伟欣看来，新产品迅猛的诞生速度，也折射出公司过硬的研发和技术能力。

以电梯紫外线消毒系统产品为例，该系统可自动获取电梯信号，在无人使用电梯时自动启动紫外消毒灯，收到电梯的运行信号时立即关闭；该系统还可通过红外人体运动感应器感应到生物运动，检测到人员进入则立即关闭紫外线灯。

此外，电梯紫外线消毒系统还支持办公/住宅模式、医用模式和自定义模式，并具备紫外线灯管使用时长累计统计、手机蓝牙设置杀毒、语音提醒等功能，可定期提示用户更换消毒灯管。

伟邦科技成立于2004年，主要为电梯行业配套提供人机界面电子部件和网络化多媒体信息解决方案，此前已开发出无感人脸识别乘梯、手机APP乘梯、红外感应按钮乘梯等产品，与日立、三菱、迅达、通力、奥的斯等国际知名电梯品牌建立了长期的合作关系，连续多年在高端电梯人机交互产品细分行业中占有率超过30%，在全省市场占有率超过70%，位列全国第一。

近年来，伟邦科技累计申请了11项发明专利、16项实用新型专利，拥有15项软件著作权和5个注册商标。2017年，公司还入选第一批南海区制造业全国隐形冠军名单。

“其实我们一直对新技术跟的很紧，包括二维码出来以后，我们就迅速拿出了扫描二维码（控制电梯）的产品，人脸识别技术刚刚开始推广时，我们也推出了相应的产品。在行业中，我们一定要保证自己的技术领先性。”潘伟欣说。

如今，新冠疫情重塑了人们的公共健康理念，电梯、办公室、车间等公共场所的防疫工作也得到了前所未有的重视。在潘伟欣看来，这一改变有望为公司带来更好的发展机遇。

“我认为，电梯手势呼梯模块、电梯紫外线消毒系统等将形成一个长期性的需求，我们准备将其打造成常规产品。”潘伟欣说，“这几年，我们公司保持了比较良好的发展和增长势头，今年，如果大家更加重视电梯等公共空间的卫生，我们产品的接受度也比较高的话，我们的业绩增长会有一个很好的预期，增速可能在50%左右。”

中南机械：从参与大国重器到10天造出口罩机

“新冠肺炎疫情期间，工厂门口经常停满了车，站满了人，等着我们的口罩机下线。”佛山市南海中南机械有限公司（下称“中南机械”）人力资源经理梁柳芬对2020年春节期间的情况依然记忆犹新。

梁柳芬所说的正是新冠肺炎疫情期间中南机械口罩机受热捧的盛况。在南海区大沥镇盐步社区广佛路旁的中南机械工厂内，数控机床被移至一旁，取而代之的是一台台口罩生产机。工人们正在调试即将下线的口罩机。

中南机械口罩生产车间

从“雪龙号”到国产大飞机等大国重器的重要零部件生产，“上天下海”是中南机械的标签。新冠肺炎疫情下，口罩成了日常必需品。作为佛山装备制造领头羊的中南机械，也站在了口罩机生产最前端。从研发到下线，首台口罩机的生产不到10天，同时，中南机械还参与了全自动口罩机团体标准制定。

精密制造多年技术积累
日夜奋战快速造出口罩机

“知道我们开始生产口罩机以来，微信消息、电话就没有停过，都是问我要货的。”中南机械常务副总经理毛卫东说。

2020年农历正月初七，中南机械接到佛山一家口罩机生产企业的紧急诉求，希望中南机械能够帮助生产口罩机精密核心零部件。

企业诉求的背后看中的正是中南机械在行业内良好的口碑，能够提供高品质、高技术含量的精密机械零部件和数控装备产品。

接到诉求后，从未涉足过口罩机零部件的中南机械从零开始组织生产。召回公司20多位技术人员的同时，中南机械又组织了佛山市机械行业协会下属10多家企业全力配合进行零部件制造。

正是凭借几十年精密制造技术积累和行业内的紧密协作，不到一周，所需零部件便成功生产出来。

毛卫东回忆，口罩机零部件陆续交货不久，中南机械正式开始做口罩机整机制造。

从一家致力于大中型柴油机关键零部件国产化的智能装备制造企业，到口罩机的生产，这个跨界并不容易。

“口罩机就是一种自动化设备，技术原理并不复杂，但所需大大小小的零部件多达300多种，要保证精度和匹配度，降低故障率。”毛卫东介绍说，从决定做整机生产开始，公司董事长兼总工程师许冠和技术人员便开始研究制定生产方案，加班加点保障口罩机生产。

“我们积累了很多经验和人才，开发口罩机这种定制型产品，还是有一定能力的。一个星期我们就把图纸设计出来，又发动了大概20多家机械同行进行配件加工。”许冠说。

在梁柳芬的记忆里，参与研发的同事最长有过2天2夜没合眼的记录。“老板干到凌晨两三点，员工有时候干到5点，回去睡几个小时，又起来干。”她说。

2月28日，第一台口罩机便从中南机械下线，从决定做口罩机整机到第一台下线，前后不过10天。这与中南机械多年来专注精密制造研发与生产密不可分。而机器一下线便被蹲守多时的客户抢走。

全国客户日夜蹲守
外地技术员进驻车间

毛卫东记得，春节过后各地公司院子里停了不少外地车，来自川、赣、桂等外省以及省内各地市的车不在少数，操着各地口音的企业家不时在院内交谈，面露焦急的神情。

“很多客户等着我们的口罩机下线，以解燃眉之急，甚至吃住在我们公司附近。”毛卫东介绍，中南机械为前来采购口罩机的客户提供餐饭，而住宿则由客户自己解决。

得知中南机械生产口罩机，省内各地市乃至外省厂家都闻风而动，守在了中南机械车间门口。阿伟是中山一家制衣厂的老板，当时为了第一时间拿到口罩机，他专门派员工在中南机械车间门口蹲守4天。“我给员工订了酒店，就住在大沥等。”阿伟说，当时他已采购了口罩所需熔喷布、无纺布以及鼻梁条等原材料，口罩机一到位，就马上开工生产。

除了等在车间外面的客户，车间内还有不少来自各个厂家的技术员。

中南机械研制的口罩机生产线涵盖打片、焊接、包装等环节。“口罩打片机一分钟可打240片，焊接机一分钟则可以焊接60片，一台打片机对应4台焊接机才能刚好满足生产。牵一发而动全身，这个过程一旦出现问题就要停工维修调试。”毛卫东称，如果把机器送回中南机械维修，一来一回耽误时间太多。为了不耽误口罩生产效率，不少购买口罩机的企业派出技术员来到中南机械学习口罩机的调试与使用。一台口罩机的生产调试需要3—4天。

许冠介绍说，当时为了应对需求，中南机械停掉了原来30%的日常订单，抽调人手集中来做口罩机，希望成为战“疫”的佛山制造担当。

参与团体标准制定
力排艰难为战“疫”做出贡献

“该新产品研发了鼻梁线自动上料及其切断机构、PLC 控制连续送料机构、超声波焊接机构、耳带自动上料及剪刀机构，实现了平面口罩多工序节拍精准同步和准确焊接，以及自动检测和自动操作，人机界面友好，使用方便快捷。”

2020 年 4 月 8 日，广东省机械工程学会在佛山市南海区组织并主持召开中南机械完成的“ZNKZJ－1T1－00 全自动口罩机”新产品鉴定会。会上，专家对中南机械制造的口罩机给予高度评价。

正如广东省机械工程学会常务副理事长兼秘书长刘奕华所说，中南机械为推动和保障该类别医疗防护制造装备及产品质量做出了应有贡献。

为了转型生产口罩机，中南机械面临的问题也不少。

“口罩机是个小众行业，并没有国家标准。主要是医用口罩生产，整个佛山也只有 3 家。”在毛卫东看来，此前关注到这个行业的人并不多。

从纱布到无纺布，口罩材料在不断变革。在 2003 年“非典”和此次新冠肺炎疫情中名声大噪的 N95 型口罩，便和 NIOSH（美国国家职业安全卫生研究院）发布的 9 种颗粒物防护口罩技术标准密切相关。

“新材料也会改变口罩机行业的生产。”决定参与口罩机生产的同时，中南机械还马上联系了广东省机械学会参与制定团体标准。

“我们很多国外的订单停掉了，只能跟客户解释，希望能获得谅解，减免赔偿金。”毛卫东说。此外，还有原材料供应跟不上、短时资金压力大等的问题。“好在政府很支持，得知我们的困难，立即帮我们协调原材料供货。佛山市市场监督管理局还特事特办，允许我们一边生产一边同步备案。”

为了鼓励企业复工复产，支持企业转产扩产。2 月 9 日，佛山发布《关于进一步扩大全市口罩生产及市场供应若干措施（试行）的通知》。

该通知提出，全力支持本地企业转向口罩等应急物资生产。组织发动具有相应生产条件的制造业企业转向应急物资生产，在设备采购、车间改造等方面给予财政支持，在企业办理相关资质备案手续方面设立“绿色通道”。

全自动口罩机的研发并不是中南机械的终点，4 月 28 日，中南机械的 N95 口罩机研发问世。因为性能优越，被国务院重点防疫物资生产企业采购，截至 5 月底，共有30台N95口罩机售出。

佛山是制造业大市，与中南机械一样，多家佛企成为这场战“疫”产业链上的重要一环，而隐形冠军企业正是其中一抹亮丽的底色。

碧沃丰：
环保微生物领跑者助力全球抗疫

在数百平方米的生产车间里，工人快速而娴熟地操作机器，一个个口罩通过流水作业被生产出来，这些口罩除了支持国内抗疫工作，还将出口到多个海外市场。而在3个月前，这个车间还是一片空白。

这里是碧沃丰生物科技（广东）股份有限公司（下称“碧沃丰”）位于里水国际创新产业园的生产车间。作为环保微生物细分领域的领军企业，碧沃丰深耕生物环保领域多年，环保微生物菌种品类及数量全国第一，是南海制造业全国隐形冠军企业之一。

面对新冠肺炎疫情的冲击，碧沃丰和其他众多南海企业一样积极应对，发挥自身在环保微生物菌种研发生产中的优势，克服困难迅速转产口罩，为抗疫工作做出

碧沃丰口罩生产基地

重要贡献。公司相关负责人介绍，未来碧沃丰将在专注主业的同时，继续扩大口罩等大健康产品的生产，探索多元化发展。

10万级无尘车间化身口罩生产基地

让范德朋意想不到的是，公司的一次无心插柳，会带来意想不到的收获。作为碧沃丰的总裁、首席科学家，2020年1月下旬，新冠疫情在国内爆发之初，范德朋就敏锐意识到口罩等防疫物资将存在长期的巨大需求。

“我自己是学生物的，通过各种信息了解到新冠病毒的特点，意识到抗疫工作将是一项长期艰巨任务，当时我在北京已经很难买到口罩。”范德朋说，无论是企业自身复工复产的需要，还是出于支援抗疫的考虑，都亟需口罩，于是就有了利用公司的无尘车间转产口罩的想法。

范德朋介绍，作为国内环保微生物细分领域的领军企业，碧沃丰拥有10万级的无尘车间，对于转产口罩具有天然优势，加上公司自身的研发力量保障了口罩生产的质量控制，转产工作变得顺理成章。

说干就干。碧沃丰很快就确定了把位于里水的一个原计划用于生物菌种培育的10万级洁净无尘生产车间改作口罩生产基地，迅速从全国各地引进口罩生产设备，安排技术人员到全国多个口罩生产设备厂家，进行生产及技术培训，通过整合研发、生产、流通、终端等各种防疫资源，迅速投入到口罩生产中。

“我们在2月底买回11台机器，其中5台生产平面口罩，6台生产N95口罩。”范德朋介绍，刚开始由于对机器运作不熟悉，需要组织大量研发人员进行组装、磨合和调试，加上原材料价格上涨厉害，公司在转产口罩之初遇到了困难。

通过努力，碧沃丰迅速克服了各种困难，很快就生产出第一批口罩，并成功通过质量检测，推出碧健达品牌，日产超过100万片民用口罩和医用口罩。

在全球新冠肺炎疫情依然蔓延的形势下，碧沃丰积极主动承担起抗疫责任，保障口罩的规模化供应，在采购、生产环节严格管理，保证产品的质量和安全，口罩订单持续快速增长，产品畅销全国各地。

随着国内疫情逐步得到控制，为了支援全球抗疫，碧沃丰积极申请口罩出口认证。“对于口罩我们坚持采用优质原料，确保好的品质，为抗疫工作贡献自己的力量。”范德朋介绍，凭借良好的品质，碧健达品牌成功在3月底获得了欧盟民用口罩CE出口认证和欧盟医用口罩CE出口认证，这意味着该产品符合相应的欧盟生产标准和医疗指令，已具备欧盟市场的准入条件。

4 月上旬，碧健达牌口罩再次成功完成了美国 FDA（食品药品监督管理局）官方注册，拥有了美国 FDA 和欧盟 CE 双认证，并正式开始向欧美市场销售口罩。

“我们判断全球范围的疫情还要持续一段时间，对于口罩的需求仍然巨大，因此正在稳步实施扩能扩产，在目前基础上计划再次购入 35—40 台口罩机，把口罩业务作为公司重要的业务补充。”范德朋表示，未来碧沃丰想以此为契机，切入大健康版块，推动公司业务多元化。

参与国家标准制定
独创技术获环境技术进步奖

面对疫情迅速转产，正是碧沃丰锐意创新的缩影。而这样的创新故事，正在持续上演。

2020 年 1 月份，由碧沃丰独立研发完成的“景观水水体污染治理生物修复技术及微生物菌剂”项目，被中国环境保护产业协会授予“2019 年度环境技术进步奖”二等奖。

相关负责人介绍，“景观水水体污染治理生物修复技术及微生物菌剂”是一项基于应用微生物学、水污染防治工程、环境生物学等学科的生物环保产业环境生物技术领域科研成果转化项目，项目以“微生物＋酶”复合菌剂为核心，构建良好生态系统为目标，综合微生物、植物、动物净水的优点、配套设备及处理工艺，形成立体式景观水水体污染生物修复技术解决方案，并提供一站式微生物环境修复技术服务，全方位解决水环境污染问题。

该项目技术和产品已成功应用于昆山绿地景观河、武汉汤逊湖、天津海河、南宁凤凰江、广州永和河、昆山金城排涝站内河、佛山里水丰岗涌、广东湛江发电厂景观池等多个不同类型、不同面积的水体生态治理，治理效果均经过应用证实，可在较短时间内降解水体污染物质、提升水体透明度、消除爆发藻类以及黑臭现象，达到改善水质的目的。

除了获得“2019 年度环境技术进步奖”二等奖，该项目成果还获得发明专利 3 项，实用新型专利 5 项。

而在 2020 年 4 月份广东省高新技术企业协会公布的 2019 年通过认定高新技术产品名单中，碧沃丰工程有限公司申报的“河道及黑臭水体治理服务”“微生态污水处理服务”“污水处理装置设备”“环保用微生物菌种孵化器”4 项产品，被认定为广东省 2019 年高新技术产品。至此，碧沃丰目前累计已有 13 项广东省高新技术产品。

“未来我们将继续深耕环保领域，聚焦微生态制剂等创新产品的开发，拓展养殖尾水处理等新业务，积极推动企业上市。”范德朋介绍，环保行业前景广阔，目前碧沃丰每年的研发投入占营收的 7 个百分点，参与了 4 项国家标准的制定。

碧沃丰还通过联合中国海洋大学、中山大学、广东海洋大学、中国水产科学研究院等高校和研究机构，共同推动微生物技术在环境保护领域的应用。“我们希望未来能够从行业标准参与者变成标准的主导者，不断推动我国环保微生物产业的发展。”范德朋说。

奥丽侬：日产百万口罩走向全球

春夏之际，气温渐升。位于佛山市南海区大沥镇的特丽侬防护用品有限公司（下称“特丽侬”）车间内，60 多台口罩机正在高速运转。每天，百万只符合质量标准的口罩从这里走向全球。

特丽侬是广东奥丽侬内衣集团有限公司（下称“奥丽侬”）为新冠肺炎疫情而紧急成立的一家应急物资生产公司。特丽侬在疫情全面爆发之初，就积极响应政府

奥丽侬公司总部

号召，迅速利用自身资源优势，紧急购置口罩生产设备，加急申请医用口罩生产资质。如今，特丽依已拥有64台口罩机，日产能350万只。

除了为国内战胜疫情贡献力量，特丽依还走出国门，助力德国、意大利、法国、日本、韩国等多个国家抗“疫”。在这场新冠肺炎疫情物资攻坚战中，以奥丽侬为代表，一家又一家南海隐形冠军企业站在了战“疫”一线，挺起了佛山制造的脊梁。

星夜驰援
快速转型口罩生产

“招聘生产工，工作内容：做口罩（点数、查货、包装、点耳带、打片/收片等等）”，这是奥丽侬发布在普工招聘网上的一条招聘信息。

一家内衣企业为何要招口罩工？答案是奥丽侬回馈社会的初心。2020年年初，新冠肺炎疫情全面暴发。奥丽侬迅速反应，紧急购买口罩生产设备，放弃了约1/3的内衣业务线，转而生产口罩。在全国口罩紧缺时期，为政府和社会抗击疫情贡献一分力量。

“大年初六的时候我还在香港，得知香港第二天要封关，我想到了2003年的非典，这一次疫情一定不简单。”奥丽侬董事长何炳祥介绍，意识到疫情逐步严重的他，决定赶回内地动员员工开工，转产口罩。

回到盐步的何炳祥开始走访学习如何生产口罩，调试设备。在这个过程中，也走了不少弯路，付出极大的心血。

“当时口罩机都是高价采购的，熔喷布非常难采购，最初的时候也没有办法检测质量，有时候高价买到劣质货。甚至上当受骗，给了钱没有拿到货。”说起最初转型的状况，何炳祥坦言十分艰难。

随着生产口罩的设备和原材料被集齐，特丽依开始全身心投入到口罩生产中。深耕内衣行业30多年、技术出身的何炳祥也亲自参与到口罩生产线的调试当中。

南海大沥，中国内衣名镇，是改革开放后内地最早生产内衣的地区之一，经过40多年的探索和发展，已经拥有内衣生产及关联企业800多家。奥丽侬便是其中的佼佼者。

“做内衣我们很多师傅已经很熟悉了，但口罩是新事物，只能通宵去攻关，自己琢磨出一些道理。好在内衣和口罩生产还是有一定的相通性。”何炳祥表示，奥丽侬得以迅速转型，离不开雄厚的技术实力及成熟的管理模式。

而另一方面，得益于政府的大力支持，特丽侬申请的备案手续也通过了。应急备案通过的8天内，特丽侬1000多平方米的净化车间被迅速建了起来。

数据显示，自2020年2月10日以来，奥丽侬内衣开始筹备口罩生产。截至2020年5月底，特丽侬已拥有10万级和30万级净化车间，64条全自动和半自动口罩生产线，其中包括成人型44条和中童型24条生产线，日产量可达300多万个。

此外，奥丽侬转型以来，所有奥丽侬集团生产的口罩，均可在旗下所有品牌连锁加盟门店里购买。

海外内衣业务暂停
口罩救援不停

“守望相助、共克时艰”……一句句问候被翻译成意大利文、日文、韩文等多国语言，粘贴在特丽侬生产的口罩包装箱外，搭乘飞机送往海外多个国家。

在这次新冠肺炎疫情战“疫”中，中国最先面临最艰难的时刻，许多国家和国际组织以及民间团体向中国捐赠了急需的防疫物资。当中国疫情防控形势得到有效控制，取得阶段性重要成果时，中国政府以及企业也向世界伸出援手。

作为一家隐形冠军企业，奥丽侬是二线内衣品牌销量全国第二的企业，产品远销海内外多个国家，与多个国际知名企业和品牌建立贸易合作关系。何炳祥透露，海外业务占公司业务的比重在15%—20%左右。

随着国外疫情的扩散，奥丽侬的海外业务基本暂停。不过，虽然商贸往来暂停了，救援的桥梁却被搭建了起来。

在特丽侬口罩品牌逐渐打响之后，奥丽侬的海外代理机构以及贸易公司也找上门来采购口罩。何炳祥介绍，当时国内疫情已经得到逐步控制，奥丽侬也有了一定的时间以及人力去生产更多的防疫物资。

最终，奥丽侬决定扩大生产产能，生产车间从原来的1000多平方米，扩大到3000平方米，同时也申请到了国外的通关白名单。

3月13日晚，奥丽侬集团得知业务合作伙伴准备征集防疫物资一同捐往海外后，积极响应，迅速行动，加班加点生产口罩，同时联系本地印刷公司连夜印刷上千个英文包装。

一天之内，货品全部备齐。3月14日傍晚，特丽侬的口罩便已交货。搭上3月15日凌晨的班机飞往北京，统一发往意大利、韩国和日本。

品质坚守
赢得业界好评

将熔喷布、无纺布等原材料分切成小卷，放上生产线，通过高频焊接压制成口罩，再进入整理检查、人工装袋、灭菌等环节，符合质量标准的口罩将通过物流、销售环节进入市场。这是特丽侬口罩生产车间的生产流程。

作为一家南海制造隐形冠军企业，奥丽侬在激烈的竞争中站稳脚跟并成为领导品牌之一，拿下了二线内衣品牌销量全国第二的排名。一直以来，奥丽侬都十分注重产品品质。

曾经，在生产过程中奥丽侬发现客户指定供应商送来的海绵未达防黄标准。尽管这是张急单，而货期延误代价是大额的赔付。顶着延误货期的压力，奥丽侬还是让工人停下了手中的车缝工作。

而奥丽侬对品质的坚守也延续到了口罩生产。据特丽侬工作人员介绍，他们生产的医用口罩已成功通过国内医用口罩各项标准检测，并获得欧洲 CE 认证和通过欧洲 EN14683 检测，美国 FDA 认证和 ASTM（美国材料与试验协会）也正在申请中。

“3 月底 4 月初，我们的产品开始出口到澳大利亚，在澳大利亚销售需要一些证件，当时澳大利亚政府对我们的口罩也进行了检测。最后的结果是，我们的口罩得以允许在澳大利亚所有的药房销售，这足以证明我们的品质是过硬的。”何炳祥回忆，首批发送到澳大利亚的 50 万个口罩立即销售一空。

事实上，何炳祥直言，疫情发生以来，企业转型生产的压力十分巨大。“疫情发生初期，市场鱼龙混杂，原材料品质很难把控。口罩生产出来之后，品质能不能过关，能不能达到不同国家的标准以及客人的标准，这让我们一直处于谨小慎微之中。对于奥丽侬来讲，我们是讲究品牌和品质的。”

而另一方面，不少客户在参观完特丽侬的生产线后对何炳祥说：“我去过很多口罩工厂的生产车间，都不如你们的规范!”这也让特丽侬收获了口碑和市场。

“‘良性’的市场占有率需要通过卓越的品质、创新和优良的服务来获得。”在何炳祥看来，正是凭借对产品品质一丝不苟的态度，通过提高产品整体质量门槛，塑造一流的品质与品牌意识，奥丽侬才能登上内衣产业领头羊的位置。

“对一家企业来说，能够为社会做贡献是幸福的。虽然奥丽侬的主业是做内衣，但只要国家、疫情有需要，我们会一直把口罩做下去的。”何炳祥说。

雪莱特：
紫外线杀菌灯驰援武汉火神山

2020 年 4 月，在武汉火神山医院内，紫外线杀菌灯被安装在每个病房内，定时进行病毒消杀。这些紫外线灯具，均来自位于佛山南海的广东雪莱特光电科技股份有限公司（下称“雪莱特”）。

2020 年春节，一场突如其来的新型冠状病毒肺炎疫情袭来，作为国内知名紫外线杀菌灯生产企业，雪莱特加班加点，打包发货。1 月 27 日，大年初三，首批 3269 台雪莱特紫外灯具顺利抵达武汉火神山医院工地。

工人们正在加班加点打包紫外线杀菌灯

“这是一场全民动员防控疫情的阻击战，雪莱特责无旁贷。”雪莱特原董事长柴国生说，随着当时社会对紫外线杀菌灯需求猛增，雪莱特上下一心，在2月1日就提前复工，投入到这次抗疫当中。

快速反应，积极支援，突出的抗疫表现，使得雪莱特入选国家工业和信息化部第二批新冠肺炎疫情防控重点保障企业名单。

90后员工除夕奋战
首批紫外线灯具大年初三抵达武汉

对于雪莱特控股子公司小雪科技“90后”员工陈林来说，2020年的春节是一个极其忙碌的春节。

新冠肺炎疫情发生后，无论是医院还是家庭，对于紫外线灯具的需求量都大增。在1月24日，大年三十晚上，陈林和十几位“90后”员工主动放弃休假，一直忙着打包发货，足足忙到晚上9点半都没吃上一口年夜饭。

面对这次疫情，雪莱特上下都快速反应。“看到武汉出现疫情后，我们马上就联系了武汉方面，大年三十晚上紫外灯具已经从佛山发出。”雪莱特总裁柴华说。

魏志权介绍，虽然当时正值春节期间，但雪莱特网上店铺正常销售正常发货，灯具优先配送武汉地区；另一方面总部也正号召所有生产及配套相关工作人员返岗，开足马力进行生产。

“我们身在客服岗位，每天接到许多客户希望我们能尽快发货的需求，加上看到疫情的发展我们也很着急，希望在力所能及范围内帮助到更多有需要的人。”陈林说，因为发货忙不过来，当时她还动员自己的家人前来帮忙，“大家都很辛苦，每天接待上千个客户，光看个人成交额就知道大家有多拼，我们都希望能出一分力吧。”

在全体的努力下，1月27日，大年初三，第一批3269台雪莱特紫外灯具已经顺利抵达武汉火神山医院工地。首批紫外灯具包括了数百台消毒车以及上千支紫外线消毒灯，其中，紫外线消毒车将用于病人的转运，紫外线消毒灯则可应用于手术后各种消毒场所。

提前复工
加班加点打响疫情防控阻击战

面对这场疫情，社会上下全民动员防控，雪莱特更是责无旁贷。

2月8日，正月十五的中午，佛山南海雪莱特工厂内，一碗碗还冒着热气的汤圆被送至生产一线，送至正在赶工的工人手中。“对于我们来说，这是一个特别的元宵节。”雪莱特紫外线事业部员工王子珊说。王子珊是湖北武汉人，这个春节没有回家乡过年，从2月1号起就正式返工，“就希望能尽自己的绵薄之力为疫情控制加油。”

彼时，国家发布的《新型冠状病毒感染的肺炎诊疗方案》（试行第四版）显示，此次新型冠状病毒对紫外线和热敏感，广大民众通过雪莱特线上销售平台下单订购，一时间公司库存告急，提前复工迫在眉睫。

其实，早在刚了解到疫情时，柴国生就第一时间赶回公司，着手组织紫外线杀菌灯生产线提前复工，在关键岗位人手紧缺的情况下，动手做起了灯管接泡工人。“我们希望能尽最大能力，更快向社会提供更多杀菌物资。”柴国生说，产品将重点满足湖北及武汉地区的需求，并优先向医院单位发货。

为保证顺利复工复产，保障员工人身安全，雪莱特准备了口罩、测温仪、消毒用品，成立了以柴国生为组长的防疫防控小组，制定了公司的防疫防控工作指引，对所有员工均做好培训宣传，人手派发工作指引，并提交健康申报书。

同时，公司的提前复工也获得了当地政府部门的大力支持，市区镇多个部门负责人到现场解决开工困难，并指定人员帮助公司协调相关部门和供应商。

在符合公司防疫防控管理规定的情况下，行政、财务、人力、后勤等部门也纷纷回厂工作，积极支援紫外线杀菌灯生产。

市场扩大
紫外线杀菌灯将成经营重心

疫情中的突出表现，也给雪莱特带来了更大的市场。

2020年3月，雪莱特公布的2020年一季度业绩报告显示，1至3月紫外线杀菌灯产品形成销售发货约2553.47万元，相当于公司去年全年紫外线杀菌灯销售收入的45.43%。

“以前我们一直希望能将紫外线灯这一健康产品更好推向市场，这次疫情也让社会更好认识到紫外线灯的作用。”魏志权说，由于紫外线杀菌灯需求快速增加，雪莱特调整业务重心，集中资源加快该产品的产销，盈利能力有所提升。

其实，除了作为国内知名紫外线杀菌灯生产企业外，雪莱特还是国内最大的汽车灯生产制造基地之一，是国内HID（氙气灯）汽车灯生产的首创者，也是国内唯一一家有能力与汽车厂进行整车配套的生产厂家。

每天，这里生产的镇流器与汽车灯很多都会运送到江淮、奇瑞、华泰、吉利等整车厂里面，每年销售额约1亿元。

作为首批南海制造业全国隐形冠军企业之一，在光科技应用领域，雪莱特早已站稳在国内第一梯队，围绕LED照明及节能荧光灯、汽车LED照明及汽车氙气灯、空气净化及水处理系列、紫外线光源等领域开展经营。雪莱特也成为国内重要的电光源研发生产基地之一，拥有普通照明用自镇流荧光灯整灯生产流水线，拥有14条代表国内先进水平的荧光灯自动化生产线，年产能力超过1.5亿支。

如今，雪莱特的重心也逐渐向紫外线杀菌灯业务倾斜。雪莱特表示，此次疫情显著提升了民众对于日常防护的意识，紫外线杀菌灯成为众多消费者消费升级的新选择，更广泛地走进了居民家庭，学校、医院、政府机构、银行等单位和公共场所也将逐步加强对杀菌消毒设备的配置，将进一步拉动紫外线杀菌灯的中长期市场需求。“以紫外线杀菌灯为经营重心，我们将持续扩大生产和销售力度，以快速增厚业绩。”雪莱特方面表示。

昱升护理：纸尿裤领军者快速转产助抗疫

"疫情发生后，昱升护理全体员工放弃休息时间，加班加点满负荷生产防疫物资，为佛山、全省乃至全国的疫情防控提供了有力保障。"2020 年 3 月 17 日，广东昱升个人护理用品股份有限公司（下称"昱升护理"）收到佛山市新型冠状病毒肺炎疫情防控指挥部的一封感谢信。

作为纸尿裤行业的"隐形冠军"，昱升护理每年生产超过 36 亿片纸尿裤。疫情期间，口罩需求暴增，由于纸尿裤生产工艺与口罩相似，国内不少纸尿裤企业转产口罩，支持抗疫。昱升护理便是其中之一。进入 5 月，昱升护理的口罩产能已经达到每天 1000 万个，为抗疫工作做出了重要贡献。

昱升产品生产线

“逆行”湖北引进口罩生产线

2 月中旬，受新冠肺炎疫情影响，国内防疫物非常紧张，口罩尤甚。为缓解防疫物资的紧张局面，一方面大量口罩厂扩产，另一方面不断有跨界的企业开始转产口罩。在转产口罩的企业中，纸尿裤企业是尤为积极的一支，因为纸尿裤企业拥有净化车间，并且纸尿裤和口罩的原材料几乎一样。

位于南海西樵的纸尿裤企业昱升护理，也在疫情发生后迅速成立紧急项目组，统筹推进口罩生产工作。转产有优势，但是也有困难，摆在昱升护理面前的是“四缺”：缺口罩生产设备、缺口罩生产原料、缺口罩生产经验、缺口罩生产员工。同时，大部分地区物流还没复工。

这其中，缺口罩生产设备是最为棘手的，因为生产设备在湖北，正是疫情重点区域，而此时全国物流已经陷入停滞。“一罩难求”的局面仍在持续，转产迫在眉睫，昱升护理管理团队很快做出了决定：前往湖北引进生产设备。

一场疫情下的“逆行”就在一声令下开始了。货车连夜从佛山驶出，经过重重关卡，一路行至一千多公里外的湖北，直奔口罩生产线企业；拿到生产线设备后，货车又马不停蹄从湖北返回南海西樵。设备到位后，由于缺乏口罩生产经验，昱升护理迅速组建专业技术人员进行多次调试。

与此同时，为了解决口罩生产员工短缺的问题，昱升护理在严格执行防疫措施的基础上，进行有序复工。但由于交通管制，大量一线生产员工无法到岗，复工也未能解决用工问题。为此，昱升护理迅速聘请了一批一线生产员工，新员工通过体检后进行 14 天的隔离，再进行专业培训后入职。

经过多天的机器调试、生产工艺调试和人员培训，3 月初，昱升的口罩产能达到了每天 60 万个，为缓解防疫物资紧张局面做出了重要贡献。

除了支援国内抗疫，昱升护理也密切关注全球合作伙伴的疫情防控情况。得知意大利疫情严重，昱升护理主动向意大利 CB PACKAGING 公司捐赠口罩，该公司是昱升护理婴儿纸尿裤自动包装机供应商。为此，CB PACKAGING 公司也向昱升护理发出一封感谢信。

每年超亿元研发投入支撑产品创新

成立于2005年的昱升护理，近年来快速扩张，公司已在广东、浙江、湖南建立生产基地，旗下拥有DRESS吉氏、婴之良品、舒氏宝贝、肯德康等多个自有品牌，每年生产超过36亿片纸尿裤，在我国中高端纸尿裤市场处于领先地位。

这背后，离不开企业对生产技术和研发创新的重视。为了保证生产质量，从2010年至今，昱升陆续引进10多台国际先进的生产设备，每年设备投入近1亿元。据了解，昱升护理是国内同行第一家引进国外先进生产设备的民营企业，也是目前国内拥有国外先进生产设备最多的企业。

2019年底，昱升护理再次从日本引进了一条全新的拉拉裤生产线。该条生产线相比过去的有了全新的升级，包括了胶水系统、自动接料系统、在线3D压花系统、超声波系统、视觉系统等。

其中，自动接料系统采用全新热合与接驳技术，在机器超高速运转的情况下，无须停速就能让原材料非常稳固地接驳，进一步提高了产品工艺、生产效率以及稳定性。在上材料环节，增加了自动上料吊机，进一步减少了人工操作，大大提高了工作效率和操作安全性。据了解，该条生产线每分钟能生产800片拉拉裤。

在研发创新上，昱升护理每年投入超过亿元。举个例子，为了解决传统纸尿裤容易造成空气不流通，长时间穿戴容易造成婴儿“红屁股”的问题。昱升护理的研发人员不断改良纸尿裤表层设计，并在2015年攻克了3D压花技术，设计出3D压花表层婴儿纸尿裤。

据了解，通过3D立体工艺在产品表层形成凹凸面，能够减少60%的婴儿皮肤和纸尿裤接触面积，增加纸尿裤的透气性，即使婴儿长时间穿戴也不会引起“红屁股”。昱升护理也成为国内第一个使用3D立体工艺的纸尿裤企业，以及国内最早开始研发3D立体工艺的企业。

为了保证产品质量的稳定性，昱升护理近年来自建了独立实验室，对每个批次产品进行严苛检测，要求有1893个样品数据才可以出厂，每条纸尿裤产品需要经过473项检验。此外，昱升护理注重原材料的品质监控，对供应商生产环境、生产环节进行监督。

“供应商供应的原材料送达生产基地，原材料经过检测后，符合标准方能入库。在原材料进入生产环节前，实验室还会再一次对原材料进行检测，合格后方能进入生产流程。”该公司相关负责人说。

瑞洲科技：
智能科技赋能医用隔离衣生产

在酷特智能股份有限公司的生产车间内，只见刀头在一张张宽大的裁床上前后翻飞，须臾之间，一件医用隔离衣的轮廓就出现在无纺布面料上。

正在工作的，就是由广东瑞洲科技有限公司（下称“瑞洲科技”）提供的医用隔离衣智能切割机。这款机器，只用 30 秒就可以完成一套医用隔离服的剪裁，生产效率相当于 5 台液压裁断机，可节约 5—6 名人工，每天可以生产 3000 件医用隔离衣，完全可以满足 1 家三甲医院 1 天的隔离衣需求。

● 瑞洲科技产品生产线

当前，面对新冠肺炎疫情，全国上下齐心协力抗“疫”，自打响防疫攻坚战以来，隔离衣、防护衣、口罩等一直是各地紧缺的重要防控物资。面对物资紧缺，国内部分服装企业及时转型，通过技术改造快速生产防疫物资。

此时，拥有过硬技术储备的瑞洲科技再次显示了它的实力。通过在短短数日内推出医用隔离衣智能切割机，公司参与了防疫物品的生产过程，为抗击疫情贡献了来自南海隐形冠军的独特力量。

召开紧急复工会议
快速造出医用隔离衣智能切割机

2020 年 2 月 14 日，第一台医用隔离衣智能切割机系统从南海工厂成功运抵生产企业，瑞洲科技董事长郭华忠终于舒了一口气。“从 2 月初开始，我们就陆续接到很多合作的服装企业的订单需求，要采购多台高端全自动柔性材料切割设备来生产防护服等物资。”郭华忠说。

2 月 17 日，物流公司正式复工后，更多来自瑞洲科技的医用隔离衣智能切割机陆续运往山东、江苏、浙江等地的服装企业，包括际华集团、山东傲饰、云南奥斯迪集团等多家知名公司。

在这背后，是瑞洲科技的迅速响应。郭华忠透露，早在 2 月 8 日，公司就召集了制造中心、营销中心、供应链、人力资源部的负责人，召开复工复产的紧急会议，讨论制定了两种复工方案，还紧急召集非重点疫情地区的 37 名员工回到南海待命。

2 月 10 日，在按照南海复工复产疫情防控工作指引，完成前期各项复工复产准备后，瑞洲科技正式复工复产。几天后，首台医用隔离衣智能切割机就走下了工厂车间。

虽然顺利复工复产，但瑞洲科技仍然面临着诸如众多供应商修整期间的料件供应不足、防疫期间物流响应较慢等困难。而近年来，随着瑞洲科技技术的革新，市场占有率稳步提升，本就积压了较多订单，但面对疫情，瑞洲科技各部门积极响应，加班加点赶制设备，优先配送疫情需求订单。

“我们也是想了很多办法，包括找资源，克服困难去保障设备供应。”郭华忠表示，面对疫情，瑞洲科技把疫情需求的订单放在首位，保障抗灾物资的生产，必要时可以把其他的订单挪一挪、放一放，保质保量地完成防护用品企业的需求。

如今，除了克服困难交付智能切割机外，瑞洲科技售后服务中心也开通了24小时远程在线，保障防护用品生产客户在生产切换中的技术服务需求，保障防疫用品生产企业的设备运转。

专注柔性材料切割
隐形冠军企业守护一线抗疫英雄

“瑞洲科技的智能切割机作为防护服、防护口罩生产供应链中的重要设备，在面临疫情之际，我们深知责任重大，积极提供技术服务和配合防疫物资的生产。此刻，我们就是一名‘战士’，在疫情抗战中，社会需要我们、人民需要我们。”郭华忠表示。

隔离服所用的无纺布 + PE 膜面料，同属柔性材料的范畴。而作为一家专注生产柔性材料智能切割设备的企业，瑞洲科技为传统制造企业提供的个性化切割设备，不仅切割速度远远快于“老师傅”，且基于自主研发的智能排版软件，这把智能“剪刀手”还为包括百丽、红领集团等鞋服企业每年省下数百万元的材料成本。

事实上，成立于2004年的瑞洲科技，从传统的制鞋企业起步，后来进入到设备制造业，不断切入服装、皮革制品、汽车内饰等多个柔性材料切割领域，成长为国内的行业领军者。

如今，瑞洲科技是如意集团、红岭集团、鲁泰集团、雅戈尔、海澜之家、百丽、达芙妮、宇通客车等国内外5000多家知名企业的设备提供商。同时，公司产品远销土耳其、意大利等50多个国家和地区，成为国内柔性材料智能切割设备领域年产值规模最大的企业。

此外，瑞洲科技还参与了7个行业标准的制定，同时，创始人郭华忠作为主要发明人和设计人，拥有30多件有效专利和十几项软件著作权。

“虽然我们无法奔赴前线抗疫，但在严控的复工管理下加快交期，保质保量快速交付设备，就可以为抗战一线的英雄们垒起多一重守护。”郭华忠说。

第五章　先行的力量

——解读高质量发展的“南海样本”

中国国际经济交流中心首席研究员张燕生：深度融入全球化　重塑本土供应链

“对南海乃至中国的制造业企业而言，本次新冠肺炎疫情影响深远。但是如果南海制造业全国隐形冠军企业能在高质量、现代化、创新驱动中做好应对，未来将会迎来脱胎换骨的转型机遇。”中国国际经济交流中心首席研究员张燕生认为，“隐形冠军”企业要在新的起点上重新出发。

中国国际经济交流中心首席研究员张燕生

张燕生认为，过去的40年，珠三角制造业起步于“三来一补”，靠贴牌、代加工等产业链低端业务发展至今。但作为南海制造业全国隐形冠军企业，要深刻认识到过去的辉煌不等于未来的辉煌，在外部经济环境存在不确定因素的情况下，隐形冠军企业要进行脱胎换骨的转型。

应对产业链、供应链三大变化

南海民营经济发达，其中南海制造业全国隐形冠军企业更是南海制造向高质量迈进的代表。但在新冠肺炎疫情的影响下，南海区培育隐形冠军企业集群、隐形冠军企业想要获得更长足的进步，都需要深刻理解疫情后世界和中国产业链、供应链可能发生的新变化。

“首先，此次新冠肺炎疫情让企业的外部生存环境发生变化，供应链的全球化也可能会有变化。对南海乃至中国的制造业企业而言，本次新冠肺炎疫情影响深远。”张燕生说，一方面是人和病毒的斗争，而另一方面，是外部生存环境发生了变化。

过去，南海的企业是在全球化的环境中成长的，或是为全球的头部企业代工贴牌，或是和外资企业合作，或是拥有自主知识产权。但是现在，它们正面对一个不一样的世界、不一样的供应链。

张燕生认为，要适应新的形势，要做好供应链的本地化。“即南海要围绕广佛同城、广佛肇经济圈、粤港澳大湾区，做好供应链本地化和区域化布局工作。这样一来，不管全球形势如何变化，南海、佛山的经济就不会受到太大影响。”

“其次，全球产业链、供应链会出现区域化和分散化的趋势。”张燕生认为，未来的供应链、产业链很可能会变得更短、更分散化、更富有弹性和韧性。

他进一步阐述，第一，这意味着隐形冠军企业要做好深挖并满足本土市场需求的准备，充分满足国内市场的定制化与多样性需求。比如“80后”“90后”“00后”等消费者的需求痛点，南海企业家是否了解这些人群的需求？能否触碰他们的新需求痛点？

第二，隐形冠军企业要加快核心技术、核心零部件的本土化研发和生产，特别是要在一些基础元器件、零配件和相关设备，即“卡脖子”项目上，通过攻关缩小差距，重组创新链。“2019年，日本断供韩国半导体材料后，韩国国内产业就迎来机遇。本次全球供应链受创，更是加快了国内核心技术与核心零部件替代研发和生产的进程。隐形冠军企业要紧抓这一趋势，让产业链更短、更快、更弹性，加速自身发展。”张燕生说。

“第三，隐形冠军企业要在新的起点上重新出发。要认识到，2020年将是新的40年的起点。”他说，过去的40年，珠三角制造业起步于“三来一补”，靠贴牌、代加工等产业链低端业务发展至今。但未来的40年，这批制造业企业必须要加速向创新引领、自主品牌等产业链高端环节迈进。

“南海企业生长于草根，过去更像是‘游击队’。”他说，“而在全新的世界和市场环境下，南海企业要从产业链低端向中高端迈进，就必须‘修炼’成为‘正规军’。”他指出，在这个过程中，就要加速传统制造业同数字技术、数字经济深度融合；加速传统的制造业同现代的工业服务、生产性服务深度融合；加速传统的制造业同新型城镇化深度融合，提升满足差异化需求的能力与全方位国际合作深度融合。

他强调：“需要研究怎么把制造业从过去的低端提升到中高端，从过去汗水驱动真正转变成创新驱动。”

把握脱胎换骨的转型机遇

在此背景下，张燕生认为，南海制造业全国隐形冠军企业需要解决好3个问题。

首先是更高水平融入全球化，实现创新发展。这里的创新，不仅包括科技创新，还包括市场创新、管理创新、人才管理等企业的方方面面。

“这里需要强调，供应链的本地化不是脱离全球化，南海企业未来一定要更深度地融入世界。”张燕生说，因为没有任何一家企业、一个区域可以做到面面俱到、无所不能。南海的企业一定要善用全球化，在全球化中补齐自身发展短板。

“当全球产业链、供应链紧密联系在一起，一个产品的不同工序和环节可以在全球不同地方完成，并通过综合物流和供应链管理实现零库存和及时供货时，无论是德国、意大利、法国、墨西哥，还是美国、加拿大、日本、韩国，都被人流、物流、商流、资金流、信息流互联互通紧密联系在一起。”张燕生说。

他举例说明，华为能够在5G技术中抢占先机，同其与土耳其教授埃尔多尔·艾利坎开展长期合作不无关系。而这也启发隐形冠军企业，只要愿意并能够嵌入全球化体系中，利用研发服务外包、技术服务外包、设计服务外包、资讯服务外包等，就能够把美国、欧洲、日本、韩国等地区的大学、研究院所和头部企业的科技创新力量组合到跨境创新网络中间。

“其次，企业一定要全面地实现高质量发展。这意味着企业要能找到自身短板，补齐短板。”张燕生以其曾调研过的一家企业为例解释说，某家浙江村办企业，引进了一支国际顶级化工研发团队。这家村办企业的企业家，只有高中学历，但是却让这支世界顶级化工团队留在了浙江，一工作就是十来年。在研发团队的加持下，这家企业取得了非常不错的成效，拥有了顶级的化工产品。并且，这家企业还引进了一套日本的质量管理体系，运行效果也不错。

“不过，前些年我应邀调研这家企业，发现这家企业的销售团队是典型的家族化团队，掣肘了企业发展。”张燕生说，此后，这位企业家改变了这一状况，聘用职业经理人开展营销。在同时拥有了一流的研发、一流的质量管理和一流的销售队伍后，这家企业已经走出国门，并能够在全球范围内和全球顶级跨国企业开展竞争。

“通过这个案例，我们可以清楚看到，一家企业，仅靠一流的研发、一流的管理或者一流的销售团队是不行的。”张燕生认为，企业一定要实现全面的高质量才能在市场竞争中立足。

“最后，企业家一定要在发展中保持理性，不要贸然决策。”他说，近期有一位企业家对同行开展收购，收购前未对标的企业展开全面调查。收购后才发现，标的企业设备不达标、环保不达标，须停工整改数月。停工期间，企业现金流受影响，且大量员工离职，给后期埋下危机伏笔。

张燕生建议，特别是在疫情可能反复、供应链全球化可能会有变化的情况下，如果隐形冠军企业没有练就不可替代的核心优势，将变得脆弱。

“因此，隐形冠军企业要深刻认识到，要从产业链低端做到中高端，从南海做到中国做到全世界，需要几代人的不懈努力。”他强调。

“总结起来，在新的世界背景下，中国企业是有新出路的。”张燕生认为，从过去代工贴牌转向自主知识产权、营销渠道，从全球价值链、产业链、供应链低端开始迈向中高端，从过去汗水驱动的工厂转向创新驱动的现代产业体系，在低成本的制造时代过去后，在高质量、现代化、创新驱动中，南海制造业全国隐形冠军企业将会迎来脱胎换骨的转型机遇。

财经观察家秦朔：打造常青企业　提供无间断服务

受疫情冲击，“隐形冠军”企业该如何提高自身抗风险能力，实现企业突围的发展？归根结底在于创新，创新的方向有哪些？在海外形势不明确的今天，企业该如何调整出海策略，提升海外竞争力？知名财经观察家秦朔认为，在分秒必争的年代，企业应全年全天候与利益相关方保持不间断沟通，拥有持续在线的能力，成为能够提供无间断服务的常青企业。

与此同时，每家企业都应思考其在市场中的不可替代性是什么。若无法从规模上脱颖而出，可选择当小行业里的“大公司”，比如当个“隐形冠军”企业，从创新的技术或极致的单品上突围。

企业管理必须工具化
以灵活应对市场变化

疫情之下，营收下滑、业绩不振成了不少企业一季度的关键词。“除了为战‘疫’服务的企业，疫情对其他企业都进行了无差别的打击。但企业遇到的困难是暂时性的，待疫情结束还会恢复正常。现在的问题在于，企业要怎样做才能活过这段时间，同时为明天做好准备。”秦朔说。

秦朔观察到，目前企业都采取了控制现金流流出，或通过债券、股权融资、员工减薪等方式，尽量争取喘息的时间。企业出现现金流危机，说明过去在这方面的防范和准备不足，一旦出现收入锐减的情况，企业将处于危险境地。而很多外资企业会有6—12个月的资金准备，或跟银行有一定的信贷额度，确保遇到急难能得到帮助。

从长远来看，疫情给中国企业提出了一个重要命题，如何成为能够提供无间断

财经观察家秦朔

服务的常青企业。秦朔认为，企业应全年全天候与利益相关方保持不间断沟通，如客户、潜在客户、供应商、资金方、员工等，拥有持续在线的能力。

“从目前情况来看，凡是有自己的数据库管理，并能与用户持续沟通的企业的生命力都比较顽强。我们可以看到最近很多老板搞在线直播，他们也意识到以前与客户的接触方式是不够的，未来要保证实时的在线沟通。”秦朔分享了一组数据，2020 年 1 月到 3 月线上销售规模下降有限，而线下销售则下降了 30%—40%。“如果说 2003 年“非典”开创了电商时代，那 2020 年新冠肺炎疫情则开创了数据驱动和实时链接的时代。”

企业必须认识到实时协同办公的重要性。秦朔举例说，阿里巴巴通过旗下智能办公平台钉钉实现了 10 多万员工的同时在线办公，宇节跳动利用飞书只花了 36 小时调动各种人力资源买下了电影《囧妈》的在线播映权……

“这些案例给我们的启发是，今天的企业管理必须工具化，才能灵活应对变化。如果截至目前，企业家自己还没有做过直播，没用过协同办公软件，不能每天通过实时数据对企业进行体检，不能与供应商和销售商进行不间断的沟通，那么就落伍了。分秒必争的年代，企业必须成为能够提供无间断服务的常青企业。”秦朔说。

企业出路在于走向全球
做小行业里的“大公司”

不过，仍有一些“隐形冠军”企业在经济下行、行业业绩走低的大环境下，实现了逆势增长。秦朔也观察到订单正在向优势龙头企业集中，如“隐形冠军”企业。“优势龙头企业的履约能力比较强，致使订单更为集中”。

秦朔认为，每家企业都应该思考其在市场中的不可替代性在哪，如果无法从规模上脱颖而出，可以选择当小行业里的“大公司”，比如做个“隐形冠军”企业。

“中国‘隐形冠军’的发展往往跟区域的经济发展相关联，如果这个区域注重实业以及企业家精神，有可持续发展的文化和传统，那么整个区域的经济发展氛围有利于‘隐形冠军’的诞生。”秦朔从中国制造业“隐形冠军”企业的角度去观察中国各个城市，认为佛山更像“日本制造”的中国版本，其产品性价比高性能好，跟日本注重精细精良的特点相似。而位于长三角的宁波则像“德国制造”的中国版本，它在模具生产等方面的特点跟德国更为相似。

秦朔认为，中国已与全球190多个国家和地区有紧密的经济合作，未来全球化会出现一定的调整，但大多是局部范围的，比如在某些国家的某些行业，一般的消费产品要想离开中国供应链，可能性并不大。

“过去几年我采访过很多企业，他们有的是被动的，有的是主动的，要对冲宏观的经济风险，不能把鸡蛋放在一个篮子里，所以他们在全球投资。”秦朔说，这些投资都是高度本地化的，只有变成了本地企业才能享受本地政策。

为此，他建议“隐形冠军”企业要以积极的态度走出去，建立全球供应链，同时要注重法律，以合规的方式参与全球竞争，配置全球资源。

近年来，国家大力支持跨境电商发展。对于以出口为导向的代工企业，秦朔建议其要努力进入跨境电商圈。“最重要的是建立自己的品牌，提升品牌溢价能力。如果一直以代工为主，就会被中间商所控制”。

“中国企业的出路不在于收缩在国内，而是进一步走向全球，在不同的国家建立本土品牌。这就是中国制造的下一步，也是企业常青生存的终极解决办法。”秦朔说。

关注新兴群体消费特点
本土企业迎来新机会

“隐形冠军”企业的常青发展，归根到底在于创新。秦朔认为，未来是一个多维创新的年代，企业可以从技术、商业模式以及用户研究3个方向进行创新。

在技术方面，秦朔建议“隐形冠军”企业要在底层技术创新上下苦功。“中国企业核心技术和化学、物理、材料等相关联的方面有待提高，在简单创新上比较强，但在复杂创新方面比较弱。也就是说，东西的知识密集程度越高，需要越高的历史积累，我们这方面往往就会还有发展空间。”

其次，中国企业的终端产品很好，但要想把终端产品造出来需要很多设备。秦朔观察到不少隐形冠军企业的主要加工设备都是来自日本、德国、法国以及意大利。“因此企业发展要走向精深之路，要在原材料、元器件等底层研发上进行突破”。

另外，“隐形冠军”企业还需要注重商业模式的创新。秦朔分享了其最近在江苏等地调研的观察，“以前企业是单纯地卖产品，但未来企业将为用户提供技术和服务，并参与用户后续的增量中分成”。

他以跨境电商为例解释说，如果能打开跨境电商的渠道就能直接收集终端用户的数据，并对数据进行分析，从而指导产品的创新。

研究中国新兴消费群体的需求，是隐形冠军企业发展必须直面的一个课题。秦朔分析，中国出生在1990年以后的人口已经有4亿多，中间消费群体规模在未来将从现在的4亿多扩大到8亿多，他们将慢慢成为消费的引领者。整个中国新的消费形态、需求非常蓬勃，这些消费者特别喜欢尝试新产品和新服务，因此不少品牌在中国得到了快速的崛起。

秦朔还发现，中国新兴消费群体对新国货的接受程度比“50后”“80后”要高很多，这也给企业带来很大的空间，必须创新。“如安踏、李宁的发展就是因为中国设计师根据国内年轻人的特点设计了很潮的产品，从而变火了。如汽车领域的长城、小鹏，也得到了国内年轻人的青睐，说明了这是一代具有独立判断力、喜欢尝试新事物的消费群体，这给本土企业带来众多的机会”。

秦朔曾经到顺德小熊电器调研，认为其发展离不开产品的品类多、更新快、性价比高、颜值高等特点，这都是由于小熊电器关注新兴群体的消费特点，并对其进行了研究。

中国“隐形冠军”理论专家邓地：“隐形冠军”进入3.0阶段

20多年前，由德国管理学家赫尔曼·西蒙提出的“隐形冠军”理论向外界揭开了一个德国出口贸易和整体经济重要支柱群体的面纱。如今，中国已经成为《隐形冠军》一书印刷出版数量最多的国家。

作为最早对“隐形冠军”现象进行深入探寻的中国学者，任教于暨南大学管理学院的邓地博士对这一领域的关注以及和西蒙的互动均始于2003年。同时，他也是2005年《隐形冠军》中文版的译者。10多年过去了，邓地对“隐形冠军”企业的研究还在继续。

中国“隐形冠军”理论专家邓地

“我认为国内‘隐形冠军’企业经历了3个发展阶段。”邓地与西蒙保持着紧密的联系，每年都会沟通两地的“隐形冠军”企业发展的情况。他发现，与德国“隐形冠军”企业在行业、市场和核心竞争能力方面变化相对较小不同的是，中国的“隐形冠军”企业群体在不同的阶段呈现出不同的战略特征。

中国“隐形冠军”企业的3个发展阶段

邓地在翻译引进西蒙的《隐形冠军》之后，又把这个概念做了进一步本土化的阐释和延伸，并在2006年出版的著作《专注——解读中国隐形冠军企业》，把“隐形冠军”概念与中国企业的现状结合起来。

“跟德国‘隐形冠军’企业相比，国内早期的‘隐形冠军’企业很多是资源密集型企业。”邓地说，当时的“隐形冠军”企业很大程度上借助了中国的低成本优势，比如一个产品在德国需要100万元才能做出来，但在中国的生产成本只需要30万元甚至更低。在此背景下，一批企业在中国市场和全球市场立足并成长起来，成为市场份额最大的行业冠军。

邓地把中国“隐形冠军”企业发展分为3个阶段，第一阶段是在2001年中国加入世界贸易组织前后。“我认为这是1.0阶段。”邓地说，那时候的“隐形冠军”企业很少，比如振华港机——目前在全球港口集装箱机械产品市场上占有7成以上的比率，居世界同行首位。“中国从一个相对封闭的经济体到成为世界工厂，可以想象这会给海洋运输相关行业带来多大的需求。”邓地认为，在1.0阶段，一批以出口为导向型的企业快速成长起来，低要素成本加上规模经济带来的成本优势是当时一个关键因素。

2001年中国“入世”之后，“隐形冠军”的2.0阶段开始出现。“这批成长起来的企业很多都是进口替代型企业。”邓地说，比如房地产和汽车产业的兴起，带动他们各自身后漫长的产业链和供应链，并带来巨大的上下游需求。如果一家生产混凝土机械的企业能在中国国内成为冠军，那它十有八九也就是全球的冠军了。正是背靠巨大的内需市场，一大批冠军企业随之诞生。这个时期中国“隐形冠军”企业的核心优势在低成本的基础上，加上了对中国本土市场的洞察力和把握能力。

“最近10年来，粗放型外延式扩张开始告一段落，‘隐形冠军’企业的特征开始进入到3.0阶段。”邓地说，他观察到“隐形冠军”企业开始表现出与德国“隐形冠军”企业相同的特征，比如说深耕真正的利基市场、在创新和研发方面有长期打算、有全球化的视野。

“事实上，南海第一批全国制造业‘隐形冠军’企业也已经有这些特征。”邓地说，这些企业他们并不在乎短期的爆炸式增长，或者说非要进入世界500强企业，他们更愿意做这个行业的专家，他们的目标清晰而专注。

“我与西蒙的交流中感觉到，他这几年也越来越关注中国‘隐形冠军’企业的动态。在研究中国的‘隐形冠军’企业后也惊讶地发现，中国企业在研发上的投入很大，科研人员占员工队伍的比重也很大。”邓地认为，这是一个很好的势头，证明企业都越来越重视在技术上的领先性，未来也将更可持续发展。

抵抗风险把产品做到极致

以技术取胜，在细分领域拥有绝对的话语权，这些特征都让“隐形冠军”企业有着更大的韧性和抵抗风险的能力。

广东制造业隐形冠军（南海）研究院对第一批南海全国制造业“隐形冠军”企业进行了问卷调查，发现他们有较强的抗击风险能力，即便是在新冠肺炎疫情的影响下，受到的冲击也相对比较少。

“‘隐形冠军’企业的本质特征让他们抵抗风险的能力会比较强。”邓地认为，“隐形冠军”之所以有韧性至少有3个原因。第一，企业本身的专注让企业抗风险能力强，易守难攻加上企业所在领域市场规模不大，一般不会有大企业来颠覆，只要小企业追不上，大公司看不上，那么他们的地位就会比较稳固。

第二是财务比较稳健。他们一般不做特别冒进的投资，更多是靠自有资金来进行发展，杠杆率比较低。“这两个月我们了解了德国‘隐形冠军’企业受新冠肺炎疫情影响的情况，发现他们只是说2020年销售会受到影响，但是最悲观也就是下降20%，有部分企业认为只是会增长放缓。”邓地说，这些企业如果没有出现金流紧张的情况，在疫情后会迎来新的发展机会。

最后，邓地认为，全球化市场让“隐形冠军”企业的投资更加分散，他们所面临的市场风险也会比较分散，某个区域发生的危机不会完全致命，他们往往可以很快就复苏。“一家80多年历史、生产电器加热组件的德国冠军企业告诉我，他们认为公司历史上最大的危机不是二战，也不是2008年金融海啸，而是20世纪90年代对亚洲尤其是中国市场的崛起反应太迟钝——‘好在我们1999年来到了中国！’”

在疫情背景下，“隐形冠军”企业该如何应对？对此，邓地认为，如果“隐形冠军”企业原来的全球化基础比较好，那么下一阶段依然还是可以占据主动。“企业需要做的更多是重新调整架构、权重和资源的比例。”

让邓地印象深刻的是有一家德国公司，他们的产品是工业缝纫机的机针。在二战期间，他们工厂被炸毁，当战争结束后企业奄奄一息的时候，居然是一群来自战胜国法国的客户首先恳请他们尽快复工复产。“真正优秀的公司，就是地球上剩下一个客户需要这个产品，他仍然会想到你。”邓地说，当做到极致时，本质上专注的是客户，而不是竞争者。

产业集聚与政府角色

20 世纪末，赫尔曼·西蒙与哈佛商学院的一位教授共同探讨德国出口贸易成功经验时认为，德国出口贸易的成功不能简单地归功于著名大公司，而应该归因于德国众多的中小企业，特别是那些在国际市场上处于领先地位的中小企业。这一观点在西蒙的后续研究中得到印证，并成为“隐形冠军”理论的起源。

20 多年过去了，“隐形冠军”理论也已经风靡中国，对“隐形冠军”企业的培育与壮大正成为推动一个区域高质量发展的重要抓手。“如果以时间为维度来看，曾经的资源型城市已经是风光不再，而以科技和技术为支撑的城市则发展势头很猛。”邓地认为，只有自主研发出来的产品才是最有韧性和潜力的。

“德国双立人成立于德国西部城市索林根，这里也被称为德国‘隐形冠军’之乡。”邓地认为，这座小城市就是专门生产五金和刀具产品的，如果研究他们的发展历史会发现，这座小城镇之于中国其实就类似于南海丹灶。他认为，专注一个产业一个产品，并把它做到极致，这将会是最大的竞争优势。邓地认为，在成本优势逐渐消失后，仍然有竞争力的企业才是真本事。“德国的人工费很高，但是为什么德国企业的竞争力优势还是很大，这就是以品质取胜，这就是真本事”。

“南海对区域内的全国制造业企业进行挖掘，并培育扶持，我觉得这个做法很好。”邓地认为，从政府的角度出发，就是希望通过各种举措来推动当地产业更好发展更有竞争力，而对“隐形冠军”企业的挖掘就能让这些“高精尖”群体浮出水面，同时通过信息咨询、人才培养、搭建平台等方式去让它们发展成长，成为推动区域发展的中间力量。

中山大学管理学院原院长、教授李新春：走向百年企业关键在培育“创二代”

“家族企业交接班问题不再单纯是私人企业的问题，而是影响全国和地区经济可持续发展的关键因素。”中山大学管理学院原院长、教授李新春说。

企业总有新老交替的一刻。改革开放以来，南海一批企业家“洗脚上田”，30多年后，一批深耕细分领域的南海企业崛起，成为南海“隐形冠军”集群。而今，这些“创一代”已进入花甲之年，关于接班人的思考早已进入议程。

在他看来，作为传统制造业重镇，南海乃至佛山产业转型升级和创新发展压力大，对家族接班人也提出更高的新要求，“不仅仅是‘守业者’，更要充当‘创二代’的角色”。

中山大学管理学院原院长李新春

李新春说，家族企业能充分发挥其长远战略眼界，不为一时的利益得失而分心，因此只有顺利的代际传承才能使企业迈向百年目标，推动隐形冠军企业的进一步崛起。

传承根本
家族接班人不仅仅是“守业者”

家族企业占比高，使得中国民营企业的代际传承问题一直备受关注。

来自全国工商联以及李新春教授所带领的中山大学团队调查数据显示，中国私营经济中80%以上的企业都是家族企业，即由家族创始人或与其他家族成员共同控制和经营管理企业。

“在最近十多年，家族企业的传承成为影响其生存发展最为重要的问题。”李新春说。在当下，改革开放后的“创一代”多数已步入花甲之年，随着民营经济在我国国民经济中的作用和贡献越来越大，占比高的家族企业交接班问题不再单纯是私人企业自己的问题，而是影响全国和地区经济可持续发展的关键因素。

同时，中国经济发展的阶段性使得家族传承更具有复杂性。在中国经济升级转型和全球创新驱动的大背景下，“家族企业必须从传统的粗放式、劳动密集型、低附加值路径下走出来，在数字经济、全球经济和创新经济的背景下进行产业结构和竞争能力的转型。”李新春说。

因此，在李新春看来，这次的家族企业传承不是纯粹的代际权力交接的问题。“家族企业传承，将与企业战略和组织结构变革、数字化创新以及全球化挑战等一起，成为今后相当一段时间内家族企业发展的首要问题。”李新春说。

作为传统制造业重镇，南海乃至佛山产业转型升级和创新发展压力大，对家族接班人也提出更高的新要求。“不仅仅是‘守业者’，更多要充当‘创二代’的角色。”李新春解释，接班人在继承父辈创业精神同时，需要在产业和产品结构、技术创新、组织管理上走出之前的低价值粗放发展路径，“创新和创业成为这一代家族企业传承者的根本性要求。”

家族企业传承，是朝向家族共同梦想而继承和创新发展企业的过程。对于佛山家族企业传承情况，李新春也给出了肯定，“我们看到佛山大量的家族企业是子（女）承父业，家族二代不仅受过良好的教育，其中不少在海外名校接受教育，也在企业外部和家族企业内部经历很好的历练，有着强烈的创新精神，他们代表着家族企业的未来。”

打破障碍
在新的事业部门试验制度变革

有南海企业二代接班人在接受采访时曾表示，与父辈的思想观念冲突以及父辈的不放权，成为接班的障碍。“两代人在知识结构、价值观、对家族事业的态度等方面都会有差异，这将在经营理念上产生冲突，也会带来沟通上的困难。”在李新春看来，这可能是此次代际传承中最大的障碍。

“不少家族企业的创始人对企业有着深厚的感情，家族事业是和他（她）的生命连为一体的，这也就可以理解，为什么不少家族企业创始人不愿意放权和难以与二代继承者平等沟通。”李新春观察到。

对此，李新春也提出了自己的建议：在两代人的沟通上，一方面，创始人父辈应该将这次传承作为家族企业“二次创业”的过程，将接班人作为“创二代”而不是“富二代”；而接班人也应该尊重父辈几十年的经验和传统，传承其创业精神，脚踏实地，并通过具体业务或创新证明自己。“放权就是二代企业家不断证明自己而让一代企业家放心的过程。”李新春说。

必须看到的是，南海的大多家族企业在初期都是依靠创始人的创业激情，在家族成员或亲戚朋友参与下创办起来的，缺乏制度、流程和控制，当受过良好教育的二代加入时，都试图在传承中实现家族企业制度化转型。李新春认为，这是一个很好的时机，但也是重要的企业革命。

如何顺利过渡？李新春提出了四点建议，如果是二代发起的家族企业制度化变革，首先，一定要得到家族创始人（父辈）的认同和全力支持。“其次，最好是先在二代开拓的新的事业部门进行制度化试验，将整个家族企业的组织变革的重任留给创始人或由创始人来推动。”李新春说，再次，可以通过股份化、上市，以及职业化管理等方式来有序推进制度化变革。

最后，制度化变革必须建立公司正式的制度和组织，如董事会、经理会、职工大会、家族委员会、家族基金等，“将重要的事项在桌面上讨论和进行议决，并建立公开透明公平竞争的制度。”李新春说，显然制度的条文形成可能是容易的，但要真正变成企业决策和管理程序落实到位，则需要家族成员和企业员工的广泛认可并监督执行和落实到位。

培育冠军
政企携手打造全球化价值链

在谈及家族企业传承这一问题上，南海有着更迫切的需求。

“从全球经济来看，大量的隐形冠军是家族企业。”李新春说，这些走向百年的家族企业能充分发挥其长远战略眼界，不为一时的利益得失而分心。

“关键就是培育后代家族领导人对于行业的热爱和使命感，将专注和产业精神、不断推进行业进步和创新发展作为长期的使命和社会责任，将全球化作为建立行业领导力和影响力的舞台，继承传统和文化，并不断适应时代和技术的变化，持续创新。”李新春说。

与德国、日本两个“隐形冠军”集聚的国家相比，在李新春看来，中国总体上有不少在规模和行业影响力上初步具备隐形冠军条件的企业，在代际传承上也有一些成功者的经验值得借鉴。“比如中国近年来在制造业上卓有成就的三一重工、方太、万向等都是典型案例。”李新春观察到。

除了企业自身的努力外，政府的“有形之手”又应如何帮扶？李新春提出了一个值得思考的问题，“为什么德国和日本有着世界上最多的隐形冠军？”显然，德国和日本都有着长期专注于技艺和品质的传统和文化，这与其长期稳定的社会环境和竞争秩序有关，政府建立和维护有序的良性竞争和产权保护，尤其是知识产权保护和促进创新的政策，让投机取巧急功近利者难以存活，这是使得家族企业能专注于某个行业而长期精耕细作的社会和制度基础。

因此，李新春提出，政府欲推进地区百年老店和隐形冠军的发展，须创造出一个适合其生存发展并能胜出的市场环境。此外，政府还可以在人才和其他资源的供给侧结构性改革上有所作为，如学习德国的现代学徒制培养高质量的职业技术工人、吸引风险资本促进创业创新。

“而政府联合市场共同打造一个好的营商环境以及创业创新生态系统，打造全球化价值链，则是新时期培育隐形冠军成长的重要举措。”李新春说。